Wilhelm Faix
Herausforderung Bergpredigt:
Damit die Welt sich ändert.

Wilhelm Faix

Herausforderung Bergpredigt:

Damit die Welt sich ändert.

neukirchener

Nicht gekennzeichnete Bibelverse wurden vom Autor selbst übersetzt, die anderen stammen aus folgenden Übersetzungen:

DBU	Das Buch. Neues Testament, Psalmen, Sprichwörter – übersetzt von Roland Werner © 2022 SCM R.Brockhaus in der SCM Verlagsgruppe GmbH, Holzgerlingen.
ELB	Elberfelder Bibel 2006, © 2006 by SCM R.Brockhaus in der SCM Verlagsgruppe GmbH, Witten/Holzgerlingen.
GNB	Gute Nachricht Bibel, durchgesehene Neuausgabe, © 2018 Deutsche Bibelgesellschaft, Stuttgart.
HFA	Hoffnung für alle®, © 1983, 1996, 2002, 2015 by Biblica, Inc. Verwendet mit freundlicher Genehmigung von 'fontis - Brunnen Basel. Alle weiteren Rechte weltweit vorbehalten.
LUT	Lutherbibel, revidiert 2017, © 2016 Deutsche Bibelgesellschaft, Stuttgart.
NeÜ	Neue evangelistische Übersetzung, © 2023 by Karl-Heinz Vanheiden (Textstand 2023.06)
NGÜ	Bibeltext der Neuen Genfer Übersetzung - Neues Testament und Psalmen. Copyright © 2011 Genfer Bibelgesellschaft. Wiedergegeben mit freundlicher Genehmigung. Alle Rechte vorbehalten.
ZB	Zürcher Bibel ©2007, 2019, Theologischer Verlag Zürich.

MIX
Papier | Fördert gute Waldnutzung
FSC® C018236
FSC www.fsc.org

Bibliografische Information der Deutschen Nationalbibliothek:
Die Deutsche Nationalbibliothek verzeichnet diese Publikation in der Deutschen Nationalbibliografie; detaillierte bibliografische Daten sind im Internet über http://dnb.d-nb.de abrufbar.

Umschlaggestaltung: Grafikbüro Sonnhüter, www.grafikbuero-sonnhueter.de, unter Verwendung eines Bildes © iamvlsv, Alexander Herasymchuk (shutterstock.com)
Lektorat: Hauke Burgarth, Pohlheim
DTP: Burkhard Lieverkus, Wuppertal
Verwendete Schriften: Chaparral, Myriad
Gesamtherstellung: Drukarnia Dimograf Sp. z o.o., Bielsko-Biała
Printed in Poland
ISBN 978-3-7615-6953-5 Print
ISBN 978-3-7615-6954-2 E-Book

www.neukirchener-verlage.de

Für Barbara
und unsere Kinder, Schwiegerkinder und Enkel
Tobias und Christine mit Aimeé und Lilly,
Rebekka und Stefan,
Sara und Roland.

Inhalt

Vorwort

Kein anderer Text der Bibel hat die Menschheit so stark beschäftigt wie die Bergpredigt. Die Veröffentlichungen dazu sind kaum zu übersehen. Ich beschäftige mich seit mehr als 50 Jahren mit der berühmtesten Predigt der Bibel. Gibt es da noch etwas Neues zu entdecken? Ganz sicher, weil Gottes Wort nie fertig verstanden und ausgelegt werden kann. Immer noch ist die Bergpredigt das, was im Titel anklingt: eine Herausforderung. Wie die Auslegungsgeschichte der Bergpredigt zeigt, wurden immer wieder andere Schwerpunkte im Verstehen gelegt. Es gilt darum stets neu zu fragen: Welche Bedeutung hat sie für uns heute?

Natürlich kann man überlegen: Warum muss Gottes Wort immer neu für die Gegenwart ausgelegt werden? Der Grund ist ganz einfach: Weil Gottes Wort von jeder Generation neu gelesen und verstanden werden will.

Mein Ziel der Auslegung ist es, neben einer gründlichen exegetischen Arbeit am Text Folgerungen für das gegenwärtige Christen- und Gemeindeleben zu ziehen. Die Auslegungsgeschichte der Bergpredigt zeigt uns, dass sie ganz unterschiedlich verstanden werden kann. Ich stimme August Strobel zu, wenn er schreibt: *„Das Zeugnis der Bergpredigt ist wie jedes Wort Jesu durch und durch lebensnah und praktikabel. Es ist auf Verwirklichung hin gesprochen, und es wäre ver-*

fehlt, wenn Christen auch nur die geringsten Einschränkungen vornehmen würden."

Ich möchte mit dieser Auslegung den Text für den Alltag des christlichen Lebens fruchtbar machen, darum befinden sich am Ende jedes Abschnitts Fragen, die zur persönlichen Reflexion, als Grundlage für die Verkündigung und für das Gespräch im Hauskreis und anderen Gruppen dienen sollen. Ich bin überzeugt, dass auch für das Verständnis der Bergpredigt gilt, was Jesus grundsätzlich für die Bedeutung der Schrift sagt: *„Wer an mich glaubt, wie die Schrift sagt, von dessen Leib werden Ströme lebendigen Wassers fließen."* (Jh 7,38)

Mit Anmerkungen bin ich sparsam umgegangen. Der Text spricht für sich. Wer tiefer in die Thematik einsteigen möchte, wird in den Endnoten am Schluss jedes Teils fündig und vor allem in der Literaturliste am Buchende. Der Fachmann wird anhand dieser Liste leicht erkennen, wie stark mir die verschiedenen Auslegungen geholfen haben, die einzelnen Texte besser zu verstehen und für die Gegenwart auszulegen.

Mögen diese Ausführungen zu einem Impuls und zur Inspiration für ein kraftvolles und begeisterndes Christenleben in der Gemeinde und im gesellschaftlichen Alltag werden. Damit die Welt sich ändert …

Adelshofen, im Mai 2023
Wilhelm Faix

1. Teil:
Einführung in die Bergpredigt

Vorbemerkung

Die Bergpredigt beschäftigt die Christenheit seit 2.000 Jahren. Die unterschiedlichsten Ausleger versuchten dabei, ihrem Anspruch gerecht zu werden. Während die einen die Bergpredigt für nicht lebbar hielten, wollten andere sie zur Grundlage des politischen Handelns machen.[1] Die Auslegungsgeschichte ist sehr spannend. Irgendwie haben wir Christen und besonders die Theologen so unsere Probleme mit der Bergpredigt.

Ihr Inhalt ist offensichtlich eine der größten Herausforderungen für Christen und Nichtchristen. In allen Jahrhunderten war sie ein Stein des Anstoßes. Für ein „Normalverbraucherchristentum" scheint die Bergpredigt nicht geschrieben zu sein, denn was Jesus hier sagt, sprengt alles Normale.

Jesus fordert das Außergewöhnliche. In Matthäus 5,47 spricht er davon. Das griechische Wort, das dort steht (*perisson*) kann man übersetzen mit das „Außergewöhnliche", das „Außerordentliche", das „über alles übliche Maß Hinausgehende", das „Überschießende" und „Überfließende". Diese Aussage lässt aufhorchen. Jesus verwendet den gleichen Begriff auch in Johannes 10,10, wenn er davon spricht, dass er gekommen ist, um „das Leben und volle Genüge" zu bringen. Wir müssen aber besser mit *„überfließendes Leben"* übersetzen. Von diesem überfließenden Leben, das außergewöhnlich ist, handelt die Bergpredigt.

Die Bergpredigt gehört zu den bekanntesten Texten des Neuen Testaments. Jesus sagt uns dort, worauf es im Zusammenleben ankommt. Gerade in der gegenwärtigen Zeit, in der die Gegensätze (weltpolitische Spannungen, Kriege, gesellschaftliche Konflikte, Auseinandersetzungen innerhalb der Christenheit u. v. m.) immer größer werden, wollen wir den Aussagen Jesu nachgehen und fragen, was sie zu bedeuten haben.

Kann man tatsächlich nach der Bergpredigt leben?

Was sind die Folgen, wenn wir uns nach ihr richten würden? Ein geknechtetes Leben oder ein Stück Himmel auf Erden? Kommt die Bergpredigt aus einer Welt, die wir heute nicht mehr kennen oder bietet sie uns wirklich ein frohes, freies Leben an, eben ein *außergewöhnliches Leben*?

Ohne Frage, die Bergpredigt enthält revolutionäre Gedanken für ein Leben, das ein *zeichenhaftes Leben* sein soll, weil sie etwas aufleuchten lässt, wonach wir Menschen uns sehnen. Wir wollen uns von Jesus und seinem Wort berühren und inspirieren lassen.

Fragen zum Gespräch und zur Reflexion

Wie geht es Ihnen mit der Bergpredigt?

Welche Bedeutung hat sie in Ihrem Leben und in Ihrer Gemeinde?

Bergpredigt oder Feldpredigt?

Nach dem Evangelisten Matthäus hält Jesus seine erste große Rede auf einem Berg (Mt 5,1), nach Lukas auf einem Feld (Lk 6,17).

Wie sollen wir das verstehen?

Warum Matthäus von einem Berg und Lukas von einer Ebene spricht, kann auf zweierlei Weise erklärt werden. Einmal, dass es sich um zwei verschiedene Reden gleichen Inhalts handelt, die Jesus an verschiedenen Orten hielt[2], und zum anderen, dass es sich um denselben Ort handelt, aber Lukas von einer Hochebene auf dem Berg spricht.

Zunächst stellen wir fest, dass der Stoff der Feldrede bei Lukas nach Inhalt und Reihenfolge fast vollständig in der Bergpredigt bei Matthäus enthalten ist. Beide beginnen mit den Seligpreisungen und schließen mit dem Gleichnis vom Haus auf dem Felsen. Das Herzstück ist bei beiden das Gebot der Feindesliebe (Lk 6,27–36; Mt 5,38–48); es folgt das Wort vom Richten (Lk 6,37–42; Mt 7,1–5) und von den Früchten, an denen der Fromme erkannt wird (Lk 6,43–46; Mt 7,16–21).

Der Umfang der Rede bei Matthäus ist wesentlich größer als bei Lukas. Das führte zu der Annahme, dass Lukas nur eine Zusammenfassung von Matthäus gegeben hätte. Dies ist aber kaum wahrscheinlich, weil in den wesentlichen Stücken Matthäus und Lukas übereinstimmen, es aber auch einige Stellen gibt, in denen Lukas ausführlicher berichtet (z. B. Lk 6,37–42) als Matthäus (Mt 7,1–5) und wiederum Matthäus Ausführungen hat (z. B. Mt 5,27–30.33–37), die Lukas nicht erwähnt.

Die häufigste, einfachste und durchaus einsichtige Erklärung ist, dass es sich nicht um eine zusammenhängende Rede, sondern um Redestücke handelt, die Matthäus anders als Lukas zusammengestellt hat. In der Tat finden wir Redestücke, die bei Matthäus in der Bergpredigt stehen, bei Lukas aber an anderer Stelle (z. B. Mt 5,13–16 bei Lk 14,34 f. und 8,16 f. u. a. m.).

Dagegen aber sprechen die Einleitung und der Schluss des Textes bei Matthäus. Die Bergpredigt beginnt: „… *und er tat seinen Mund auf, lehrte sie und sprach ...*" (Mt 5,2) und endet mit: „*... und es begab sich, als Jesus diese Rede beendet hatte ...*" (Mt 7,28); daraus geht hervor, dass es sich durchaus um eine zusammenhängende Rede handeln kann.

Wie aber kann dieser Unterschied erklärt werden?

Er könnte zunächst in der Eigenart des Evangeliums zu suchen sein. Matthäus schreibt für jüdische Leser und Lukas für heidnische. Lukas ließ also all das weg, was nur für die jüdischen Leser von Interesse war (z. B. Mt 5,17–42).

Nach rabbinischer Art hielt Jesus die ganze Rede oder Teile davon nicht nur einmal, sondern öfter und an verschiedenen Orten und vor verschiedenen Zuhörern.[3]

Wir kommen damit zu dem Schluss, dass Jesus sowohl Teile als auch die ganze Rede wahrscheinlich öfter gehalten hat und die Jünger sie sich so gut einprägen konnten.

Frage zum Gespräch und zur Reflexion

Welcher Erklärung würden Sie folgen?

....

....

....

An wen richtet sich die Bergpredigt?

Die Adressaten der Bergpredigt sind in erster Linie die Jünger, aber auch das Volk gehört zu den Zuhörern. Jesus spricht zu allen, die ihn hören wollen, aber nur die Jünger können leben, was Jesus lehrt. Aus eigener Kraft kann kein Mensch die Bergpredigt umsetzen. Es bedarf der Geburt von oben (Jh 3,3). Diesen Zug finden wir im ganzen Evangelium. Jesus wendet sich stets an das ganze Volk und zu den Menschen, die ihn hören wollen (Mt 8,1; 9,36; 12,15; 14,13; 19,2; 20,29; 21,9), aber nur der Jünger kann leben, was er lehrt (Mt 6,33; 7,7.13 f.; 10,39; 16,17).

So richtet sich die Bergpredigt an die Gemeinde Jesu und über die Gemeinde hinaus an alle Menschen. Oswald Sanders betonte: „*Jesus will die Gesellschaft durch die Gemeinde verändern.*" Am Leben, wie es die Bergpredigt lehrt, wird der Jünger Jesu erkannt. Es kommt dadurch auch zu einer Scheidung zwischen Jünger und Nichtjünger, besonders in Gesellschaften, in denen Christen verfolgt werden. Jünger sein bedeutet, in einer Gemeinschaft mit anderen Jüngern zu leben. Die Bergpredigt bezieht sich nicht auf das Ich des Einzelnen, sondern auf das Wir der Gemeinde. Paulus spricht vom Leib Christi (1Kor 12). In 1. Korinther 13 nennt Paulus, wie es zur Erfüllung der Bergpredigt kommt. Jesus beschreibt in der Bergpredigt nach Rodriguez Milt „*ein Reich von Menschen, ein neues Geschlecht, eine neue Menschheit*". Die Bergpredigt, individualistisch betrachtet, führt in die Gesetzlichkeit. Nur in der gemeinschaftlichen Perspektive öffnet sie uns die Augen für ein Leben im Reich Gottes.

Fragen zum Gespräch und zur Reflexion

Warum ist die Bergpredigt in erster Linie an die Jünger Jesu gerichtet und dann erst an das ganze Volk?

Wenn die Bergpredigt das Leben im Reich Gottes (als Gemeinde) beschreibt, was bedeutet das für Ihr Verständnis davon?

Zum Stil der Bergpredigt

Dichtung

Sprachlich gesehen haben wir es bei der Bergpredigt mit einer großen aramäischen Dichtung zu tun. Beide Hauptmerkmale der semitischen Dichtung finden wir in ihr wieder: den Parallelismus und den Rhythmus.

Parallelismus nennt man eine Art von Gedankenreim: Die Bedeutung der ersten Zeile entspricht der zweiten wie zum Beispiel in Psalm 19,2: *„Die Himmel erzählen die Ehre Gottes, und die Feste verkündigt seiner Hände Werk.“* Die zweite Zeile wiederholt und verstärkt den Gedanken der ersten Zeile. Dasselbe gilt für Matthäus 7,6: *„Gebt das Heilige nicht den Hunden und werft eure Perlen nicht vor die Schweine.“ und* Matthäus 7,7 f.: *„Bittet, so wird euch gegeben werden; suchet, so wer-*

det ihr finden; klopfet an, so wird euch aufgetan werden! Denn jeder, der bittet, empfängt; und wer sucht, der findet; und wer anklopft, dem wird aufgetan!" (LUT)

Das Merkmal des Rhythmus finden wir deutlich im „Vater unser" (Mt 6,9–13). Es besteht aus zwei Strophen mit je drei Zeilen:

„Unser Vater im Himmel!	*Dein Name werde geheiligt.*
dein Reich komme.	*Dein Wille geschehe*
wie im Himmel	*auf Erden.*
Unser tägliches Brot	*gib uns heute.*
Und vergib uns unsre Schuld	*wie auch wir vergeben unsern Schuldigern.*
Und führe uns nicht in Versuchung,	*sondern erlöse uns von dem Übel."* (LUT)

Bildhafte Sprache

Die Sprache der Bergpredigt ist lebensnah, anschaulich, bildhaft und von großer Kraft. Man wird geradezu von ihr mitgerissen.
„Eine Stadt, die auf dem Berge liegt, kann nicht verborgen bleiben." (Mt 5,14)
„Das Licht des Leibes ist das Auge." (6,22)

Lebensfragen werden nicht in abstrakten Begriffen, sondern in konkret gezielten Aussagen behandelt.
„Wenn du nun Almosen gibst, so lass nicht vor dir posaunen." (6,2)

Jesus spricht in die Alltagssituationen der Menschen hinein und wendet sich an alle Bevölkerungsschichten (z. B. 5,25 f., 41 f.; 6,5.16.19.29; 7,9 f., 24).

Seine Beispiele nimmt Jesus aus der Natur. Er spricht von:

Sonne und Regen,	Wind und Wasserströmen,
Disteln und Dornen,	Trauben und Feigen,
Vögeln und Motten,	Hunden und Schweinen,
	Schafen und Wölfen.

Frage zum Gespräch und zur Reflexion

Was können Sie von Jesus lernen, wenn Sie von Gott, Jesus und dem Glauben reden?

Die Bergpredigt und die Tora

Es stellt sich die Frage: Wie sind die Weisungen Jesu zu verstehen? Sind sie etwas gänzlich Neues oder stehen sie in Beziehung zum alttestamentlichen Gesetz, der Tora? Ist die Bergpredigt die neue Tora, das neue Gesetz?[4]

Darauf gibt Jesus selbst eine klare Antwort, wenn er sagt: *„Ihr sollt nicht denken, dass ich gekommen bin, die Tora oder die Propheten zu annullieren. Ich bin nicht gekommen zu annullieren, sondern zu erfüllen."* (5,17)

Jesus löst die Tora nicht auf, sondern bekräftigt sie: *„Amen, ich sage euch: Bis Himmel und Erde vergehen, soll nicht ein Jota oder ein einziges Häkchen von der Tora vergehen, bis alles geschieht."* (5,18)

Das Judentum erwartete vom kommenden Messias, dass er die Tora in besonderer Weise auslegen und erklären würde. Jesus verstand sich allerdings nicht als Halter und Erklärer der Tora im rabbinischen Sinn, sondern als *Erfüller der Tora.*

Weil Jesus die Tora erfüllt, ist er der Bringer der neuen Gerechtigkeit (Jes 53,11) und kann darum sagen: *„Ihr habt gehört, dass zu den Alten gesagt ist ... Ich aber sage euch ..."* (Sechsmal sagt er dies in 5,21–48). Damit verschafft Jesus der Tora (Weisung) eine neue Geltung, die durch die *„bessere Gerechtigkeit"* (5,20) gelebt werden kann (vgl. Röm 8,4).

Das ist das Werk des Gottesknechtes (Jes 42,1–4; 49,1–6; 50,4–11; 52,13–53,12), des Messias (Apg 8,32 f.; 1Petr 2,21–23), der im AT ein Gesetzeslehrer ist (Jes 42,1–4).

Wenn Jesus *„Ich aber sage euch ...“* spricht, dann nicht, um sich vom AT abzusetzen, sondern weil bereits das AT auf diese Funktion des Messias hinweist: Jesus erfüllt das Gesetz und die Propheten (vgl. Lk 24,44).

Was Jesus sagt, steht darum nicht im Gegensatz zum AT. Im Gegenteil, Jesus verschärft eindeutig die alttestamentlichen Aussagen, wenn er sagt:

- Das Gesetz verurteilt den Totschlag – ich verurteile bereits den Hass im Herzen.
- Das Gesetz verurteilt den Ehebruch - ich verurteile bereits die Begierde.

Jesus zeigt damit, was das Gesetz eigentlich will: nicht Tora-Juristen, sondern eine *Ganzhingabe des Lebens an den Willen Gottes aus innerstem Herzen.*

Damit kommen wir zur entscheidenden Aussage: Jesus richtet den *neuen Bund* auf, so wie er in Jeremia 31,31–34 verheißen ist: *„Ich will mein Gesetz in ihr Herz geben und in ihren Sinn schreiben.“* Der neue Bund unterscheidet sich vom alten darin, dass er nicht auf Steintafeln geschrieben ist, sondern ins Herz der Menschen. Dieser neue Bund benötigt auch eine neue Art von Tora. So gesehen kann man die Bergpredigt als neue Tora bezeichnen, aber sie ist keine „neue Tora“.

Als weitere Frage stellt sich, ob die Bergpredigt nicht im Gegensatz zu Paulus steht, der doch in Römer 10,4 sagt: *„Christus ist das Ende der Tora“*?

Diese Auffassung wird immer wieder vertreten. Diese Deutung ist aber falsch, weil sie in einem entscheidenden Fehler gründet: Jesus wird dabei von Paulus her ausgelegt und nicht Paulus von Jesus her.

Die Aussagen von Paulus gründen auf der Erlösung Jesu in Kreuz und Auferstehung (Damaskuserlebnis), ebenso die Bergpredigt, allerdings in der Vorwegnahme des noch ausstehenden Heilsgeschehens. Jesus spricht mit Blick auf die neue Gerechtigkeit, die er gebracht hat und in Kreuz und Auferstehung besiegeln wird; er ist die Gerechtigkeit Gottes in Person. Jesus spricht den gerechtfertigten Sünder an, der sein Leben in dieser Welt aus einer neuen Gerechtigkeit heraus lebt, die ihre Kraftquelle im Heiligen Geist hat.[5] Jesu Verkündigung gründet sich auf den prophetischen Aussagen Jesajas über die Heilszeit des Messias. So sagt Jesus: *„Heute geht die Schrift in Erfüllung, die euch in den Ohren klingt"* (Lk 4,21) und nimmt Bezug auf Jesaja 61,1 f.[6]

Paulus Botschaft wurzelt in ihrer Verkündigung ebenfalls in den messianischen Verheißungen des Alten Testaments. Nachdem er vor Damaskus dem auferstandenen Messias begegnet war, enthüllte sich ihm die Vorverkündigung des Evangeliums mit seiner Zentralaussage der Gerechtigkeit Gottes vom Alten Testament her.

Frage zum Gespräch und zur Reflexion

Warum ist es wichtig, dass wir die Bergpredigt nicht im Sinne eines neuen Gesetzes verstehen dürfen?

....

....

....

Die Bergpredigt als gelebter Glaube der Gemeinde Jesu

Wie aber soll die Bergpredigt verstanden werden? Dazu stellen wir drei Thesen voran:

- 1. *These: Die Bergpredigt ist keine Ethik* und auch kein neues Gesetz im üblichen Sinne, in dem Lebensregeln aufgestellt werden, die es zu halten gilt[7], sondern schlicht und einfach eine Darstellung des neuen Lebens wie es Jesus gebracht hat. Jesus entfaltet an Beispielen, wie Nachfolge in der Jüngergemeinde aussieht.[8] Eine ethische Auslegung steht in der Gefahr, dem *„Anspruch Jesu jeweils ein individual- oder sozialethisches Ideal überzustülpen"* (Ulrich Luck).
- 2. *These: Die Bergpredigt ist auch kein Ideal für ein ethisches Leben*, wie es seit Augustin immer wieder betont wird, dem es nachzueifern gilt.[9] Diese Vorstellung findet man besonders bei Christen, die die Aussagen Jesu ernst nehmen, aber merken, dass sie so nicht leben können. Die Bergpredigt schwebt bei diesem Verständnis über den Köpfen des Glaubenden wie ein Damoklesschwert. Für die einen ist die Bergpredigt eine Bedrohung, für andere eine Forderung, die aber nicht zu schaffen ist. Die Bergpredigt hält bei diesem Verständnis dem Menschen sein Versagen und seine Sünden vor Augen.
- 3. *These: Die Bergpredigt gilt nicht dem Einzelnen*, weder der Einzelperson des Jüngers noch der Einzelperson des Menschen in dieser Welt, *sondern der Gemeinde.*[10] Es bedarf des geschwisterlichen Miteinanders, um die Bergpredigt leben zu können. Diese Aussage findet man kaum oder nur indirekt in den verschiedenen Auslegungen. Der Grund liegt darin, dass man sich weitgehend vom Reich-Gottes-Verständnis verabschiedet hat. Man beschränkt sich auf die Erlösung und damit auf ein Jenseitschristentum, da das Leben auf dieser Erde einem Jammertal entspricht. Die Folge ist dann oft auch ein Jammerchristentum. Nur wenn die Aussagen der Bergpredigt sich auf ein Leben im gegenwärtig angebrochenen Reich Gottes beziehen, werden sie zu einer leuchtenden Kraftquelle für ein Leben mitten in den Unzugänglichkeiten dieser Welt.

Diese Thesen gilt es nun zu begründen. Warum ist die Bergpredigt Evangelium und nicht Ethik oder Gesetz, auch nicht eine neue Ethik oder ein neues Gesetz, wie es vielfach betont wird?[11]

Ein Gesetz hat feste Regeln, die juristisch kontrolliert und eingefordert werden, aber genau das will Jesus nicht. Ebenso verhält es sich, wenn wir die Bergpredigt als Ethik verstehen. Dieses Verständnis entspricht zwar dem gegenwärtigen Denken, aber nicht dem Denken Jesu. Jesus sagt, dass er und der Vater in Einheit leben (Jh 17,21), darum sollen seine Jünger mit ihm und untereinander ebenso in dieser Einheit leben. Gott ist laut Milt Rodriguez ein Wir und nicht ein einsames Ich. *„Es ist dieser Gott, der Gemeinschaft ist, der eine Gemeinschaft von Menschen ins Leben ruft, die in seinem Bilde lebt.“* Die Bergpredigt schildert das Leben der Jünger, die sich in einem neuen Lebensverständnis befinden.[12] Ihr Leben wird nicht von außen durch Gesetze oder ethische Vorschriften bestimmt und geregelt, sondern von innen, von der Einwohnung des dreieinen Gottes (Jh 17; Röm 8,9–11), der im Menschen Wohnung genommen hat (Röm 8,9; 1Kor 3,16; Kol 2,9).

Wie ist das möglich?

1. Der Bergpredigt geht die Verkündigung der Königsherrschaft Gottes (Mt 4,17.23) voraus

Die Königsherrschaft Gottes wird von Jesus ausgerufen und verkündigt, der Mensch wird damit gelockt, umzukehren und sein Leben der Herrschaft Gottes zu unterstellen. Weil die Königsherrschaft Gottes in Christus Jesus gegenwärtig ist, ist Sinnesänderung, Buße und Umkehr (Metanoia) eine beglückende Sache, die das ganze Leben von Grund auf ändert. Gott ist Herr und König. Er herrscht! Ist Gott Herr, dann gilt auch sein Wille. Gottes Wille aber will gelebt und vollzogen werden. Gerade darin erweist sich seine Herrschaft. Mit dem Vollzug des Willens Gottes deckt Jesus die Wurzel des Bösen auf.

Da wir politisch nicht mehr in einem Königreich leben, sondern in einer Demokratie, ist die Aussage der Königsherrschaft Gottes leicht missverständlich. Der Ausdruck Königsherrschaft ist in der Bibel synonym mit Himmelreich. Es geht also um ein Stück Himmel auf Erden.

Ein Reich bezieht sich nicht auf eine Einzelperson, sondern auf einen Lebensraum. Dort, wo Gott regiert, wird das Leben von der Liebe, Freude, gegenseitigen Wertschätzung, kurz: von den Wesensmerkmalen Gottes gestaltet.

? Fragen zum Gespräch und zur Reflexion

Wie können Sie Königsherrschaft Gottes verstehen, obwohl wir in einer Demokratie leben?

....

....

....

Wenn Sie die Bergpredigt als Lebensverständnis im Reich Gottes verstehen, welche Folgerungen gilt es daraus für Ihr Christenleben und Gemeindeverständnis zu ziehen?

....

....

....

Warum führt Sie das Lesen der Bergpredigt in Ich-Form auf ein falsches Gleis?

....

....

....

2. Jesus spricht in der Bergpredigt an, wie der erlöste und befreite Mensch leben kann, wenn er die Kraft des Heiligen Geistes empfangen hat

Jesus nimmt also etwas voraus, was noch kommen wird (sein Tod am Kreuz, seine Auferstehung) und erst mit der Ausgießung des Heiligen Geistes zu leben möglich ist. (Jh 14,15–21; Apg 1,8; 2,37–39; Röm 14,17) Ohne Neugeburt ist die Bergpredigt in der Tat hartes Gesetz und unerfüllbare Forderung. Aus der empfangenen Erneuerung heraus aber ist sie Fülle des Lebens und Freude der Kinder Gottes im gemeinsamen Leben.

Frage zum Gespräch und zur Reflexion

Warum ist das neue Leben eine Voraussetzung für Ihr Verständnis der Bergpredigt?

3. Die Bergpredigt ist gelebtes Evangelium der Gemeinde

Das Gesetz stellt den Menschen auf seine eigene Kraft und ruft ihn dazu auf, das Äußerste einzusetzen. Das Evangelium ist die Gabe Gottes und ruft ihn auf, die unaussprechliche Gabe zur Grundlage des Lebens zu machen und in der Gemeinschaft einzuüben und zu leben. Jesus schildert in der Bergpredigt den gelebten Glauben der Gemeinde.

Jesus ruft uns zu: *„Ihr seid durch die Verkündigung des Evangeliums und durch die Jüngerschaft in den neuen Äon Gottes hineinversetzt. Und nun sollt ihr wissen: so sieht das Leben aus, wenn ein Mensch zur neuen Welt Gottes gehört. So sieht der gelebte Glaube aus. So sieht das Leben derer aus, die in der Heilszeit Gottes stehen, die befreit sind aus der Macht* *des Satans und an denen sich das Wunder der Jüngerschaft vollzieht.“* (Joachim Jeremias)

Nur wenn wir den Glanz und die Schönheit der Nachfolge erkennen, können wir auch das Leiden und die Schmach ertragen (Mt 5,11–12; 2Kor 4,7–18). Die Machtstrukturen der Finsternis bestimmen weitgehend das gesellschaftliche Leben in dieser Welt, aber die Gemeinde durchbricht dieses Schema und lebt in neuen Ordnungen. Das einzelne Gemeindeglied ist zu schwach und ist überfordert, es alleine zu leben. Es braucht die Gemeinschaft und das Miteinander.[13]

Frage zum Gespräch und zur Reflexion

Was bedeutet es für Ihr Christsein und Gemeindeverständnis, wenn die Bergpredigt gelebtes Evangelium ist?

4. Die Bergpredigt ist eine Lehrunterweisung Jesu an seine Gemeinde

Wenn wir sagen, dass die Bergpredigt keine Ethik ist (auch wenn ethische Anweisungen darin enthalten sind), dann hat das seinen Grund darin, dass die protestantische Ethik eine Individualethik ist.[14] Sie stellt Forderung an den einzelnen Menschen und lässt ihn mit dieser Forderung alleine. Wenn wir von Ethik sprechen wollen, dann müssten wir von einer Gemeinschaftsethik der Gemeinde sprechen, weil diese nicht ohne Gemeinschaft lebbar ist. Wenn wir die Bergpredigt als Lehrunterweisung verstehen, dann geht es vor allem darum, dass das, was Jesus lehrt, eine Unterweisung zu einem neuen Leben ist, das aus einem gemeinsamen Leben erwächst. Es ist ein Lockruf Jesu zu einem Leben in Gemeinschaft.

Jesus ruft uns zu: Ich schenke euch eine neue Gerechtigkeit, ein Leben lang Glück und Zufriedenheit, ein sorgloses Leben, ein neues Verhältnis zu Gott, zum Nächsten und zur Welt, ein Stück Himmel auf Erden.

Das einzelne Glied in der Gemeinde mag schwach sein und schwach werden in den Versuchungen, aber die helfende und tragende Gemeinschaft in Liebe und Geduld überlässt das einzelne Glied nicht sich selbst. Sie nimmt sich der Schwachen an. (Apg 20,35; Röm 14,1; 15,1) So wird die Gemeinde zum Übungsfeld für den gelebten Glauben. Es ist laut Bernhard Ott ein *„Lernprogramm in der Jesusgemeinschaft“*. In ihr wird all das eingeübt (Hebr 5,14), was Jesus an einzelnem Verhalten aufzählt. Das einzelne Gemeindeglied steht nicht allein, sondern wird umsorgt und getragen. Freude und Leid werden geteilt. Da das Reich Gottes nicht von dieser Welt ist, kann die Welt am Leben der Gemeinde erkennen, wer Gott ist, und was es heißt, mit diesem Gott zu leben. Die Gemeinde wird so zur missionalen Gemeinde. Der gelebte Glaube wird so zum Lockruf der Gemeinde an die Menschen der jeweiligen Zeit.

Fragen zum Gespräch und zur Reflexion

Wie sieht die Lehrunterweisung in Ihrer Gemeinde aus?

....

....

....

Was würde sich in Ihrer Gemeinde ändern, wenn die Bergpredigt zur Lehrunterweisung werden würde?

....

....

....

Ist die Bergpredigt ein Lockruf Jesu zu einem neuen Leben im Miteinander oder ein Aufruf an den Einzelnen? Worin besteht der Unterschied?

....

....

....

5. Die Bergpredigt ist Angeld auf das Zukünftige
Das Reich Gottes hat mit Jesu Erdenleben begonnen und es wird bei seiner Wiederkunft vollendet werden. Als Christen leben bedeutet darum, jetzt schon nach den Grundsätzen des Reiches Gottes zu leben. Die Bergpredigt stellt uns vor Augen, wie das göttliche Leben auf dieser Erde bereits Gestalt gewinnen kann (Mt 5,48). Jünger Jesus (die Gemeinde) setzen darum alles ein, damit das Reich Gottes (Mt 6,33) Gestalt gewinnt: in einem versöhnten Leben, im Lebensstil, im Miteinander, in der Liebe zum Nächsten, im Einsetzen für Gerechtigkeit, in der Verkündigung der frohen Botschaft, in der Pflege und Bewahrung der Schöpfung[15] und vieles mehr. In einer immer mehr vom Ich bestimmten Gesellschaft öffnet die Bergpredigt neue Perspektiven zu einem verantwortlichen Miteinander. Jesu Botschaft führt zusammen und spaltet nicht. Auch wenn dieses Ringen um die Vergegenwärtigung des Reiches Gottes auf Erden nur Vorläufigkeitscharakter hat, gilt es, sich danach auszurichten. Es ist Leben auf Abruf, Leben

unter dem Vorzeichen des Unvollkommenen, bis das Vollkommene mit der Wiederkunft Christi erscheinen wird. Es ist Leben auf ein Ziel hin. Auf diesem Weg zum Ziel werden wir schuldig und versagen immer wieder. Die Bergpredigt ist darum ein Ruf zur ständigen Buße und Erneuerung im Denken und Handeln.

Die Gemeinde lebt in der brennenden Hoffnung und konkreten Erwartung der Wiederkunft ihres Herrn. Sie weiß: auch die Bergpredigt ist nicht das Letzte, sondern das Vorletzte; sie ist Angeld und steht unter der endzeitlichen (eschatologischen) Verheißung des erhöhten Herrn: *„Siehe, ich komme bald!“* (Offb 22,7) und *„Siehe, ich mache alles neu!“* (Offb 21,5); dann hört alles Stückwerk auf und wir werden Christus schauen, wie er ist. (1Kor 13,10–12)

Frage zum Gespräch und zur Reflexion

> *Welche Bedeutung hat die Ausrichtung auf den wiederkommenden Herrn für Ihr Leben auf dieser Erde aus dem Blickwinkel der Bergpredigt?*

....

....

....

Erklärungen zu Teil 1

1. Zur Auslegungsgeschichte der Bergpredigt: Grundmann, Walter, Das Evangelium nach Matthäus, S. 181–190; Jeremias, Joachim, ABBA, S. 171–177; Kantzenbach, Friedrich Wilhelm, Die Bergpredigt, S. 11–81; Strecker, Georg, Die Bergpredigt, S. 13–23 u. a.
2. Es ist auffallend, dass Lukas ausdrücklich feststellt, dass Jesus vom Berg herab und zur Volksmenge kam (6,17 f.), während Matthäus vom Hinaufsteigen auf den Berg spricht. Daraus geht hervor, dass es sich um zwei verschiedene Orte handeln könnte
3. Vgl. Riesner, Rainer, Der Aufbau der Reden im Matthäus-Evangelium, S. 172–182.
4. Benedikt der XVI. nennt die Bergpredigt die „Tora des Messias", in: Ratzinger, Joseph: Benedikt XVI.: Jesus von Nazareth, Erster Teil, Freiburg: Herder, 2007, S. 131–137.
5. Zu Recht betont Adolf Köberle: „In Wahrheit muß die Rechtfertigung zu dem alle theologischen Aussagen beherrschenden Vorzeichen erhoben werden. Auch Gotteslehre und Christologie, Sündenverständnis und Eschatologie bekommen allein von da her das rechte Gepräge." Rechtfertigung, Glaube und neues Leben, S. 43.
6. Zum Zusammenhang von AT und NT, besonders zu Jesu messianischem Dienst: Betz, Otto: Wie verstehen wir das NT?
7. Karl Heim kommt zum Ergebnis: „Die Bergpredigt ist also nicht eine Ethik.", ebenso Romano Guardini und Benjamin Kilchör nennt die Bergpredigt „das Gesetz dieses neuen Bundes" und „das Gesetz derjenigen, denen das Himmelreich verheißen ist". So verschieden die Auslegungsgeschichte der Bergpredigt sein mag, es geht doch immer um das Einhalten von ethischen Prinzipen, Regeln, Gesetzen oder das Anstreben einer Utopie. Vgl. Stadtland-Neumann, Hiltrud; Ragaz, Leonhard; Alt, Franz; Schnübbe, Otto; Walvoord, John F. u. a.
8. Sehr gut hat das Dietrich Bonhoeffer gesehen und dargestellt, wenn er in seinem Buch „Nachfolge" schreibt, dass die Bergpredigt kein *„ethisches Programm"* und keine *„allgemeine Welt- und Lebensweisheit"*, sondern im Kreuz Jesu verwurzelt ist, wo das Böse überwunden und der Mensch gerechtfertigt wird.
9. So kann man nur die Ausführungen von Franz Alt in „Frieden ist noch möglich" verstehen.
10. *„Die Bergpredigt hat es also mit der Gemeinde und nicht mit dem – noch so frommen – Individuum zu tun."* Hanssen, Olav, Zum Verständnis der Bergpredigt.
11. In der Theologie ist es eine Selbstverständlichkeit geworden von verschiedenen Ethiken zu sprechen. Es gibt eine jüdische Ethik, hellenistische Ethik, eine Ethik der Evangelien, des Matthäus, Lukas und Paulus usw. und natürlich auch eine Ethik Jesu. Da stellt sich die Frage: Welche Bedeutung kommt der Ethik Jesu zu? Nach welcher Ethik sollen wir uns heute richten? (Siehe Strobel, August; Schockenhoff, Eberhard)

12. „Aus dem alles umfassenden Leben, das Jesus Christus ist, kommt das Handeln der Christen. (...) Das Handeln der Christen quillt aus der in Christus geschaffenen Einheit von Gott und Welt, der Einheit des Lebens." Bonhoeffer, Dietrich, Ethik, S. 234.
13. Diese Tatsache wird auch zunehmend im säkularen Raum erkannt. Das individualistische Lebensverständnis der westlichen Kultur ist eine Mitursache der zunehmenden psychischen Erkrankungen. Gemeinschaft hat eine heilende Wirkung. Vgl. dazu Eckhardt, Jo.
14. August Tholuck, einer der bedeutendsten Bibeltheologen im 19. Jh., bezeichnet seine Auslegung der Bergpredigt als einen *„Beitrag zur Begründung einer rein-biblischen Glaubens- und Sittenlehre"*. So lautet der Untertitel seiner Auslegung der Bergpredigt. Sie gehört wohl zu den umfangreichsten Auslegungen überhaupt mit ihren 544 Seiten.
15. Zur Schöpfungsverantwortung der Gemeinde: Kröck, Thomas; Rust, Heinrich Christian (Hg.): fromm und grün.

2. Teil:
Jesus als Lehrer

1. Jesus als Lehrer in den Evangelien

Es ist sicherlich etwas ungewohnt, wenn wir von Jesus als Lehrer sprechen. Jesus ist doch unser Erlöser und Erretter. Gerne sprechen wir auch von Jesus als unseren Freund, Beistand und Hirten, der sich um uns kümmert. Aber Lehrer? Als der typische Lehrer gilt da eher Paulus.

Wenn wir von Jesus sprechen, dann betonen wir vor allem seine Bedeutung für unseren persönlichen Glauben in Abgrenzung zu anderen Religionen und Glaubensrichtungen. Es fällt uns schwer, Jesus als Lehrenden zu sehen.

Frage zum Gespräch und zur Reflexion

Warum fällt es Ihnen schwer, Jesus als Lehrer zu sehen?

....

....

....

Weil es für uns so ungewohnt ist, Jesus als Lehrer zu sehen, wollen wir den Aussagen der Evangelien zu Jesus als Lehrer und Lehrendem nachgehen, denn die Vernachlässigung dieser Perspektive hat auch Folgen für unser Christen- und Gemeindeleben.

Es ist auffallend, dass in den vier Evangelien die Wortgruppe „lehren" (griech. *didasko*), „Lehrer" (*didaskalos*) und „Lehre" (*didaskalia* bzw. *didachä*) etwa 120-mal vorkommt.[1]

Nach dem einhelligen Zeugnis der Evangelien gehört das Lehren zu den vornehmsten Funktionen Jesu. Es steht damit noch vor dem Verkündigen (*kérrysso*) der Königsherrschaft Gottes und der Krankenheilung (Mt 4,23; 9,35; 11,1 ff.). Wenn man solch eine Reihenfolge auch nicht werten darf, so ist sie doch auffallend.

Jesus tritt als Lehrer auf (z. B. Mt 9,11; 17,24; 23,8) und wird Lehrer von den verschiedensten Schichten des Volkes genannt (z. B. Mt 8,19; Mk 4,38; 9,17.38; 10,35; 12,14.19.32; Lk 10,25; 11,45; 12,13; 19,39 u. v. a. m.). Offensichtlich ist die Bezeichnung Jesu als Lehrer so geläufig und feststehend, dass in den Evangelien bereits die bloße Namensnennung ausreicht, um die Person zu bezeichnen (Mt 26,18). Jesus ist also eine anerkannte Lehrautorität zu seiner Zeit (Jh 3,2; 11,27 f.; 13,13 f.).

Der Ehrentitel für einen Lehrer und Gelehrten war „Rabbi". So wird auch Jesus wie die Schriftgelehrten seiner Zeit Rabbi genannt.[2] Die Aufgabe des Rabbinen war es, aus der Tora (dem Gesetz) den Weg Gottes zu weisen und den göttlichen Willen aufgrund seiner Kenntnisse im Gesetz und der Propheten zu deuten und darzulegen. Nach jüdischer Vorstellung sollte der Messias vor allem ein Lehrer der Tora sein. (Jh 4,25)

Wodurch unterscheidet sich Jesus als Rabbi (Lehrer) von den anderen Rabbinen (Lehrern) seiner Zeit?

Jesus selbst war nie Schüler eines Rabbi. In den Augen der Rabbinen war er ein ungelehrter Mann (Jh 7,15), trotzdem sprach er in Vollmacht und nicht wie die Schriftgelehrten (Mt 7,29 u. a.). Während die Rabbinen großen Wert auf die Auslegung (Exegese) der Schrift legten, wandte Jesus die Schrift unmittelbar auf sich an und nannte sie als Zeuge für sich selbst (Jh 5,39; Lk 24,27.32.45). Jesus hat also nicht nur das Gesetz ausgelegt, war nicht nur Gesetzeslehrer wie die Schriftgelehrten, sondern besaß eine *Lehrautorität*, die über das Gesetz hinausgeht.

„Ihr habt gehört, dass zu den Alten gesagt ist (...) Ich aber sage euch ...“ (Mt 5,21 u. a.)

Damit ist Jesus mehr als Mose, durch den Gott das Gesetz gegeben hat. (Vgl. Jh 1,17) So gesehen ist Jesus der „neue“ Mose, der nicht nur das Gesetz auslegt, sondern es erfüllt und Neues lehrt, direkt vom Vater, bzw. das Gesetz im Lichte seiner Person interpretiert. (Lk 20,27 ff.; Jh 5,45 f.; 6,32; 7,17 f.; 9,28 f.; Mk 1,27; 6,2)[3]

Gibt es einen Unterschied zwischen Lehren und Verkündigen?

Wenn wir nach der Lehrtätigkeit Jesu fragen, dann müssen wir zunächst festhalten, dass es zwischen Lehren, Verkündigen und Heilen zu unterscheiden gilt.

In Matthäus 4,23 lesen wir: *„Und er (Jesus) zog in ganz Galiläa umher,* ***lehrte*** (didasko*) in ihren Synagogen,* ***verkündigte*** (kérysso*) das Evangelium* (euaggelion*) des Reichs* (basileia*) und* ***heilte*** (therapeuo*) jede Krankheit und jede Schwäche* (malakia *= Leiden) im Volk.“*

Was ist der Unterschied zwischen Lehren und Verkündigen?

In der Verkündigung geht es um das Ausrufen dessen, was Gott getan hat. Die Verkündigung wird durch den Begriff Reich näher bestimmt. Jesus verkündigt das Reich Gottes, das mit ihm angebrochen ist (Mk 1,15). Verkündigung hat einen missionarischen Akzent. Es gilt, den Menschen bekanntzumachen, was Gott für sie tut und getan hat (Lk 8,1).

Jesus wird vor allem als der Lehrer geschildert, der in Vollmacht den Willen Gottes lehrt. In seiner Lehre geht es vornehmlich darum, wie ein Leben im Reich Gottes Gestalt gewinnt, also um den Lebensstil. Die Lehre gilt darum besonders den Jüngern, die sie weiter vermitteln sollen. Der vorletzte Satz, den Jesus seinen Jüngern sagt, bevor er von ihnen geht, lautet darum: *„Lehret sie (die Völker) halten alles, was ich euch eingeschärft habe.“* (Mt 28,20)

Fragen zum Gespräch und zur Reflexion

Warum ist es wichtig, zwischen Verkündigung und Lehre zu unterscheiden?

Wie wird dieser Unterschied in Ihrer Gemeinde praktiziert?

Welche Rolle spielt die Lehre als praktische Lebensunterweisung in Ihrer Gemeinde?

Jesus ist kein akademischer Lehrer, wie es ihn in der Antike gab und wie wir ihn auch heute kennen.[4] Mit seiner Art zu lehren überwindet er das intellektuelle Verständnis. Sein Lehren ist mit dem Ziel verbunden, umzukehren und ein neues Leben aus der besseren Gerechtigkeit zu gestalten. Für Jesus gehören Lehre und Leben in Gemeinschaft zusammen.

Wir finden keine systematische Darstellung der Lehre Jesu. Jesus sprach immer in konkrete Situationen hinein, was ganz allgemein als

„Lehren" bezeichnet wurde (z. B. Mt 5,2; 21,23; Mk 1,21 f.; 4,1 f.; 8,31; 11,17; 12,14; Lk 5,3.17; 6,6; 11,1; 13,10; 20,21; Jh 6,59; 7,14.28; 8,20; 18,20 u. a.)

Dabei hat Jesus alle Situationen menschlichen Lebens aufgegriffen und sie in Bezug zum Willen Gottes gesetzt und die Ordnung des Lebens im Blick auf Gott und den Nächsten angesprochen. Jesus spricht in Bildern, die aus dem Alltag der Menschen genommen sind. Er nennt Licht und Salz, Sonne und Regen, Vögel und Motten. Er spricht alle Lebensbereiche an wie Umgang mit Emotionen, Ehebruch, Richtgeist, Fasten, Beten, Berufung, geistliches Handeln, frommes Reden, Umgang mit Besitz und vieles mehr. Vor allem lehrt Jesus durch Gleichnisse vom Reich Gottes (Mt 13,1–52; Mk 4,2 ff. u. a.). Auch legt er das Alte Testament aus und steht dabei oft in Lehrauseinandersetzungen mit den Schriftgelehrten (Mt 5,21 ff.; 15,3 ff.; 22,37 ff.; Mk 10,1 ff.; 9,31; 12,35 ff. u. a.).

Der Inhalt der Bergpredigt zeigt auf, wie ein Leben im angebrochenen Reich Gottes, das mit Jesus begonnen hat, aussieht. *„Die Zeit ist erfüllt, das Reich Gottes ist nahe herbeigekommen"* (Mk 1,15), ruft Jesus den Menschen zu. Mit Jesus bricht das Reich Gottes auf dieser Erde an als Vorschattung auf das kommende Reich Gottes bei der Wiederkunft Christi. Es geht also nicht darum, jetzt schon das Reich Gottes in seiner endgültigen Gestalt auf dieser Erde aufzurichten, wie es immer wieder als utopische Vorstellung verkündigt und angestrebt wurde (z. B. durch religiöse Sozialisten, Tolstoi, in den 70er-Jahren des letzten Jahrhunderts durch die Friedensbewegung, von Franz Alt[5] u. a.) oder es auf eine spätere Zeit verschoben wird (Tausendjähriges Reich, z. B. Theodor Böhmerle, John F. Walvoord u. a.) oder als ein Missverständnis der ersten Christengemeinde verstanden wird, die das Reich Gottes unmittelbar erwartete, was aber nicht eintraf (Albert Schweitzer u. a.[6]). Eine häufige Auslegung ist, dass die Bergpredigt nicht der heutigen Gemeinde gilt (Dispensationalismus). Beliebt ist vor allem die Auslegung, dass das Reich Gottes inwendig im Menschen sei (individualistisches Verständnis). Dieses Verständnis kommt von Luthers Übersetzung in Lukas 17,21 und hat sich in weiten Teilen des christlichen Denkens verbreitet. Alle diese Auslegungen werden der Herausforderung der Bergpredigt nicht gerecht.

In der Bergpredigt zeigt Jesus, wie die Gemeinde modellhaft leben kann, und wie die Mitmenschen daran erkennen, wie neues Leben aus Gott in Wirklichkeit aussieht. *Die Bergpredigt hat Modellcharakter für ein missionales Leben mitten in einer Welt des Hasses und der Kriege.* Der missionale Charakter wird wenig beachtet, weil die Gemeinde nicht mehr als Modell für das Reich Gottes steht. Die Gemeinde repräsentiert aber das Reich Gottes auf dieser Erde. (1Thess 4,12; 2Thess 1,3; Phil 3,12) Der missionale Charakter wird besonders deutlich in Matthäus 5,13–16 angesprochen. Die gelebte Gemeinschaft hat eine missionarische Kraft. *„Das Tun des Willens Gottes ist selbst eine missionarische Tat, die, ob sie es will oder nicht, die Umwelt verändert"*, behauptet Olaf Hanssen. Gemeinde Jesu ist darum ihrem Wesen nach missionale Gemeinde oder sie ist keine Gemeinde nach der Lehre Jesu. Die Bergpredigt ist gelebtes Reich Gottes im Alltag. Sie sprengt das orthodoxe Verständnis unseres Christseins, dass es in erster Linie um die rechte Lehre geht und die Lebenswirklichkeit eine untergeordnete Rolle spielt. Die Bergpredigt ist gelebte Heiligung. (1Kor 1,30; 2Kor 7,1; 1Thess 4,7; 1Tim 2,15; Hebr 12,14) *„Es geht darum, jetzt von Jesus im Reich-Gottes-Leben ausgebildet zu werden; es geht nicht darum, nur das zu konsumieren, was er uns erworben hat."* (Dallas Willard; vgl. Kol 4,11)

Trotz aller Schwachheit lebt die Gemeinde in froher Erwartung auf das zukünftige Reich Gottes im Hier und Jetzt bereits ein Stück Reich Gottes. Paulus drückt dies so aus:

„Jetzt sehen wir noch wie durch einen Spiegel auf ein Rätselbild, dann aber von Angesicht zu Angesicht. Jetzt erkenne ich ein Stückwerk, dann aber werde ich es ganz erkennen, so wie ich erkannt worden bin." (1Kor 13,12; vgl. auch 1Joh 3,2)

Wir halten fest: Jesus ist nicht ein Lehrer unter vielen anderen, der Wissen weitergibt, sondern Lehre und Person sind bei ihm identisch. Jesus lehrte durch und mit seinem Leben.

Fragen zum Gespräch und zur Reflexion

Wenn Jesu Lehre nicht in Wissensvermittlung besteht, sondern darin, wie man im Alltag lebt: Was bedeutet das für Ihr Lehrverständnis?

Warum tun wir uns so schwer, Lehre als praktische Anleitung fürs Leben zu verstehen?

Was müsste sich in Ihrem Gemeindeverständnis ändern, wenn Sie Lehre im Sinne Jesus verstehen würden?

2. Jesus und seine Jünger (Schüler)

Jesus hat als Lehrer, wie es damals üblich war, Jünger (Schüler) um sich gesammelt. Der Begriff „Jünger" (griech. *mathetes*) kommt im AT noch nicht vor (außer 1Chr 25,8). Im AT gibt es noch kein Lehrer-Jünger(Schüler)-Verhältnis.

Auch die alttestamentlichen Propheten hatten keine Jünger. Die Begleiter von Mose (4Mo 11,28), Elia (1Kön 18,19 ff.), Elisa (2Kön 5–6) und Jeremia (Jer 36) sind Diener und nicht Jünger.[7]

Der Grund dafür liegt darin, dass die Offenbarung des Willens Gottes durch den Mund einzelner Propheten kundgetan wird (2Mo 4,12; Jes 40,6; Jer 1,6 ff.). Das empfangene Wort Gottes kann nur angenommen, bewahrt und weitergegeben werden (Jos 1,7 f.; 24,18–24). Gottes Willen kann nicht aus zweiter Hand gelernt werden.

Das Besondere an dem Lehrer-Jünger-Verhältnis im Rabbinentum war, dass der Jünger durch das Leben des Meisters lernte.

Es geht also nicht nur um Erkenntnisse und Wissensvermittlung, sondern um die gelebte Lehre. Vor diesem Hintergrund bekommt das Jüngersein im Neuen Testament eine andere Schärfe. Wir dürfen den Jünger auf keinen Fall mit dem heutigen Schüler oder Studenten gleichsetzen. Diese haben kaum noch etwas gemein mit den Schülern Jesu.

Fragen zum Gespräch und zur Reflexion

Was verstehen Sie unter Jüngersein?

....

....

....

Was sind die Wesensmerkmale eines Jüngers Jesu?

....

....

....

Wenn es auch zwischen den rabbinischen Schülern (im Judentum werden sie *Talmid* genannt, abgeleitet von *Talmud* = Gesetz, Weisung) und den Jüngern Jesu manche Berührungspunkte gibt und sie sich in der äußeren Form zu gleichen scheinen, so bestehen in ihrem Wesen doch nicht zu überbrückende Unterschiede:

- Jesus ruft seine Jünger in die *persönliche Nachfolge*, ähnlich wie Gott die Propheten im AT berufen hat. (Mk 1,16 ff. u. par.; Mt 8,22; Jh 15,16)
- Jesus beruft eine *persönliche Bindung an seine Person*. Der Jünger bleibt Jünger und wird selbst nie Meister (Mt 10,24 ff.; Mk 6,40). Es handelt sich dabei um eine Lebensgemeinschaft. Jesus rief wörtlich die Jünger, *„hinter ihm herzugehen"*.[8] (Mk 1,16 ff.; Mt 9,9; Jh 1,43 u. v. a.)
- Die Nachfolge Jesu ist *ganzheitlich und unteilbar* mit anderen Bindungen und Verpflichtungen. Entweder man wird ganz Jesu Jünger oder gar nicht. (Mt 5,48; 9,9; Mk 10,17 ff. u. par.; Lk 9,57 ff.)
- Jesu Lehre ist für die Jünger Gebot mit vollster Autorität, dem die Jünger sich vorbehaltlos beugen. (Mt 10,24 f.; 24,45 ff.; 25,14 ff.; Lk 12,35 ff.; Jh 13,16; 15,20 u. a.) Seine Lehre soll nicht besprochen, diskutiert, verehrt oder geheimgehalten werden, sondern hier und jetzt gelebt und getan werden. *Hören und Tun sind bei Jesu Jüngern eins.* (Mt 7,24; Jh 7,17; 13,17; 15,14)
- Jesus ruft seine *Jünger zum Dienst*. Wer Jünger Jesu ist, lebt und verkündigt das Reich Gottes mitten in dieser Welt. (Mt 4,19; 10,5 ff.; 25,14 ff.; Lk 5,1 ff.; Jh 17,13 ff.; Mk 1,17)

- Jesus *nachfolgen hat auch zur Folge, für ihn zu leiden.* Zum Jüngersein gehört die Bereitschaft zum Leiden. (Mt 10,24 f.; 16,24 f.; Mk 8,34 par.; Mt 5,11 f.)

Ein Jünger Jesu zu sein bedeutet, mit seinem ganzen Leben Jesus Christus zu gehören und sein Wort als Gottes Willen zu leben (Mt 11,29; Jh 8,31; 6,45). Diese Grundhaltung des Jüngers findet sich auch in den anderen Schriften des Neuen Testaments. Für so verstandene Jüngerschaft ist die Bergpredigt Lebensanweisung. Die Bergpredigt setzt den neuen Menschen voraus (Jh 3,3 ff.), der aus der Kraft des Heiligen Geistes lebt und handelt. Nichts anderes meint Paulus, wenn er vom *„Wandel im Licht"* oder vom *„anziehen des neuen Menschen"* oder von *„in Christus sein"* oder vom *„Wohnen des Wortes Christi"* im Leben des Christen spricht (vgl. Röm 6 und 8; Kol 2,6).

So zu leben ist keine Last, sondern eine Lust und eine Freude. Es ist ein Stück Himmel auf Erden für die Jünger (vgl. Lk 6,23; Jh 10,10; Phil 4,4).

? Frage zum Gespräch und zur Reflexion

Welche Folgerungen können Sie aus den beschriebenen Merkmalen des Jüngerseins für die Gemeinde, Mitarbeiter der Gemeinde, Hauskreise, Gruppen in der Gemeinde und unser persönliches Leben ziehen?

3. Was heißt: Jesus nachfolgen?

In christlichen Kreisen wird viel von Nachfolge gesprochen.[9] In Jüngerschaftskursen oder Jüngerschaftstrainingsprogrammen wird Nachfolge gelernt. Was ist das Ziel solcher Trainingsprogramme? In einer Werbung für ein solches heißt es: „Wer in ein ‚christuszentriertes Leben' hineinwachsen will, muss nur konsequent mit den ‚geistlichen Disziplinen' dranbleiben: Zeit mit Gott verbringen, Gebet, Bibeltexte studieren und auswendig lernen, die Seele immer wieder Gott hinhalten und ähnliches mehr. Tun wir das regelmäßig – auch mit wenig Zeit – werden wir über die Jahre reifen und wachsen." Es werden wichtige und notwendige geistliche Übungen angesprochen. Aber haben wir damit wirklich verstanden, wie im Neuen Testament Nachfolge gelehrt und gelernt wird? In der Beschreibung des Trainingsprogramms für Jüngerschaft wird Nachfolge individualistisch verstanden.

Schauen wir doch einmal etwas genauer hin, was uns im Neuen Testament zur Nachfolge gesagt wird. Jesus rief seine Jünger in die unmittelbare Nachfolge. *„Kommt, geht hinter mir her"*, lesen wir in Matthäus 4,19. Diese unmittelbare Nachfolge drückt das Lehrer-Jünger-Verhältnis aus, wie es zur damaligen Zeit zwischen einem Rabbi und seinen Schülern verstanden wurde. Die Jünger (griech. *mathätäs*) folgen Jesus als Lernende (griech. *manthano*). Jünger Jesu sind also Lernende.

Jesus ruft den Menschen zu: *„Lernt von mir …"* (Mt 11,29). Jesus versteht hier unter Lernen, das unmittelbar abzuschauen, was er gelebt hat. Jesus lebte mit seinen Jüngern in einer *„Praxisgemeinschaft"*, wie es Tobias Künkler nennt. Es ist das *Modelllernen,* wie wir es aus der Pädagogik kennen. Jesus lehrte seine Jünger vor allem über das Miteinander-Leben. Die Jünger lebten mit Jesus und erlebten ihn wie er lehrte, verkündigte, heilte, betete, mit den Menschen sprach, Dämonen austrieb, Kinder segnete, mit Sündern umging, mit Naturgewalten fertig wurde, Menschen half, die in Not waren, und sich mit den Lehrmeinungen der damaligen Zeit auseinandersetzte. Die

Jünger lernten vor allem über das Vorbild Jesu. Jesus lebte es ihnen vor und die Jünger sollten es nachleben, als er sie aussandte. (Vgl. Mt 10,1–26) Der Hauptbegriff für Nachfolge in den Evangelien lautet darum auch *akoloutheo*, was im eigentlichen Sinn „hinter jemandem hergehen“ bedeutet.

Nun lebt Jesus aber nicht mehr leibhaftig unter uns und die Nachfolge kann darum auch nicht mehr wie in den Evangelien als unmittelbare Nachfolge (hinter Jesus hergehen) verstanden werden. Lernen gehört aber auch in den übrigen neutestamentlichen Schriften zu den Kernaussagen. Die Nachfolger Jesu sind Lernende (vgl. Röm 16,17; 1Kor 4,6; 14,31; Phil 4,9–11; Tit 3,14 u. a.).

? Frage zum Gespräch und zur Reflexion

> *Warum trifft die heute oft gebrauchte Aussage: „Schau nicht auf mich, schau auf Jesus“, nicht die Aussage des Jüngerverständnisses, wie wir es im Neuen Testament finden?*

....

....

....

Es ist bezeichnend, dass der Begriff Nachfolge (*akoloutheo*) nicht häufiger (mit wenigen Ausnahmen, zum Beispiel 2Tim 3,10 von Paulus im wörtlichen Sinn auf Timotheus bezogen) in den neutestamentlichen Schriften vorkommt. Die Nachfolge wird jetzt auf den auferstandenen Christus bezogen, der im Leben des Menschen Wohnung genommen hat (vgl. Röm 8,1 ff. u. a.). Allgemein wird damit Nachfolge vergeistigt und auf den einzelnen Menschen angewandt: Meine Nachfolge hat nichts mit meinem Mitchristen zu tun, der muss selbst sehen, wie er Jesus nachfolgt.

Ist damit die Nachfolge, wie sie uns in den Evangelien geschildert wird, aufgehoben?
Keineswegs! Nachfolge wird nun auf das Miteinanderleben der zu Jesus gehörenden Menschen bezogen. Der Begriff Nachfolge (*akoloutheo*) wird durch Vorbild (*typos*) und Nachahmung (*mimätäs*) ersetzt. Beides sind pädagogische Begriffe und sollten auch so verstanden werden. Der Begriff Vorbild wird zwar gerne und viel von uns Christen verwendet, aber er wird kaum im pädagogischen Sinn verstanden. *Der pädagogische Sinn von Vorbild ist die Nachahmung.*

Der Hirnforscher Gerhard Roth schreibt in diesem Zusammenhang: „*Der Vorgesetzte muss ein Vorbild in all dem sein, was er von seinen Mitarbeitern fordert. Das ist so einfach, dass man sich fast schämt, es auszusprechen. (...) Die Grundbotschaft an den Mitarbeiter muss lauten: Ich nehme mir Zeit, dich kennen zu lernen, dir die Sache zu erklären, einzelne Schritte detailliert durchzugehen, deinen individuellen Vorteil erkennen zu lassen.*“ Dallas Willard formuliert darum treffend, dass die Christen zu ihren Lehrern gehen sollen, um von ihnen zu lernen, „*wie man im Reich Jesu lebt*“.

? Frage zum Gespräch und zur Reflexion

Wie kann Nachahmung in einer individualisierten Gesellschaft noch wahrgenommen werden?

....

....

....

Mit dem Begriff „Nachahmung“ tut sich die Christenheit von Anfang an bis in die Gegenwart schwer. Der Grund ist darin zu sehen, dass der *Zusammenhang von Lehre und Leben* nicht erkannt wird.

Die christliche Lehre löste sich immer wieder vom Leben, was zum Beispiel im Zeitalter der lutherischen Orthodoxie (17./18. Jh.) besonders deutlich zu erkennen ist und als Gegenreaktion den Pietismus und die Erweckungsbewegungen hervorrief, die den Lebenswandel betonten. Die Frage kann darum nicht nur lauten: Wie klar ist unser Glaubensbekenntnis, sondern sie muss auch lauten: Wie leben wir das, was wir mit Worten bekennen?

Wenn Wort und Tat zusammengehören, dann sollten wir auch nicht zwischen Gottesdienst (Wort) und Diakonie (Tat) trennen, was vielfach getan wird. Luther konnte noch sagen: *„Letztlich ist Kirche Jesu Christi pure Diakonie."* Er bezog diese Aussage auf das glaubhafte Leben der Christen.

Wie kommt es, dass uns dieses Denken fremd geworden ist?

Das hängt mit unserem Verständnis von Jüngersein und Nachfolge zusammen. Nachfolge hat kaum noch etwas mit Nachahmung zu tun. Die Aussagen im Neuen Testament über Nachahmung überlesen wir oder deuten sie anders als im genannten Sinn.

Was verstehen die neutestamentlichen Schreiber unter Nachahmung?

Wir sind überrascht, mit welcher Selbstverständlichkeit von Nachahmen gesprochen wird. Die Wortgruppe kommt 11-mal vor, hauptsächlich bei Paulus, aber immer im positiven Sinn. (Vgl. 1Kor 4,16; 11,1; Eph 5,1; Phil 3,17; 1Thess 1,6; 2,14; 2Thess 3,7.9; 3Joh 11; Hebr 6,12; 13,7) Nachzuahmen gilt es charakteristische Eigenschaft und Lebensweisen, wie sie uns im Neuen Testament beschrieben werden und wie Jesus und Paulus sie vorgelebt haben (1Thess 1,6; 1Kor 11,1). Auch bei Petrus findet sich diese Aussage nur mit anderen Worten (1Petr 2,21). Bei der Nachahmung geht es nicht darum, wie man Christ wird. Christwerden ist eine Neuschöpfung, die aus der *„besseren Gerechtigkeit"* kommt und ein Gnadengeschenk Gottes ist. Nachahmung bezieht sich auf die Lebensgestaltung (Kol 2,6 u. a.). Pädagogisch handelt es sich um ein Modelllernen. Der Mensch als soziales Wesen ist von Geburt an auf das Gegenüber angewiesen, um menschliche Verhaltensweisen und psychische Stabilität entwickeln zu können.

So lernt zum Beispiel das neugeborene Kind durch Nachahmung und entwickelt darüber die körperlichen, seelischen und geistigen Merkmale seiner Persönlichkeit. Es kann darum nicht gleichgültig sein, wer das Baby, Kleinkind und Kind versorgt, ob es Institutionen sind oder die Eltern, aber auch wenn es die Eltern sind, muss gefragt werden, wie sie es versorgen und das Familienleben gestalten. Gelebter Glaube der Eltern hat bereits im Säuglingsalter bleibende Auswirkungen, ebenso das Familienleben für die Persönlichkeitsentwicklung des Kindes. Die Nachahmung (Modelllernen) hat darum grundlegende Bedeutung für den christlichen Lebensstil.

So schreibt Paulus in Epheser 5,1: *„Seid also Nachahmer Gottes als geliebte Kinder“*, dann spricht er das Miteinander im Alltag an: *„Vergebt einander, wie auch Gott in Christus euch vergeben hat“* (Eph 4,32) und *„lebt in der Liebe“* (Eph 5,2).

Ein christlicher Lebensstil erfolgt nicht durch Wissensvermittlung, sondern durch gelebten Glauben im Alltagsstress. Weil solch ein Leben in den Herausforderungen des Alltags nicht fehlerfrei ist, braucht es den Heiligen Geist als die Kraftquelle der Erneuerung (Eph 4,20). Dieser Erneuerungsprozess geschieht nicht punktuell, sondern vollzieht sich im Miteinander der unterschiedlichen Beziehungen mit Menschen. Es ist ein Bildungsprozess, ein Umgestaltungsprozess in das Ebenbild Christi (2Kor 2,18). Diesen Bildungsprozess beschreibt Paulus ausführlich in 2. Korinther 7,1–16, wie er ihn bei den Korinthern erlebt hat. Er zeigt sowohl die negativen als auch die positiven Seiten im Leben der Christen in Korinth auf. Diese Ausführungen sind nur dann sinnvoll, wenn Menschen miteinander fragen, wie Gottes Wort in ihrem Alltag gelebt werden kann. Unser individualisierter Lebensstil lässt dieses Verständnis der Nachfolge und Nachahmung kaum mehr zu, weil es unserem christlichen Autonomieverständnis widerspricht.

Der biblische Anspruch der Nachfolge bleibt zwar, *„nur ist dieser Anspruch im modernen Lebensentwurf nicht mehr in einer göttlichen Ord-*

nung begründet, sondern in die Selbstbestimmung des Menschen verlegt", wie Ursula Forst festhält.

Fragen zum Gespräch und zur Reflexion

Warum tun wir uns mit dem Begriff „Nachahmen" so schwer?

Wo kann in Ihrer Gemeinde und in Ihrem Leben Nachahmung praktiziert werden?

Zusammenfassung

1. Die Bergpredigt schildert im Grunde genommen *das Leben Jesu.* All das, was Jesus in der Bergpredigt sagt, lebte er auch. Jünger Jesu sein bedeutet: So leben, wie Jesus gelebt hat. (1Joh 2,6)
2. In der Bergpredigt begegnen wir *Jesus als Lehrer.* Seine Lehrtätigkeit ist keine Vermittlung von allgemeinem oder speziellem Wissen, mit dem der Hörer nach Belieben umgehen kann, sondern Gabe und Anspruch, das Leben danach zu gestalten.
3. Jesus hat seine *Jünger über das Leben gelehrt* und nicht nur mit Worten. Nehmen wir das ernst, dann müssen wir über unser Verständnis des Christseins nachdenken, ob es so, wie wir es leben, im Sinne Jesu ist.

4. Nachfolge im Sinne Jesu und der neutestamentlichen Schreiber besteht darin, dass wir an unserem *Leben Anteil geben* und am Leben anderer *Anteil nehmen*, damit Nachahmung möglich wird.

Frage zum Gespräch und zur Reflexion

Was bedeuten diese Aussagen für Ihr Gemeindeverständnis und das Ihres Christseins?

Erklärungen zu Teil 2

1 Von den ca. 95 Stellen, in denen das Verb „lehren" (*didasko*) vorkommt, entfallen 55 auf die vier Evangelien, Das Substantiv „Lehrer" (*didaskalos*) kommt 58-mal im NT vor, davon 48-mal in den Evangelien, 41-mal auf Jesus angewandt und 29-mal davon in direkter Anrede. Die Anrede „Lehrer" ist neben der Anrede „Herr" (*kyrios*) die am meisten gebrauchte. Der Begriff „Lehre" (*didache*) kommt 30-mal im NT vor, davon 13-mal in den synoptischen Evangelien, während der andere Begriff für „Lehre" (*didaskalia*) nur zweimal in den Evangelien gebraucht wird (Mt 15,9 und Mk 7,7), in den übrigen Schriften des NT 19-mal.

2 Die Anrede Jesu als Lehrer/Meister (*didaskalos*) ist die Übersetzung des hebr. *Rabbi* (= Herr) und *Rabbuni* (Steigerungsform von *Rabbi* = mein Herr). *Didaskalos* und *Rabbi* haben also die gleiche Bedeutung.

3 *„Dadurch bekommt didaskolos in seiner Anwendung auf Jesus von seiner Person her ein ungeheures Gewicht, das das Wort in dieser Weise sonst nirgends hat."* Rengstorf, Karl Heinrich.

4 Zu Recht weist Johannes Reimer darauf hin, dass im Studium der Theologie nicht gelernt wird, wie Glaube gelebt werden kann, wenn er schreibt: *„Sie lernen, theologisch zu denken, aber nicht unbedingt geistlich zu leben und ihre Gemeindeglieder spirituell zu führen. Das Ergebnis ist, dass Pfarrer und Pastoren über den Glauben zwar theologisch informiert reden können, aber in ihrem eigenen Leben nur selten aktives Gottvertrauen, geschweige denn eine leidenschaftliche Jesusnachfolge erkennen lassen. Was man selbst nicht kennt, gibt man auch nicht weiter."* Glaubenslosigkeit überwinden.

5 Sein jüngstes Buch (Frieden ist immer noch möglich. Die Kraft der Bergpredigt), das er aus Anlass des Ukrainekrieges geschrieben hat, ist ein leidenschaftlicher Aufruf für eine gewaltfreie Politik, die er an der Bergpredigt aufzeigt. Dabei beruft Alt sich auf die aramäische Übersetzung der Bergpredigt, weil die Übersetzung aus dem Griechischen nicht dem entspreche was Jesus sagt. *„Aus den vielen Fehlern der falschen oder gefälschten Übersetzungen zog der Aramäisch-Experte (Günter Schwarz) diese erschütternde Erkenntnis: ‚Was die Christen glauben, Jesus lehrte es nicht! Und was Jesus lehrte, die Christen wissen es nicht'."*

6 Die sog. Interimsethik von Schweitzer geht davon aus, dass Jesus und die ersten Christen glaubten, dass das Reich Gottes unmittelbar bevorstünde, aber bis es kommt, in dieser Zwischenzeit, die Bergpredigt gelte. Da sich die ersten Christen getäuscht haben, habe auch die Bergpredigt ihre Bedeutung für uns verloren. Diese Auslegung hat das liberale Kirchenverständnis entscheidend geprägt.

7 Über die sog. Prophetenschulen (1Sam 10,5.10; 19,20; 2Kön 2,3.5.15; 4,38–41; 6,1) wissen wir nicht viel zu sagen. Es handelt sich wohl auch mehr um einen Prophetenbund oder -verband als um eine Schule, also um Gruppen von Berufspropheten.

8 „Hinter ihm hergehen“ (griech. *akoloutheo* kommt 80-mal im NT vor und davon 56-mal bei den Synoptikern) war zur Zeit Jesu eine Redensart und bedeutete: „sein Jünger sein“.
9 Näheres dazu: Faix, Wilhelm: Gemeinde kommt von gemeinsam. Mit Teamarbeit Gemeinde bauen.

3. Teil: Auslegung

Matthäus 5,1–12: Ein Leben lang glücklich und zufrieden

Alle Menschen wünschen sich ein glückliches und zufriedenes Leben. Die Bedingungen dafür sind nicht für alle Menschen gleich. Jesus bietet jedem Menschen solch ein glückliches und zufriedenes Leben an. In der Tat, es ist ein ungewöhnliches Angebot. *Wie erlangen wir solch ein glückliches und zufriedenes Leben?*

„Als Jesus die Menschenmenge sah, stieg er auf einen Berg. Er setzte sich, seine Jünger versammelten sich um ihn, und er öffnete seinen Mund, sie zu lehren." (5,1–2; NGÜ)

Jesus benutzt einen Berg, an dessen Hang sich viele Menschen lagern können, um ihm zu zuhören. Wir müssten darum besser von einer Berglehre sprechen als von einer Bergpredigt.

Jesus setzt sich, das war im Judentum die übliche Weise, wenn ein Rabbi lehrte.[1]

Der gewöhnliche *Ort zu lehren war die Synagoge* (Mt 4,23).[2] Warum Jesus draußen auf einem Berg lehrte, hängt damit zusammen, dass ihn so viele Menschen hören wollten, dass die Synagoge viel zu klein war, um sie aufzunehmen.

Die übliche Lehrweise zur damaligen Zeit sah so aus, dass der Lehrer (Rabbi) sich setzte, die Jünger um ihn herum standen oder sich zu seinen Füßen setzten, um seiner Lehre zu folgen, während das Volk hinter den Jüngern stand oder sich lagerte, wenn Jesus draußen lehrte. Nach jüdisch-rabbinischer Tradition haben die Jünger das, was ein Rabbi lehrte, nicht nur gehört, sondern *auswendig gelernt*. Die Jünger konnten darum die Reden Jesu auch ohne größere Probleme wörtlich aufschreiben.

Die Formulierung: „*Er öffnete den Mund*" war zur damaligen Zeit (Judentum und Antike) eine Formulierung, um die Bedeutsamkeit dessen, was nun gesagt wird, hervorzuheben. Matthäus unterstreicht mit dieser Wendung die Wichtigkeit der Rede, die nun folgen wird. Was nun folgt, sind die berühmten Seligpreisungen. Wir haben *acht Seligpreisungen* (man kann auch neun zählen, wenn man die V. 10–12 als zwei zählt), die wir in drei Gruppen einteilen können.

Die ersten drei sprechen *einen Mangel* an: arm im Geist, Trauer, Machtlosigkeit (Sanftmütige). Die zweite Gruppe spricht *eine bestimmte Haltung* an: Gerechtigkeit, Barmherzigkeit, reine Herzen und Friedensstifter. Die dritte Gruppe sind die Verfolgten und Leidenden.

Alle beginnen mit „*glückselig*", griech. *markarios*. Dieser Begriff ist schwer zu übersetzen. Es gibt eigentlich kein deutsches Wort, das genau das wiedergibt, was Jesus hier sagt. *Markarios* bezeichnet einen *inneren Gemütszustand, eine Haltung des Glücks, des Wohlseins und des Friedens, der nicht von den äußeren Umständen abhängig ist*. Die Umstände mögen gut oder miserabel sein, die *Glückseligkeit* bleibt.

Markarios drückt aus, was zum Zustand Gottes gehört (1Tim 1,11; 6,15). Jesus spricht dieses *Glückselig* zu. Es ist ein Zuspruch, wie wir ihn aus den Psalmen kennen: „*wohl dem*" (Ps 1,1; 2,12b; 32,2; 94,12). Die Übersetzung „*glückselig*" scheint mir darum am treffendsten, auch wenn dieses Wort in unserem Sprachgebrauch kaum noch zu finden ist. Selig hängt mit Seligkeit zusammen, also mit dem Wortfeld „Heil und Rettung". In Epheser 2,5 lesen wir: „*Aus Gnaden seid ihr selig (*sozo = retten*) geworden.*" In 1. Petrus 1,9 steht: „*Wenn ihr das Ziel eures Glaubens erlangt, nämlich der Seelen Seligkeit (*soteria = Rettung*)*". „*Selig ist, wer das göttliche Heil empfangen hat*", sagt Friso Melzer. Seligkeit ist eine gegenwärtige Erfahrung.

Jesus spricht in den *Seligpreisungen* das Heil und die Rettung zu. Der Mensch ist der Empfangende. Wenn der Mensch von Gott etwas empfängt, dann verändert sich seine Lebenshaltung. Die Seligpreisungen sind letztlich Charaktereigenschaften, die Jesus benennt. Daran kann man einen Jünger erkennen.[3]

Der Zuspruch Jesu will im Glauben empfangen und aus der Kraft des Heiligen Geistes gelebt werden. Das Geschenk der Seligpreisungen will im Alltag wirksam werden, also in der Ehe, Familie, als Single, in der Nachbarschaft, in der Gemeinde, im Beruf usw. Hier im Alltagsstress sollen die Seligpreisungen wirksam werden.

Die Seligpreisungen drücken eine Grundhaltung christlicher Existenz aus. Selig ist mehr als glücklich. Wir können mit Josef Kamphaus von *„überglücklich"* sprechen. *„Leben in Fülle, Ganzheit und Heil, das, wonach alle sich sehnen in ihrer Brüchigkeit und Zerrissenheit."*

Schauen wir uns die Seligpreisungen im Einzelnen an:

1. Seligpreisung (V. 3)

„Glückselig die Armen im Geist,
denn ihnen ist (gehört) die Königsherrschaft Gottes."

Welche Menschen sind arm im Geist? Die Auslegungen dazu sind vielfältig. Die meisten Ausleger sprechen von *sozialer Armut* und verweisen auf Lukas 6,20, wo nur von den Armen die Rede ist. Aber hier wird Armut durch den Zusatz *„dem Geiste nach"* bestimmt. Es muss sich also um eine andere Armut handeln als nur die soziale. Auch wenn die Armen in besonderer Weise im Zeichen der messianischen Sendung stehen (Mt 11,5) und sie zu den Erwählten Gottes gehören (1Kor 1,26 ff.; Jak 2,5) können wir diese Formulierung Jesu nicht einfach mit den *„Armen"* in Lukas 6,20 gleichsetzen.

Arm im Geist kann nur eine Haltung sein, die sich auf Gott bezieht. Es geht um die Menschen, die Gott nichts anzubieten haben, die die Grenzen ihrer Geschöpflichkeit wahrnehmen. Es ist die Haltung der Niedrigkeit, wie wir sie bei Maria finden, als sie die Ankündigung bekam, dass sie schwanger werden wird (Lk 1,48). Die

Haltung der geistlichen Armut gegenüber Gott bezieht sich auf alle Menschen, auf die Armen wie auf die Reichen. Arm dem Geiste nach sind die Kinder, die zu Jesus kommen, und sich von ihm segnen lassen. Ihnen, so sagt Jesus, gehört das Himmelreich (Mt 19,14). Im Himmelreich geht es nicht darum, wer der Größte ist, sondern wer wie ein Kind im Vertrauen und in der Abhängigkeit von Gott leben kann. (Mt 18,1.5) Treffend sagt es Sören Kierkegaard: *„Gott nötig zu haben ist des Menschen größte Vollkommenheit."* Geistlich arm drückt die Bedürftigkeit aus. Ich bin auf Hilfe, Beistand, Versorgung und Schutz angewiesen. Ich bin nicht selbstbestimmt und habe nicht alles im Griff. Arm im Geist bezieht sich nach Josef Staudinger auf die Erlösungsbedürftigkeit *„als sehnsüchtig-vertrauensvolles Aufseufzen nach der wahren Gerechtigkeit, die nur von Gott allein kommen kann, durch seine Gnadenhilfe"*.

Arm im Geist, bedeutet: Ich habe nichts zu bieten, ich kann mir nichts erarbeiten oder kaufen. *„Ich darf der sein, der ich bin, in meinen Grenzen. Ich muss nicht mehr sein oder darstellen, als ich bin."* (Kamphaus) Mein Wert und meine Anerkennung hängen nicht von meiner Leistung ab. Ich kann mich nur beschenken lassen. Glücklich jeder, der in dieser Armutshaltung lebt und seine Hände nach diesem Geschenk Gottes ausstreckt. Es handelt sich um eine Charaktereigenschaft, wie Johann Christoph Blumhardt es richtigerweise betont.

Es geht um eine *Herzenshaltung:* Gott, ich stehe als Bettler vor dir! Es ist die Haltung der Demut. *„Den Demütigen gibt Gott Gnade."* (Jak 4,6; 1Petr 5,5)

Das Gegenstück zu dieser Haltung wird uns in Offenbarung 3,17 beschrieben: *„Du sagst: ‚Ich bin reich und habe alles im Überfluss, es fehlt mir an nichts', und dabei merkst du nicht, in was für einem jämmerlichen und erbärmlichen Zustand du bist."* (NGÜ)

Fragen zum Gespräch und zur Reflexion

In welcher Haltung leben Sie und wie zeigt sie sich?

Wie kann diese Herzenshaltung „arm im Geist" zum Ausdruck kommen? Was sind ihre Kennzeichen?

2. Seligpreisung (V. 4)

„Glückselig die Trauernden,
denn sie werden getröstet werden." (ELB)

Das griechische Wort *pentheo* hat die Bedeutung von trauern, klagen und der Totenklage. Das legt nahe, dass es um das Betrauern von Toten geht. Sicherlich brauchen alle, die den Tod eines Menschen betrauern, Trost. Sie dürfen trauern und bekommen auch Trost durch Gottes Wort. In Israel gab es eine festgelegte Totenklage für jeden Verstorbenen. Aber diese Deutung würde der Seligpreisung nicht gerecht werden.

Um was für Trauern (Totenklage) kann es sich dann handeln? Gott lässt Amos (5,1 ff.) eine Totenklage anstimmen über Israel, das in Gottes Augen gestorben ist. Beziehen wir die Trauer auf den Zustand des Gottesvolkes, dann bekommt sie eine weite Dimension. Auch

Paulus beklagt den Zustand der Gemeinde in Korinth. (1Kor 5,1–2; 2Kor 12,21) Es handelt sich also um ein Leiden, um den Zustand der Gemeinde und des christlichen Lebensstils. Kennen wir noch dieses existenzielle Leiden an der Not der Gemeinde und dem Leben des einzelnen Menschen? Von Jesus heißt es in Matthäus 9,36: *„Als er das Volk sah, jammerte es ihn."* Was sah Jesus? Er sah den inneren Zustand der Menschen, ihre Not und wie sie stressgeplagt und seelisch kaputt durchs Leben hetzten. Da stellt sich für uns die Frage: Was sehen wir, wenn wir Menschen begegnen? Sehen wir nur ihren beruflichen Erfolg und ihren Wohlstand oder sehen wir tiefer, ihre innere Not. Sehen wir nur uns selbst und klagen über unser eigenes Leben?

Jesus preist diejenigen als glückselig, die um den Zustand der Menschen und des Gottesvolks (der Gemeinde) auf dieser Erde trauern, um ihre Zerrissenheit, gegenseitiges Anklagen, Spaltungen, Trägheit, selbstbezogenen Glauben, fehlende Schulderkenntnis, selbstgenügsames Gemeindeleben, zerrüttete Ehen und Familien, Wohlstandsdenken, selbstzufriedenes Christenleben u. a. m.

Fragen zum Gespräch und zur Reflexion

Kennen Sie noch diese Trauer, von der Jesus hier spricht?

....

....

....

Wie drückt sie sich bei Ihnen aus?

....

....

....

Was müsste in Ihrem Leben geschehen, damit Sie die Menschen so sehen, wie Jesus sie gesehen hat?

....

....

....

3. Seligpreisung (V. 5)

„Glückselig die Sanftmütigen,
denn ihnen wird die Erde zum Erbe gegeben werden."

Was für Menschen sind die Sanftmütigen? Das griechische Wort *praeis, prays* wird übersetzt mit freundlich, mild, sanftmütig. Es wird gerne auch mit demütig übersetzt, aber für Demut gibt es im Griechischen das Wort *papeinos*. Jesus sagt von sich: *„Ich bin sanftmütig* (prays) *und von Herzen demütig* (pareinos)." (Mt 11,29). Er unterscheidet also zwischen Sanftmut und Demut.

Im Wort Sanftmut schwingt Gewaltlosigkeit mit. Der Sanftmütige übt keine Gewalt aus. Sein Verhalten in den Machtgefügen des Lebens ist von Milde und Freundlichkeit bestimmt. Er setzt seine Vorstellungen nicht mit Druck und Gewalt durch.

In den Regierungen weltweit haben die Mächtigen das Sagen. So weist Jesus darauf hin: *„Die Herrscher (*archon*) der Völker schalten und walten über sie und ihre Herren nutzen ihre Macht gegen sie aus. Bei euch aber ist es nicht so …"* (Mt 20,25 f.)

Es geht also nicht um eine menschliche Haltung, die man sich aneignen kann, sondern um eine „jesusmäßige" Lebensweise, die aus dem neuen Leben des Geistes erwächst und ein Kennzeichen des Zusammenlebens in der Gemeinde ist. So kann Paulus an die Korinther schreiben: *„Ich ermahne euch durch die Sanftmut und Milde des Christus, der ich in eurer Gegenwart machtlos bin …"* (2Kor 10,1)

Die Verheißung, die Jesus den Sanftmütigen gibt, findet sich schon in Psalm 37,11: *„Die Sanftmütigen werden das Land besitzen und werden ihre Lust haben an Fülle von Heil."* (ELB)

Diese Sanftmütigkeit ist nicht Schwäche, sondern Stärke. Das zu begreifen ist wie ein Sprung ins kalte Wasser, denn dieses Verhalten wiederspricht aller menschlichen Logik, nicht nur in der Politik, sondern auch in unserem Miteinander in der Gemeinde und überall, wo Menschen zusammenleben.

Die Antwort auf die Frage, warum es so viel Streit, Kampf und Zerrissenheit unter uns Menschen und Christen gibt, lautet: Es geht immer um Macht.

Fragen zum Gespräch und zur Reflexion

Wo üben Sie Macht aus?

....

....

....

Warum fällt es uns so schwer, sanftmütig zu sein?

....

....

....

Wo sollten Sie, statt Macht auszuüben, Sanftmut leben?

....

....

....

4. Seligpreisung (V. 6)

*„Glückselig die hungern und dürsten nach Gerechtigkeit,
denn sie sollen gesättigt werden."*

Es geht in dieser Seligpreisung um einen Begriff, der im Zentrum des Alten und Neuen Testaments steht. Die entscheidende Frage lautet: *Was ist unter Gerechtigkeit zu verstehen?*

In der neueren Auslegungsliteratur (Exegese) wird Gerechtigkeit, teilweise sogar ausschließlich, auf das menschliche Verhalten gedeutet. Ohne Frage gibt es so viel Ungerechtigkeit in dieser Welt und unter uns Menschen, dass die Gerechtigkeitsfrage zu den wichtigsten Fragen des menschlichen Zusammenlebens gehört. Die Frage: Wie bekommen wir auf dieser Erde ein gerechtes Verhalten im politischen, wirtschaftlichen und gesellschaftlichen Leben, brennt uns unter den Nägeln. Aber will Jesus das sagen?

Wenn die Bergpredigt ein Leben im Reich Gottes anspricht, das auf dieser Erde mit Jesus angebrochen ist, dann kann sich Gerechtigkeit nicht nur auf das menschliche Miteinander beziehen. Wir können drei Arten der Gerechtigkeit unterscheiden.

1. Die juristische Gerechtigkeit

Diese wird von Gott immer wieder von seinem Volk gefordert. So lesen wir in Jesaja 5,7: *„Gott wartet auf Rechtsspruch, siehe so ist's Rechtsbruch, auf Gerechtigkeit, siehe so ist's Wehgeschrei"*. Im Alten Testament geht es vornehmlich um soziale Gerechtigkeit. (Z. B. Jes 56,1; Amos 3,10–12; 8,4–6 u. a.) Die *soziale Gerechtigkeit* ist und bleibt eine der wichtigsten Herausforderungen der Menschheit und somit auch der Christen. Der Schrei der Menschen nach dieser Gerechtigkeit ist groß, sie wird aber nie ganz erfüllt werden. Darum schreibt Petrus: *„Wir warten aber nach seiner Verheißung auf einen neuen Himmel und eine neue Erde, in denen Gerechtigkeit wohnt"*. (2Petr 3,13)

Dieser Vers darf aber unter uns Christen nicht dazu führen, dass wir die Gerechtigkeitsfrage vernachlässigen oder gar nicht im Blick haben.

2. *Die Gerechtigkeit Gottes*

Im Zentrum der neutestamentlichen Botschaft steht die Gerechtigkeit Gottes. Bereits im Alten Testament wird davon gesprochen: *„Jahwe ist unsere Gerechtigkeit“* (Jer 23,6 und 33,16). Im Alten Testament ist Gerechtigkeit mit der Verheißung des Messias verbunden. In Jesus ist die Gerechtigkeit Gottes zu uns Menschen gekommen. Jesus ruft den Menschen zu: „Ich bringe euch die Gerechtigkeit Gottes, euer Hunger und Durst kann jetzt gestillt werden.“ Diese Gerechtigkeit ist die Hauptbotschaft von Paulus im Römerbrief. (Vgl. Röm 1,17; 3,28; 4,5; 5,18)

3. *Die gelebte Gerechtigkeit*

Die Gerechtigkeit Gottes ist nicht nur Gabe, sondern auch Anspruch. Diese geschenkte Gerechtigkeit will gelebt werden, will in unserem Leben Gestalt gewinnen. Diese *Gerechtigkeit Gottes zeigt sich im Tun*, sowohl im sozialen Verhalten (Mt 25,40) als auch in einem neuen Lebensstil, wie er im gesamten Neuen Testament beschrieben wird. Die *gelebte Gerechtigkeit* drückt sich besonders in der gelebten Frömmigkeit aus, wie sie in Matthäus 5,10.20 und 6,1 auch verstanden wird. Die gelebte Gerechtigkeit zeigt sich in der Nächstenliebe, dem Eintreten für ein gerechtes gesellschaftliches Miteinander, aber auch in einem neuen Frömmigkeitsleben (vgl. 1Tim 6,6–11). Diese *Ganzheitlichkeit* des Lebens in Gerechtigkeit drückt sich in einer grammatikalischen Feinheit aus. Im Griechischen steht nach den Verben hungern und dürsten normalerweise ein Genitiv, der als Genitiv des geteilten Ganzen bezeichnet wird. Das heißt: mich hungert und dürstet nach einem Teil, zum Beispiel nach einer Scheibe Brot, wenn Brot im Genitiv hinter hungert steht. Wenn aber nach solchen Verben der Akkusativ folgt, dann würde es heißen: „Mich hungert nach dem ganzen Brot.“

In unserem Text steht nach „hungern und dürsten“ Gerechtigkeit im Akkusativ, damit liegt die Betonung auf der *„ganzen Gerechtigkeit“*. Das bedeutet, dass beide Gerechtigkeiten, die soziale und die Gerechtigkeit Gottes, zum Ausdruck kommen und gelebt sein wollen.

„Interessant dabei ist, dass es sich nicht, (…) um eine rein innerliche bzw. geistliche Erlösung handelt, sondern um eine ganzheitliche Transformation, die sich bis in die Körperlichkeit der Menschen zeigt (hungern, dürsten, satt werden etc.)", wie Thorsten Dietz und Tobias Faix es treffend ausdrücken.

Dieser Charakter der Ganzheitlichkeit kommt auch in der Formulierung *„Erziehung in der Gerechtigkeit"* (2Tim 3,16) zum Ausdruck. Mit dieser Formulierung öffnet sich für die *christliche Pädagogik*[4] eine neue Perspektive, die leider kaum beachtet wird. So wie Gott eine Vorleistung in Jesus für uns Menschen gebracht hat, so besteht jede Erziehung in der Vorleistung der Eltern (oder anderer Erziehungspersonen), damit die Kinder das leben können, was zu einer christlichen Persönlichkeitsbildung notwendig ist. Nicht die Regeln und Erziehungsmaßnahmen stehen im Vordergrund, sondern die Gestaltung des Familienlebens, in dem Regeln lebbar sind.

Gelebte Gerechtigkeit bedeutet darum, dass die Gemeinde ein Lebensraum ist, in der das neue Leben eingeübt wird. Nicht das Gebot und die Regel (*„Du darfst nicht …"*) stehen im Vordergrund, sondern die Vorleistung Gottes als Lebensquelle. Jesus preist also die selig, die sich nach der ganzen Gerechtigkeit sehnen und sich nicht nur mit einem Teil begnügen. *Diese ganze Gerechtigkeit bezeichne ich als gelebte Gerechtigkeit.* Es ist der Hunger und Durst nach einer geistgewirkten Lebensgestaltung aller Lebensbereiche (Kol 2,6). Paulus beschreibt diesen Hunger und Durst in Philipper 3,10 mit den Worten: *„Ich möchte ihn erkennen und die Kraft seiner Auferstehung …"*

Fragen zum Gespräch und zur Reflexion

Wonach hungert und dürstet Ihre Seele?

....

....

....

Was verstehen Sie unter Gerechtigkeit?

....

....

....

5. Seligpreisung (V. 7)

„Glückselig die Barmherzigen,
denn sie werden Barmherzigkeit empfangen."

Barmherzigkeit ist eines der großen Worte im Alten Testament. Das hebräische *häsäd* heißt wörtlich: bundesgemäßes Verhalten, also Bundestreue. Es ist die Haltung Gottes gegenüber seinem Volk. Am Bund, den Gott mit seinem Volk geschlossen hat, hält er fest, ganz gleich, wie sich Israel verhält.

Das griechische Wort *eleos* (= Barmherzigkeit, Erbarmen, kommt 78-mal im Neuen Testament vor) entspricht dem hebräischen *häsäd*. Gott hält sich an das, was er ist, der Barmherzige. (Vgl. Eph 2,4; Tit 3,5; Hebr 4,16; 1Petr 1,3 u. a. m.) Barmherzigkeit ist also die gottgemäße Art, zu leben und zu handeln. Jesus greift mit scharfen Worten die Pharisäer an, die zwar hundertprozentig gesetzestreu sind, denen es aber an Barmherzigkeit fehlt. (Vgl. Mt 23,23) Im Gleichnis vom barmherzigen Samariter macht Jesus deutlich, dass Barmherzigkeit gelebt sein will. (Lk 10,25–37) Beides, Mitgefühl und helfende Tat, kommen hier zusammen.

Der Gipfel der Barmherzigkeit lautet: *„Seid barmherzig, wie euer Vater barmherzig ist.“* (Lk 6,36) Vorbild und Maßstab der Barmherzigkeit ist also Gott selbst. Barmherzigkeit ist eine innere Bewegung im Menschen, die zu einem äußeren Handeln führt, und kein bloßes sachliches Wissen. Aufgrund des Erbarmens heilt Jesus Kranke (Mt 14,14; 20,34; Mk 1,41 u. a. m.), treibt Dämonen aus (Mk 9,22) und weckt Tote auf (Lk 7,13). Wer Barmherzigkeit empfangen hat, der gibt sie auch weiter, sonst wird ihm die Barmherzigkeit entzogen. (Mt 18,21–35) Jesus preist die Menschen glückselig, in deren Tun sich Gottes Barmherzigkeit wiederspiegelt. Es geht um den Alltag und unser selbstloses Handeln den Mitmenschen gegenüber: die Bereitschaft zu vergeben, wo uns Unrecht getan wird; die priesterliche Fürbitte für Menschen, die wir nicht leiden können; treu und zuverlässig zu sein, auch wenn wir Untreue und Unzuverlässigkeit erfahren; Menschen in ihrer Not zu sehen und ihnen jegliche Hilfe zuteilwerden zu lassen, gleichgültig wer diese Menschen sind, ob Freund oder Feind. Barmherzigkeit ist eine Lebenshaltung, die aus der geschenkten *„besseren Gerechtigkeit“* Jesu hervorgeht.

Diese Seligpreisung spricht das ganze Leben des Menschen an. Sie enthält sowohl die Verkündigung des Evangeliums als auch die Diakonie, das sozialpolitische Handeln wie auch die Nächstenliebe. Barmherzigkeit ist das Kernstück christlichen Lebens. Ein christliches Leben ist von der Kultur der Barmherzigkeit geprägt. Eine säkulare oder religiöse Gesellschaft, gleich welcher Art, kennt diese Barmherzigkeit nicht. Somit ist diese Seligpreisung eine der großen Herausforderungen für unser christliches Lebensverständnis, aber auch gleichzeitig von einer gewaltigen Leuchtkraft.

Fragen zum Gespräch und zur Reflexion

Wie können Sie mit dieser Seligpreisung umgehen?

Wie wird diese Seligpreisung in Ihrer Gemeinde gelebt?

Lesen Sie Lukas 10,25–37 und fragen Sie sich, wo Menschen in ihrem Umfeld sind, denen Sie Barmherzigkeit zuteilwerden lassen sollen.

6. Seligpreisung (V. 8)
„Glückselig, die reinen Herzens sind,
denn sie werden Gott sehen."

Mit dieser Seligpreisung hat die Christenheit so ihre Schwierigkeiten. Geht es um eine Leistung, die der fromme Mensch zu bringen hat? Geht es um ein asketisches Leben oder um den Kampf gegen die wilden

Begierden und Triebe? Geht es um verborgene Sünden, um unreine und böse Gedanken oder geht es um sexuelle Reinheit? Oder meint reines Herz gar ein sündloses Leben, wie es in der Heiligungsbewegung und in der frühen Pfingstbewegung gepredigt wurde? Oder geht es lediglich um ein gutbürgerliches Christsein, dem keine Verfehlungen nachzuweisen sind, in dem manche als Kind beten gelernt haben: „Ich bin klein, mein Herz ist rein, soll niemand drin wohnen als Jesus allein"?

Was ist unter einem „reinen Herzen" zu verstehen? Diese Seligpreisung hat einen unmittelbaren Bezug zu einer Reihe von alttestamentlicher Worte wie zum Beispiel Psalm 24,3–5; 51,4 und 12. Der alttestamentliche Mensch weiß um die Unreinheit seines Herzens (Jes 6,5), darum sehnt er sich nach dem reinen Herzen. Das Wort *katharos* hat eine sehr umfassende Bedeutung. Es geht um das schuldlos sein und ausleeren, aber es bezeichnet vor allem das Unvermischte, also das saubere Wasser, den reinen Wein, das lautere Gold, den klaren Kristall. Dabei geht es nicht um die äußere Sauberkeit, sondern um die innere Qualität. Ein Stück reines Gold kann außen verschmutzt sein, aber es bleibt reines Gold. *Katharos* beschreibt etwas, das mit keinem fremden Zusatz vermischt ist, also die *Echtheit*.

Wenn die Bibel vom Herzen spricht, dann meint sie immer den ganzen Menschen, so wie er leibt und lebt. Mit Herz ist das Zentrum des Menschen gemeint, sein ganzes Dasein, sein inneres Wesen. Eine Trennung von außen, innen, seelisch, physisch, geistig und geistlich ist nicht zulässig. (Vgl. 1Sam 16,7) Wenn in der Bibel vom Herzen gesprochen wird, dann wird der ganze Mensch mit seiner Persönlichkeit, seinem Willen, seiner Gesinnung, seinem Tun und Lassen, seinem Verhalten, kurz: seinem ganzen Wesen, angesprochen.

Die reinen Herzens sind, sind also Menschen, die Gott ganz und ungeteilt gehören, und auch danach leben.

Bonhoeffer drückt es in der „Nachfolge" so aus: *„Wer ist reinen Herzens? Allein der, der sein Herz Jesus ganz hingegeben hat, dass er allein darin herrscht."*

Im Grunde spricht diese Seligpreisung an, was Paulus *Heiligung* nennt. (1Kor 1,30; 2Kor 7,1; 1Thess 4,7; 1Tim 2,15; Hebr 12,14) Das Leben auf dieser Erde ist immer mit Schuldigwerden verbunden, darum gehört zum *„reinen Herzen"* die Bereitschaft zur Vergebung (vgl. 1Joh 1,7; 3,3; 2Petr 1,9) und Erneuerung (vgl. Röm 12,2; Tit 3,5). Dietrich Bonhoeffer formuliert es in einer Predigt zu Matthäus 5,8 so: *„Werdet einfach, klar, echt, ursprünglich, grade, rein, so wird euer Herz ein Spiegel des väterlichen Herzens Gottes werden."*

Das Gegenstück zu den Herzensreinen sind die Heuchler, von denen Jesus im Kapitel 6 in den Versen 2, 5 und 16 und in Kapitel 7,5 spricht. Der Heuchler spielt etwas vor, was er in Wirklichkeit nicht ist. Jesus sagt es so: *„Ihr Pharisäer, die Außenseite des Bechers und der Schüssel reinigt ihr, während das Innere voll Raub und Bosheit ist."* (Lk 11,39).

Weil wir immer in der Gefahr stehen, Heuchler zu werden, ist es nötig, dass wir unser Leben immer und immer wieder Gott hingeben, Vergebung und Erneuerung erfahren, um von aller Heuchelei befreit zu werden.

Fragen zum Gespräch und zur Reflexion

Wenn Herzensreinheit bedeutet, dass Ihr Leben ungeteilt Gott gehört und durch und durch echt ist, was bedeutet das für Ihr Miteinander?

Warum ist die Beichte eine Hilfe zur Erneuerung Ihres Lebens?

7. Seligpreisung (V. 9)

„Glückselig die Friedensstifter,
denn sie werden Söhne Gottes gerufen werden."

Mit der siebten Seligpreisung sprechen wir ein Thema an, das zu allen Zeiten für alle Menschen aktuell war und ist. Die Geschichte der Menschheit – auch der Bibel – ist voller Kriege. Es herrscht aber nicht nur Krieg unter den Völkern, sondern auch unter den Menschen. Angefangen von Menschengruppen bis hin zu den Ehen (Ehekrieg).

Jesus spricht von Friedensstiftern oder Friedensbringern (*eiränomoios*). Ein Friedensstifter kann natürlich nur der sein, der auch selbst im Frieden lebt. Das griechische Wort für Frieden (*eirene*) hat die gleiche Bedeutung wie das hebräische *schalom*. *Schalom* ist der Name Gottes wie auch der Name des Messias. (Jes 9,5) Gott ist ein Gott des Friedens (Röm 15,13; 16,20; 2Kor 13,11; Phil 4,9; 1Thess 5,23; Hebr 13,20-21).

Weil Gott Frieden zwischen sich und dem Volk Israel geschlossen hat – so folgert Rabbi Johanan ben Zakkai (gestorben um 80 n. Chr.) –, darum gilt es: *„Frieden zwischen zwei Männern oder zwischen einem Mann und seinem Weibe oder zwischen zwei Städten oder zwei Nationen oder zwei Regierungen oder zwei Familien"* zu stiften.

Zum aaronitischen Segen gehört der Friede Gottes (4Mo 6,26). Jesus spricht seinen Jüngern den Frieden zu (Jh 14,27).

Wenn es um den Frieden Gottes geht, dann ist nicht nur der persönliche Herzensfrieden gemeint, so wichtig dieser auch sein mag, sondern das ganze gesellschaftliche Leben. Dazu gehört das Leben des Einzelnen, die Ehe, die Familie, die Nachbarschaft, die Arbeitswelt, die Freizeit, die Natur, die Völker, die ethnischen Gruppen: kurz alles, was das Leben auf dieser Erde ausmacht.

Friedensstifter sind darum die Menschen, die

- in der Beziehung zu Gott in Frieden leben. (Vgl. 4Mo 6,26; 1Sam25,6; Jes 26,12; 45,7; Jh 14,27; Röm 5,1; Kol 3,15; 2Tess 3,16; 1Petr 1,2)

- in der Beziehung zu sich selbst in Frieden leben. (Vgl. Jes 53,5; Lk 10,6; Jh 16,33; Kol 3,15)
- in der Beziehung zu den Mitmenschen in Frieden leben. (Vgl. Sach 6,13; 8,16; Mk 9,50; Röm 12,18; Hebr 12,14)
- in der Beziehung zu den Mitchristen in der Gemeinde in Frieden leben. (Vgl. 2Kor 13,11; 1Thess 5,13; 2Tim 2,22; 1Joh 3,23)
- in der Beziehung zu den verschiedenen Ethnien und Kulturen in Frieden leben. (Vgl. 1Kön 5,4; Röm 12,18; 2Tim 2,22; Hebr 12,14; 2Kor 5,18-19; 1Joh 2,2)

Friedensstifter sind Täter des Friedens (Jak 3,18). Den Friedenstätern wird der höchste Ehrentitel zuteil: Sie werden Söhne Gottes gerufen werden. Jesus, der Sohn Gottes, hat den Frieden auf diese Erde gebracht. Wer zu Jesus gehört, wird Friedensstifter und damit Sohn Gottes genannt (Röm 8,19).

Fragen zum Gespräch und zur Reflexion

Wo tragen Sie zum Unfrieden bei? Was sind die Gründe?

....

....

....

Gibt es Menschen mit denen Sie Frieden schließen sollten?
Sind Sie bereit dazu?

....

....

....

Wo können Sie als Gemeinde und Sie persönlich Friedensstifter sein?

....

....

....

Was bedeutet es für die Kirche Christi, wenn die Aussage Jesu, Friedensstifter zu sein, sich auch auf das Miteinander der Völker und Ethnien bezieht?

....

....

....

Die Friedensbotschaft Jesu Christi ist eine Versöhnungsbotschaft für das Miteinander aller Menschen, also auch der Völker und Ethnien auf der ganzen Welt. Dieser globale Aspekt kommt weithin zu kurz und sollte verstärkt gesehen werden.[5]

Friedensstifter kann aber nur sein, der selbst Versöhnung erfahren hat und als Versöhnter lebt. Versöhnung ist die Voraussetzung, damit man Friedensstifter sein kann. Diese Erkenntnis gilt für das Miteinander im täglichen Alltag wie auch für den politischen Frieden. Der Friedensforscher Erwin Staub kommt darum zum Ergebnis, dass die Versöhnung mit dem Feind die beste Prävention hin zum Frieden ist.[6]

Die Versöhnung geht also einem Friedensschluss voraus. Damit sind wir bei der zentralen Botschaft des Evangeliums. Jesus hat uns mit Gott versöhnt, somit ist Versöhnung unter uns Menschen möglich und aufgetragen (2Kor 5,18). Frieden ist möglich!

Fragen zum Gespräch und zur Reflexion

Wo lebe ich noch im Unfrieden?

....

....

....

Mit wem sollte ich mich versöhnen?

....

....

....

8. Seligpreisung (V. 10–12)

„Glückselig, die wegen Gerechtigkeit Verfolgung erleiden müssen; ihnen gehört die Königsherrschaft der Himmel. Glückselig seid ihr, wenn sie euch beschimpfen und verfolgen und alles Böse gegen euch sagen um meinetwillen und damit lügen. Freut euch und jubelt, weil euer Lohn groß ist in den Himmeln; denn genauso haben sie die Propheten verfolgt, die vor euch waren."

Diese Seligpreisung spricht von einem seltsamen Paradoxon: Die Verfolgten und Leidenden sollen sich freuen und jubeln. Petrus hat diese Seligpreisung fast wörtlich übernommen (1Petr 3,14). Verfolgung und Freude passen einfach nicht zusammen. Wir jubeln und freuen uns, wenn wir Erfolg haben, wenn wir Geschenke bekommen, wenn wir gelobt werden. Jesus spricht von Verfolgung als etwas ganz Normalem. Es gehört zum Leben eines Jüngers (Christen), verfolgt zu werden. Verfolgung und Leiden gehören zum wesentlichen Bestandteil des

Lebens der Gemeinde, ja, sie sind Kennzeichen echter Jüngerschaft. Auffallend ist, dass nicht nur allgemein von Verfolgung gesprochen wird, sondern Beschimpfen, Lügen und alles Böse genannt werden. Es handelt sich offensichtlich um widergöttliche Mächte und Kräfte, die hier am Werk sind.

Für uns in Europa sind diese Worte Jesu kaum nachvollziehbar. Die verfolgten Christen – und es gibt nicht wenige – in vielen Ländern der Erde, verstehen diese Seligpreisung besser als wir. Das christliche Werk Open Doors veröffentlicht jährlich eine Weltkarte, in der gezeigt wird, in welchen Ländern Christen verfolgt werden. Es sind über 50 Länder.[7]

Über diese Verse können wir als Nichtverfolgte nur sprechen, wenn wir Empathie mit den verfolgten Christen haben. Wir können nur von ihnen lernen und für sie beten und sie unterstützen. In Hebräer 13,3 lesen wir: *„Kümmert euch um alle, die wegen ihres Glaubens gefangen sind. Sorgt für sie wie für euch selbst. Steht den Christen bei, die verhört und misshandelt werden. Leidet mit ihnen, als würden die Schläge euch treffen.“* (HFA) Unser Wohlstandschristentum ohne Verfolgung bringt uns nicht mehr Freude und Jubel im Leben. Wie kommt das?

Diese Seligpreisung ist die einzige, die Lohn verheißt. Offensichtlich sagt Jesus zu den Verfolgten: Ihr müsst auf vieles verzichten, aber schaut auf die Ewigkeit, dort werdet ihr einen Lohn bekommen, der alles, was ihr an irdischem Verzicht erfahren musstet, ersetzen wird.

Fragen zum Gespräch und zur Reflexion

Wie gehen Sie mit dieser Seligpreisung um?

Warum haben wir trotz unseres Wohlstandes oft wenig Freude und Jubel in unserem Herzen?

Was ist die Ursache Ihrer Unzufriedenheit, obwohl es Ihnen äußerlich gut geht?

Fazit zu den Seligpreisungen

Die Seligpreisungen sind Zuspruch und Verheißung zugleich. Ihr Zuspruch ist Ermutigung auf dem Weg der Nachfolge, ihre Verheißung ist die Hoffnung, auf die wir hinleben. Zuspruch und Verheißung sind eingetaucht in die Gemeinschaft mit Christus: *„Nicht mehr ich lebe, sondern Christus lebt in mir“* (Gal 2,20). Sehr treffend drückt es Josef Ratzinger aus: *„Die Seligpreisungen sind Umsetzung von Kreuz und Auferstehung in der Jüngerexistenz.“* Paulus bringt das, was Jesus in den Seligpreisungen sagt, mit anderen Worten sehr treffend in Römer 5,1–11 zum Ausdruck. Wir stehen vor der Frage: Was macht uns glücklich? Sind es Wohlstand, Konsum, Sicherheit und Selbstverwirklichung oder eine tiefe innere Zufriedenheit in allen Lagen des Lebens? Diese Glückseligkeit erwächst aus dem Zuspruch Jesu und macht uns zu Menschen, die sich nicht um sich selbst drehen, sondern ein zugewandtes Leben zu ihren Mitmenschen haben.

Mag der Alltag auch nicht immer so erscheinen, dass wir darin Glückseligkeit empfinden, so können uns doch die Seligpreisungen immer wieder und immer neu ins Staunen bringen, uns anspornen, begeistern und inspirieren.

Fragen zum Gespräch und zur Reflexion

Warum ist die Glückseligkeit nicht abhängig von Wohlstand und Selbstverwirklichung?

....

....

....

Wie erleben Sie Glückseligkeit in Ihrem Leben?
Können Sie ein Beispiel nennen?

....

....

....

Matthäus 5,13–20: Missionaler Lebensstil

Mission gehört zum Wesen der Gemeinde Jesu. Wir alle kennen Missionare und Missionarinnen. Wir sind mit ihnen verbunden und unterstützen sie. Es gibt unterschiedliche Missionswerke, die das Evangelium durch Wort und Tat in aller Welt verbreiten. Solche missionarischen Werke gilt es zu unterstützen und sollten darum für jeden Christen und jede Gemeinde ein Herzensanliegen sein. Aber damit haben wir das Thema „missionaler Lebensstil" noch nicht abgedeckt. Beim missionalen Lebensstil geht es um die Gemeinde und das Leben eines jeden Christen an sich, gleich, wo er lebt.

Der Begriff missional ist eine neuere Bezeichnung für missionarisch und meint im Grund das gleiche. Der Unterschied besteht darin, dass man unter missionarisch mehr (oder immer) eine aktive Tätigkeit bezeichnet, die von einer Person, Gruppe, Gemeinde oder einem Werk ausgeübt wird. Mit missional will man stärker das Wesen der Kirche ausdrücken, die sich ganz auf die Gesellschaft, in der sie lebt, einlässt und nicht immer wieder mal eine Aktion durchführt, sich aber ansonsten passiv verhält. Missional beinhaltet auch das soziale Handeln. Christsein ist etwas Ganzheitliches. Christsein, Gemeinde und Kirche sind in ihren Wesen und ihrer Grundausrichtung missional, so wie Gottes Wesen missional ist.

Die Verse 13–16 sprechen in besonderer Weise an, was unter missionalem Lebensstil zu verstehen ist. In den Versen 17–20 geht es um die Voraussetzung, damit ein missionaler Lebensstil möglich ist.

Die Voraussetzung eines missionalen Lebens (V. 17–20)

Die Verse 17–20 gehören zu den Aussagen der Bergpredigt, die den Auslegern viel Kopfzerbrechen machen. Es geht darin um das Verständnis der Tora, des Gesetzes. Wir haben die Frage des Gesetzes bereits in der Einleitung zur Bergpredigt angesprochen. An dieser Stelle soll es nur noch einmal unterstrichen werden, was wir dort bereits sagten.

Bis in die Gegenwart ist die Frage umstritten und wird unterschiedlich beantwortet, *wie das Gesetz und die Propheten (das AT) zu verstehen sind.* Wir wollen uns nicht auf diese Diskussion einlassen. Mit den Versen 17–20 leitet Jesus den Hauptteil der Bergpredigt ein. Wie beantwortet er die Frage nach dem Gesetz?

„Meint nicht, ich sei gekommen, das Gesetz oder die Propheten aufzulösen. Nicht um aufzulösen, bin ich gekommen, sondern um zu erfüllen.“ (5,17; ZB)

Vers 17 ist eine Art *„christologische Grundsatzerklärung“* (Kamphausen), die für das Verständnis nicht nur der Bergpredigt, sondern des ganzen Neuen Testaments gilt.

Mit Gesetz und Propheten ist die Summe des alttestamentlichen Gotteswortes gemeint. Das griechische Wort *katalyo* können wir mit auflösen, außer Kraft setzten, abschaffen, zerstören, brechen übersetzen. Wenn das der Fall wäre, dann hätte das Alte Testament keine Bedeutung mehr für die Christen, aber Jesus hat weder das Gesetz aufgelöst noch abgeschafft. Jesus hat sich auch nicht an alle Gesetzesvorschriften gehalten wie zum Beispiel das Fastengebot (Mk 2,18–22), die Reinigungsgebote (Mk 7,1–23), das Sabbatgebot (Mk 2,23–28), das Ehegesetz (Mt 19,1–9) u. a. Die Frage, die immer wieder diskutiert wird, lautet: *Müssen wir die alttestamentlichen Gesetze halten? Wie weit hat das Gesetz noch Geltung*?

Es gibt im Laufe der Kirchengeschichte ganz unterschiedliche Auslegungen zur Frage der Gültigkeit des alttestamentlichen Gesetzes. Zum Beispiel:

1. Das Gesetz bleibt bestehen, das Evangelium (das neue Gesetz) perfektioniert das alttestamentliche Gesetz. (Täufer)
2. Gesetz und Evangelium gehören zusammen. Beides hat seine Gültigkeit. (Calvin)
3. Das Gesetz ist der Zuchtmeister zu Christus hin. (Luther und lutherische Theologie)
4. Wir sollen lernen, das Gesetz so auszulegen, wie Jesus es getan hat.
5. Das Gesetz hat keine Bedeutung mehr.

Frage zum Gespräch und zur Reflexion

Welches Verständnis haben Sie und Ihre Gemeinde vom alttestamentlichen Gesetz?

Wie beantwortet Jesus diese Frage? Er beantwortet sie sehr klar und eindeutig, wenn er sagt: *„Denn, Amen, ich sage euch: Bis Himmel und Erde vergehen, soll vom Gesetz nicht ein einziges Jota oder ein einziges Häkchen vergehen, bis alles geschieht. Wer also auch nur eines dieser Gebote auflöst, und sei es das kleinste, und die Menschen so lehrt, der wird der Geringste sein im Himmelreich. Wer aber tut, was das Gebot verlangt, und so lehrt, der wird groß sein im Himmelreich."* (5,18–19; ZB)

Es sind programmatische Worte, die Jesus spricht. Das *Amen*, das wir bei Jesu Reden immer wieder hören, unterstreicht die Wichtigkeit und Bedeutsamkeit: „So ist es!" Es darf kein *Jota* (der kleinste Buchstabe im hebräischen Alphabet) oder Häkchen (dies ist eine Verzierung hebräischer Buchstaben) im Gesetz verändert werden. Mit dieser Aussage führt Jesus die Fragestellung ad absurdum.

Die *Rabbinen* haben zwischen „leichten" und „gewichtigen" Geboten unterschieden. Wir müssen uns fragen, wo wir das auch machen, und was wir für wichtig und was für weniger wichtig halten. Jesus aber sagt: Es gilt alles zu halten, bis zum kleinsten Buchstaben. *Wie sollen wir das verstehen?*

Die Antwort liegt im Worte *„erfüllen"* (V. 17). *Pläroo* heißt erfüllen, vollenden, eine Zusage erfüllen, Ganzheit, das heißt, Jesus hat bis ins Jota und Häkchen hinein das Gesetz und die Propheten erfüllt und was noch aussteht, wird noch in Erfüllung gehen. Das Wort erfüllen (*pläroo*) ist der Schlüssel, um zu verstehen, worum es geht. Gesetz und Propheten weisen auf den Messias hin, ja, der Messias ist das Zentrum des Gesetzes und der Propheten, erklären Thorsten Dietz und Tobias Faix. *„In Jesus erfüllt sich das Gesetz des Alten Bundes (Mt 5,17–20), und die Geschichte Gottes bekommt mit Christus eine neue Mitte, von der alles ausgeht, die das Gesetz nicht überflüssig macht, auf die das Gesetz aber hin gelesen und verstanden werden muss."*

Mit dem Messias (Jesus) bricht etwas Neues an: Mit Jesus Christus sind der jüdische Mensch, der nach dem Gesetz lebt, und der gesetzlose Mensch (Heide), eins geworden zu einem neuen Menschen (Eph 2,14–18). Gottes Wille wird von nun an den Menschen durch den Heiligen Geist im Glauben ins Herz eingeschrieben (Jer

31,33; Röm 8,14; 2Kor 3,2). Gottes Wort kann nun vom neuen Menschen von innen heraus gelebt werden. Das ist etwas völlig Neues und noch nie dagewesen. Gottes Wort ist durch Jesu schöpferisches Wort geworden, das nie veraltet. Der Apostel Johannes beschreibt diese Tatsache sehr treffend: *„Geliebte, ich schreibe euch nicht ein neues* (kainos = neu, im Sinne von: was noch nie dagewesen ist) *Gebot, sondern ein altes Gebot, das ihr von Anfang an hattet. Das alte Gebot ist das Wort, das ihr gehört habt. Wiederum eine neues* (kainos, was noch nie dagewesen ist) *Gebot schreibe ich euch".* (1Joh 2,7–8)

Eine sehr eigenartige Formulierung, die aber für das Verständnis des Wortes Gottes wichtig ist. Mit Jesus ist etwas völlig Neues angebrochen. Das alte Gebot (Gesetz) wird durch Jesus völlig neu, als wäre es noch nie dagewesen. Wer nach dem Wort Gottes sein Leben ausrichtet, der lebt jedes Wort so, als hätte er es noch nie gehört. Es ist jeden Tag, jede Stunde, ja, jede Sekunde so neu, als würde er es zum ersten Mal hören. Das neue Leben in Christus will durch die Wirkung des Heiligen Geistes täglich neu gelebt werden. Damit wir so leben können, bedarf es eines neuen Denkens. Paulus nennt es geistgewirktes Denken (Röm 8,5). Gottes Wort wird von nun an als innere Überzeugung gelebt und nicht mehr als eine Forderung, die es zu halten gilt. Damit ist ein Gewohnheitschristentum ausgeschlossen.

Das Gesetz ist eigentlich nicht das, was Gott will, denn es ist nur *„nebeneingekommen"* (Röm 5,20; Gal 3,19 ff.) Es wirkt zwar noch als Pädagoge, bringt aber nicht das neue Leben. Durch Jesus wird das Gesetz zum Evangelium. Darum kann Paulus pointiert sagen: *„Wir bringen das Gesetz zur Geltung."* (Röm 3,31) Das bedeutet, dass wir das gesamte Wort Gottes Alten und Neuen Testaments nur von Christus her richtig verstehen und leben können. Man beachte, *„tun und lehren"* werden von Jesus in einem Atemzug genannt. Hierauf gilt es Wert zu legen. Lehre, die nicht zum Tun führt, ist wenig nützlich, weil sie nur Kopfwissen produziert und zu einem Kopfglauben führt.

Fragen zum Gespräch und zur Reflexion

Welche Bedeutung haben Gesetz und Propheten für Ihr Christsein nach diesem Verständnis?

....

....

....

Warum brechen bei uns immer wieder Lehre und Tun auseinander?

....

....

....

Die Voraussetzung, damit Lehren zum Tun werden kann, steht in Vers 20: *„Denn ich sage euch: Wenn eure Gerechtigkeit, die der Schriftgelehrten und Pharisäer nicht weit übertrifft, werdet ihr nicht ins Himmelreich hineinkommen."*

Jesus spricht mit göttlicher Autorität: *„Denn ich sage euch!"* Was Jesus hier sagt, geht weit über das hinaus, was das Gesetz und die Propheten fordern. Er spricht von einer neuen, einer *„besseren Gerechtigkeit"* (LUT) als die, die bisher durch das Halten des Gesetzes gefordert wurde, und um die die Pharisäer und Schriftgelehrten so bemüht waren.

Das kleine Wörtchen *perisseuo* (besser, außerordentlich, weit übertreffen, im Überfluss, überfließen) ist hier ganz wichtig. (Wir haben schon in der Einleitung zur Bergpredigt darüber gesprochen.) Es lässt sich eigentlich gar nicht übersetzen, weil es um eine Aussage geht, die alles Menschliche übersteigt. Es ist das *Außerordentliche*, das über alles, was der Mensch leisten kann, hinausgeht, also eine Gerechtigkeit, die kein Mensch erfüllen kann. Es ist die *Gottesgerechtigkeit*, die durch Jesus von Gott zum Menschen kommt. Diese Gerechtigkeit ist nicht auf dem Gesetzesweg zu erreichen, also über das Halten der Gesetzesvorschriften, um das sich das damalige Judentum bemühte. Diese Gerechtigkeit ist ein Gnadengeschenk und kann nur im Glauben empfangen werden. Darum sagt Paulus *„ohne Verdienst"* (Röm 3,24).

Es geht also nicht darum, eine eigene Leistung zu bringen, damit man in den „Himmel" kommt, sondern das anzunehmen, was Gott in Jesu für den Menschen getan hat.

Mit dem Empfang der „neuen Gerechtigkeit" wird die Voraussetzung geschaffen, damit wir zur Umkehr[8] fähig werden und im Glauben leben können. Mit dem Geschenk der Gerechtigkeit Gottes empfangen wir die Kraft des Heiligen Geistes, der in uns wirkt, was Gottes Wort sagt. (Apg 1,8; Röm 8,4; Phil 2,13) Damit wird alles, was Jesus in der Bergpredigt sagt, lebbar.

Es stellt sich allerdings die Frage, wie diese *„bessere Gerechtigkeit"* lebbar ist. Die Antwort gibt Paulus in Römer 13, 10: *„Die Liebe ist die Erfüllung des Gesetzes."* Im Hohen Lied der Liebe im 1. Korinther 13 beschreibt Paulus, welche Auswirkungen diese Liebe hat.

Fragen zum Gespräch und zur Reflexion

Was bedeutet es für Ihr Leben, wenn Jesus das Gesetz und die Propheten erfüllt hat?

Warum ist die „bessere Gerechtigkeit" Voraussetzung, damit Sie nach Gottes Wort leben können?

Warum gehören die „bessere Gerechtigkeit" und die Liebe zusammen? (Vgl. Sie dazu Röm 5,5 und 2Kor 5,14a.)

Missionales Leben (V. 13–16)

„Ihr seid das Salz der Erde. Wenn aber das Salz salzlos geworden ist, womit wird man es salzen? Es taugt zu nichts weiter, als dass man es hinauswirft und es von den Menschen zertreten wird. Ihr seid das Licht der Welt. Es ist unmöglich, dass eine Stadt, die oben auf einem Berg liegt, verborgen bleibt. Man zündet auch nicht eine Lampe an und stellt sie unter den Scheffel, sondern auf das Lampengestell, und sie leuchtet allen, die im Hause sind." (V. 13–15)

Die Ausleger sind sich darin einig, dass hier die Gemeinde angesprochen wird und in ihr der einzelne Christ. Je nachdem, welches Gemeindeverständnis vorherrscht, wie gepredigt wird, was für Mitarbeiterverständnis besteht, wie das Verhältnis Gemeinde zur Gesellschaft verstanden wird u. a. m. prägen das Christenleben des Einzelnen, der Familie und natürlich auch das gesamt missionale Verständnis. Es gibt ganz unterschiedliche Gemeindeverständnisse:

- Bekennende Gemeinden legen Wert auf das richtige Bekenntnis.
- Konservative Gemeinden legen Wert auf Wort und Sakrament.
- Bibeltreue Gemeinden achten vor allem auf das Schriftverständnis.
- Individualisierte Gemeinden betonen die Eigenverantwortung der einzelnen Mitglieder.

So wie das Gemeindeverständnis ist, so ist auch das Missionsverständnis. In der Regel betonen alle Gemeinden die Notwendigkeit von Mission. So manche Gemeinde unterstützt Missionare, hört Missionsberichte und staunt, dass in vielen Teilen der Erde Menschen zum Glauben kommen, auffallender Weise besonders dort, wo Christen verfolgt werden. Selbst verhält man sich aber passiv. Einer Statistik zufolge teilen 93 Prozent aller Christen das Evangelium mit keinem anderen Menschen. Entspricht diese Haltung dem, was Jesus in der Bergpredigt lehrt und was er uns hier sagen will?

Salz und Licht sprechen das missionale Leben der Gemeinde an. Salz schmeckt man und Licht sieht man. Was schmecken und sehen die Menschen, die nicht zur Gemeinde gehören an unserer Gemeinde?

Jesus beginnt mit einem Zuspruch: „*Ihr seid!*" Solch ein Zuspruch tut nicht nur gut, sondern stärkt auch das *Selbstbewusstsein*. Wir brauchen solchen Zuspruch. Das Selbstbewusstsein vieler Christen ist schwach. Man lebt in der Haltung: Es will doch niemand etwas von Jesus hören, darum halte ich mich lieber zurück, bevor ich abgelehnt werde. Wir trösten uns damit, dass keiner perfekt ist. Unser christliches Selbstbewusstsein ist nur stark, wenn wir unter Unseresgleichen sind. Dann finden wir starke Worte. Aber von dem allen sagt Jesus nichts.

Die Gemeinde Jesu und in ihr das einzelne Glied ist Salz und Licht. Jesus betont zuallererst das, was die Gemeinde und ihre Glieder sind. Jesus gibt zuallererst Zuspruch: Du bist erlöst und befreit, darum ist dein Leben Salz, Licht und die Gemeinde eine sichtbare Stadt. Die Gemeinde Jesus ist somit als solches ein sichtbares Zeichen der Herrlichkeit Gottes. Die Gemeinde ist mit ihrem Sein missional und hat dadurch eine Ausstrahlung.

Frage zum Gespräch und zur Reflexion

Was bedeutet es für Ihr Gemeindeverständnis und Ihr Christenleben, wenn Jesus Ihnen zuruft: Ihr seid...?

....

....

....

Jesus verwendet drei Bilder, um unser Christsein zu kennzeichnen: Salz, Licht und Stadt.

Alle drei kennen wir aus unserem Alltag. Salz benutzen wir, um das Essen schmackhaft zu machen, Licht zünden wir an, wenn es dunkel wird, und eine Stadt sehen wir von ferne, wenn sie auf einem Berg steht. Es stellt sich nur die Frage: Was will Jesus uns damit sagen?

Salz wird zum Würzen und zum Konservieren benutzt. Beim Würzen löst es sich in der Speise auf. Bei diesem Verständnis soll sich die Gemeinde und mit ihr der einzelne Christ im gesellschaftlichen Leben auflösen, um so die Würze der Gesellschaft zu sein. Gerhard Meier wehrt sich entschieden gegen diese Auslegung. Er versteht *„auflösen"* im Sinne eines liberalen Christseins, das sich der Welt anpasst und darum *„hinausgeworfen"* und *„zertreten"* wird. Salz kann nur im Sinne eines kompromisslosen Christentums verstanden werden. Das hinausgeworfene Salz interpretiert er als Gericht. Maier versteht das Salz darum als Konservierungsmittel. Die Gemeinde Jesu als Konservierungsmittel bedeutet, dass Gott um der Gemeinde Willen die Welt noch vor dem Gericht verschont.

Diese Auslegung enthält sicherlich einen wahren Gedanken, aber ich kann mich ihr nicht anschließen. Eine – für mein Verständnis – treffendere Auslegung ist, dass Salz ein Gewürz ist, um der Speise einen Geschmack zu geben. *Salz macht Speise schmackhaft*. Das würde bedeuten, dass Jesus sagt, dass die Gemeinde der Geschmack für die Umwelt ist, in der sie lebt. Die Frage an die Gemeinde vor Ort und an unser Christsein lautet darum: Welchen Geschmack hinterlassen wir? In Württemberg spricht man vom „Geschmäckle".

Was schmecken die Menschen um uns herum an uns? Schmecken sie die Frucht und Gaben des Geistes, um es etwas pauschal zu sagen, oder erleben sie uns als geschmacklos, fade und damit als wertlos und entbehrlich?

Frage zum Gespräch und zur Reflexion

Welcher Auslegung schließen Sie sich an und warum?

....

....

....

Gott und Licht gehören zusammen. Die Bedeutung des Lichtes ist eindeutig und unmissverständlich. Die göttliche Welt ist eine Welt des Lichtes. Als Petrus von einem Engel im Gefängnis befreit wird, heißt es: *„Und Licht leuchtete auf in dem Raum"*. (Apg 12,7)

Wenn Jesus sagt: *„Ihr seid das Licht der Welt"*, dann sagt er damit, dass es überall, wo Christen leben oder sind, hell wird. Ihr Leben ist eine Resonanz des Lichtes Gottes. Licht soll die Dunkelheit erhellen. Auf die Gemeinde und das Christenleben angewandt bedeutet es, dass durch sie Licht in die Dunkelheit dieser Welt kommt. Ein Licht unter einen Scheffel zu stellen bedeutet, es wirkungslos zu machen. Da stellt sich schon die Frage: Lebt die Gemeinde, zu der wir gehören, unter einem Scheffel, sodass die Umwelt sie gar nicht wahrnehmen kann, oder ist sie ein Licht, das wahrgenommen und dankbar angenommen wird? Leben wir als einzelne Christen unter einem Scheffel, sodass uns die Menschen gar nicht wahrnehmen können?

Wenn nicht, dann stellt sich die Frage, was die Menschen an unserem Leuchten erkennen? Was strahlen wir aus? Ist es Barmherzigkeit, Liebe, Frieden, Freundlichkeit, Hilfsbereitschaft, Geduld, Langmut u. a. m. oder Lieblosigkeit, Besserwisserei, Hartherzigkeit und Zurückgezogenheit (vgl. Gal 5,19–25)? Was strahlen wir aus als Frau und Mann, Ehepaar, Familie, Kollege, Nachbar, Autofahrer, beim Einkaufen, auf einem Fest ...? (Vgl. Phil 2,15)

Fragen zum Gespräch und zur Reflexion

Was bedeutet: „Ihr seid das Licht" für Ihr Gemeindeleben und Christsein?

....

....

....

Wie drückt sich dieses Licht in Ihrem Leben aus? Woran merken die Mitmenschen, dass Sie Licht sind? (Vgl. Eph 5,8)

....

....

....

„So soll euer Licht leuchten vor den Menschen, so dass sie eure guten Werke sehen und euren Vater in den Himmeln preisen." (V. 16)

Nun spricht Jesus noch von *guten Werken* und das mit der Betonung, sie sehen zu lassen. Mit den *„guten Werken"* haben wir so unsere Schwierigkeiten. Wir denken gleich an die katholische Kirche oder an die „Werkgerechtigkeit".

Die meisten Ausleger folgen Luther, der ja von der Werkgerechtigkeit her kommt und nun entschieden dagegen kämpft. Die rechtschaffenen christlichen Werke sind die rechte Lehre, die den Glauben treibt, betont Luther. Wenn wir die *„guten Werke“* als *„rechte Lehre“* verstehen, dann schließen wir das Lebenszeugnis und die Tat, ohne es zu wollen, aus. Leider wird dieses Verständnis vielfach vertreten. Es kommt dann nur noch darauf an, den rechten biblischen Glauben zu verteidigen. Aber Jesus sagt es so nicht, wenn er von den *„guten Werken“* spricht, die die Menschen an uns sehen sollen. Wenn Jesus von *„guten Werken“* spricht, dann kann es sich nur um sichtbare Taten handeln, die von der Umwelt wahrgenommen werden. Jesus spricht von der *„ganzheitlichen Evangelisation“*, die durch das *„Lebenszeugnis“* bestätigt wird.[9]

Gute Werke spielen im Neuen Testament eine zentrale Rolle. Ein Christ, der keine guten Werke hat, ist eigentlich keiner. Jakobus (2,18) kann diese Aussage auf die Spitze treiben, wenn er sagt: *„Zeige mir deinen Glauben ohne die Werke, und ich werde dir an meinen Werken den Glauben zeigen!“* (ZB)

Die guten Werke sind natürlich eine Folge des Glaubens. Es gibt keinen Glauben ohne Werke oder es handelt sich um einen toten Glauben. (Jak 2,17) Die guten Werke gehören nach dem neutestamentlichen Zeugnis zum Leben der Gemeinde und des Christen. (Vgl. Mt 16,27; Röm 2,6–7; 1Kor 3,13; 2Kor 5,10; 9,8; Kol 1,10; 2Tim 3,17; Tit 2,7; 1Petr 1,17; Hebr 13,21; Jak 2, 14–26 Offb 2,5; 14,13; 20,12; 22,12)

Jesus geht sogar noch einen Schritt weiter, wenn er sagt, dass die Menschen, die die *„guten Werke sehen“*, sie als Werke Gottes erkennen und Gott dafür preisen. Im griechischen Text steht das Wort *doxazo*, das heißt eigentlich „verherrlicht“ (ebenso Paulus in Röm 2,7). Der Vater im Himmel wird durch die guten Werke seiner Kinder auf dieser Erde verherrlicht. Die guten Werke sind also Salz und Licht. Paulus konkretisiert das Wort Jesu in Eph 5,8, wenn er dazu aufruft, dass wir unser Leben als Kinder des Lichts gestalten sollen. Die Frucht des Lichts ist *„Güte, Gerechtigkeit und Wahrheit“* (Eph 5,9).

Wir sind gewohnt, wenn wir von guten Werken sprechen, sie in der Regel auf sozial-diakonische Aufgaben zu beschränken. Wir übersehen dabei, dass sich die Aussage Jesu auf das ganze Leben bezieht. Es gibt also keinen Lebensbereich, der nicht zu den guten Werken gehört. Zu den guten Werken gehört zum Beispiel auch das Familienleben und die Erziehung der Kinder. In einem Familienleben, das von der *„Erziehung in der Gerechtigkeit“* (2Tim 3,16) geprägt ist, leuchtet das Reich Gottes in besonderer Weise auf.[10] Wenn es um die Gestaltung des Familienlebens geht, dann geht es um das ganz normale Leben vom Aufstehen bis zum Zu-Bett-Gehen, von der Freizeitgestaltung bis zur Haushaltsführung, vom Umgang in der Ehe und mit den Kindern bis zur Gestaltung unseres Frömmigkeitslebens (singen, beten, Bibel lesen etc.) Das Ehe- und Familienleben gehört zu den wichtigsten Werken im Reich Gottes und seiner Leuchtkraft.[11] (Vgl. dazu auch „Die neue Frömmigkeit, Matthäus 6,1–8“)

Fragen zum Gespräch und zur Reflexion

Was verstehen Sie unter „guten Werken“?

Warum fällt es uns so schwer, über gute Werke im Leben der Christen zu sprechen?

Warum gehört das Familienleben zu den guten Werken und zum missionalen Lebensstil?

....

....

....

Welche Kennzeichen hat ein missionales Familienleben?

....

....

....

Welche Folgerungen gilt es zu ziehen, wenn die Umwelt an den guten Werken das Erlösungswerk Jesu erkennen soll?

....

....

....

Fazit

Wir haben diese Verse mit „missionales Leben" überschrieben. Beim missionalen Leben geht es nicht in erster Linie um Aktionen (es schließt sie natürlich auch nicht aus), sondern um das Sein der Gemeinde und ein Leben in der besseren (*perisseuo*) Gerechtigkeit (Mt 5,20). Es geht um das überfließende (*perisseuo*) Leben (Jh 10,10), das Jesus gebracht hat. Wessen Herz von diesem Leben erfüllt ist, der kann auch davon reden (Lk 6,45: *„Wes das Herz überfließt ..." – perisseuo*).

Welchen Geschmack (*Salz*) verbreiten wir und wie nehmen uns die Menschen wahr (*Stadt*) und was strahlen wir aus (*Licht*) als Gemeinde, als Mann und Frau, als Single, als Ehepaar, als Familie, am Arbeitsplatz, in der Freizeit oder wo immer wir uns aufhalten? Christliches Leben ist ein Leben in Beziehungen. In den Beziehungen, in denen wir leben, wird unser christliches Leben in Wort und Tat wirksam. Das können wir in besonderer Weise von den Christen lernen, die in Ländern leben, in der eine andere Religion das Leben bestimmt. *„Gemeinde als Licht der Welt ist zunächst und vor allem das konkrete Licht im konkreten Lebensraum. (...) Das Reich Gottes findet in der lokalen Gemeinde seine Gestalt.“*[12]

Klaus-Dieter Passon sagt: *„Licht und Salz beschreiben treffend den Auftrag der Gemeinde Jesu, die Werte des Reiches Gottes in die verschiedenen Bereiche unserer Gesellschaft hinzutragen: Gott hat weise und beste Konzepte für die Welt der Erziehung, der Schulen und Universitäten, für Ökonomie und Ökologie, für Politik, für Kunst, Unterhaltung und Sport, für Medien, Familienleben, Kirche und Mission!“*

Licht, Salz und Stadt beschreiben das Sein der Gemeinde und des einzelnen Christen als Folge der empfangenen *„besseren Gerechtigkeit“*. Wenn Jesus sagt *„ihr seid“*, dann drückt er damit aus, dass *„alles Innerliche eine erkennbare Außenseite“* hat, wie Johann Christoph Blumhardt es richtig betont. Die Außenseite ist Sanftmut, Barmherzigkeit, Frieden stiften, Versöhnung, Vergebungsbereitschaft, Reinheit, Bereitschaft zu leiden, den Feind zu lieben, Opfer zu bringen, Verzichten-können, ein beständiges Frömmigkeitsleben, kurz: alles, was Jesus in der Bergpredigt ausführt.

„Diese Qualitäten sind in sich selbst die Zeichen des Lebens, die Sprache des Lebens, das Leben der neuen Schöpfung, das Leben des neuen Bundes, das Leben, das Jesus mit seinem Kommen brachte.“ (N. T. Wright)

Fragen zum Gespräch und zur Reflexion

Inwiefern ist Ihre Gemeinde und das Leben der Gemeindeglieder sichtbares Reich Gottes für die Menschen im Umfeld der Gemeinde?

....

....

....

Welche Folgerungen gilt es für Ihr Gemeindeverständnis aus diesen Worten Jesu zu ziehen?

....

....

....

Was sehen und schmecken die Menschen an Ihrem Leben?

....

....

....

Welche Folgerungen wollen Sie persönlich daraus ziehen?

....

....

....

Matthäus 5,21–48: Ein Leben in der neuen Gerechtigkeit

Einleitung

Dieser Abschnitt der Bergpredigt gehört zu den herausforderndsten Texten des Neuen Testaments. Es geht um ein neues Verhalten im mitmenschlichen Leben. Jesus spricht verschiedene Lebensbereiche an und wie wir uns als Menschen, die in der neuen Gerechtigkeit leben, darin verhalten sollen. Jesus formuliert das in Form von Antithesen. Dies sind Aussagen, die immer mit einem Gegensatz beginnen.

„Ihr habt gehört, dass zu den Alten gesagt ist (...) Ich aber sage euch ...“[13].

Die Reihenfolge der Antithesen hält sich an die zweite Tafel der zehn Gebote (Dekalog). Es ist offensichtlich eine Auswahl, denn das vierte und siebte Gebot fehlen. Lukas hat nur drei Antithesen in seiner Wiedergabe der Bergpredigt: Ehescheidung, Vergeltung und Feindesliebe.

Wir zählen sechs Antithesen:

1. vom Töten (V. 21)	fünftes Gebot
2. vom Ehebruch (V. 27)	sechstes Gebot
3. von der Ehescheidung (V. 31)	sechstes Gebot
4. vom Schwören (V. 33)	
5. von der Vergeltung (V. 38)	achtes Gebot
6. von der Feindesliebe (V. 43)	achtes Gebot

Jesus radikalisiert die Gebote und zeigt damit auf, dass das Buchstabenverständnis der Pharisäer nicht ausreicht, wenn es um die Frage des Haltens der Gebote geht.

Nicht das formale Halten eines Gebots zeigt seine Erfüllung an, sondern die Herzenshaltung, die damit verbunden ist.

Die Antithesen zeigen auf, dass es dem Menschen unmöglich ist, aus eigenem Vermögen so zu leben, wie es Jesus hier sagt. Die Auslegungsgeschichte der Antithesen ist vielfältig. Was auffällt, ist, dass man irgendwie versucht, die Aussagen Jesu zu entschärfen oder so zu deuten, dass sie ohne Probleme zu leben sind. Zum Beispiel, wenn zwischen „gerechtfertigtem und ungerechtfertigtem Zorn“ oder zwischen „lässigen und schweren Sünden (Todsünden)“ unterschieden wird.

Im Judentum war alles gesetzlich geregelt. Jesus greift in seinen sechs Antithesen sechs Beispiele heraus. Die entscheidende Frage im Judentum war (und ist bis heute), wie wir die Gebote Gottes einhalten können. Damit das möglich ist, hat das Judentum um jedes Gebot weitere Regelungen (einen Zaun um jedes Gebot) formuliert. Zum Gebot: „Du sollst am Sabbat nicht arbeiten“ (2Mo 20,8 ff.), kamen Zusatzerklärungen wie zum Beispiel, nichts zu tragen. Als Jesus einen Kranken heilte und zu ihm sagte: *„Nimm dein Bett und gehe heim“* und der Geheilte es tat, wurde er sofort darauf angesprochen: *„Da sprachen die Juden zu dem, der geheilt worden war: Heute ist Sabbat, es ist dir nicht erlaubt, dein Bett zu tragen“.* (Jh 5,10)

Jüdisch-christliche Ausleger sprechen darum auch gern von einem anderen Zaun, den Jesus jetzt um die Gebote legt, damit der Mensch sie halten kann. Die Antithesen werden dann vom jüdischen Hintergrund gedeutet. Jesus sagt: Ihr kennt die Überlieferung (*Mischna, Halacha*): *„Ich lege euch das so aus.“* Das würde heißen, dass Jesus mit der Bergpredigt die richtige Auslegung der Tora bringt. Für einen Judenchristen ist dies durchaus verständlich, denn er kennt gewöhnlich die alttestamentliche Gesetzesauslegung im jüdischen Verständnis gut. Aber das ist wenig hilfreich für alle Leser, die die jüdische Tradition nicht kennen. Die jüdische Tradition kann helfen, den Hintergrund besser zu verstehen, aber damit haben wir das, was Jesus sagt, noch nicht verstanden.

Wo liegt die Schwierigkeit in der christlichen Tradition, wenn es um das Verständnis der Bergpredigt geht?

Ich möchte auf etwas hinweisen, das wir gewöhnlich übersehen oder vielleicht auch nicht sehen wollen. Wir kommen vom sogenannten christlichen Abendland her. Mit Augustin wurden das politische Reich und das Reich Gottes gleichgesetzt. Die weltlichen und religiösen Machthaber legten gesetzlich fest, wie die Menschen nach Gottes Wort leben sollen. Das ist ganz im alttestamentlichen Verständnis und wird bis in die Gegenwart hinein vertreten. Der Staat setzt die Rahmenbedingungen für das christlichen Leben. *„Reich Gottes heißt darum nichts anderes, als Gottes Wort hören und dem glauben"*, konnte Luther sagen. Diese Auffassung führte zu einem Verständnis, dass sich das Reich Gottes im *„gläubigen Herzen"* des Menschen befindet. Bis etwa ins letzte Jahrhundert war das gesellschaftliche Leben fast vollständig nach christlichen (Geboten Gottes) Vorstellungen vom Staat gesetzlich geregelt.

Der Pietismus und die Erweckungsbewegung (17.–19. Jh.) haben erkannt, dass durch die staatliche gesetzliche Regelung der Glaube unpersönlich, ja ein toter Glaube wurde. Sie betonten darum die *persönliche Bekehrung*. Der Bekehrte lebt unter den christlich-staatlichen Rahmenbedingungen. Die von Zinzendorf gegründete Herrnhuter Brüdergemeine war die erste und einzige Gemeinschaft, die zur staatlichen Rechtsordnung auch eine geistliche Lebensordnung (Satzung) hatte, weil Zinzendorf davon ausging, dass gesetzliche Regelungen, die von den Menschen eingehalten werden, nicht das erfüllen, was Jesus sagt.[14]

Inzwischen hat sich die Gesetzgebung immer mehr von christlichen Wertvorstellungen gelöst, wie zum Beispiel in Fragen zur Ehe und Ehescheidung oder sexualethischen Fragen. Die Gemeinde Jesu steht damit vor anderen Herausforderungen. Neben dem Ruf zum Glauben kommt auch die Frage einer christlichen Lebensgestaltung auf sie zu. Aber mit der Frage der christlichen Lebensgestaltung tut sich die Christenheit schwer. Viele Christen sind der Meinung, dass der Staat per Gesetz weiterhin regeln soll, was für das christliche Lebensverständnis richtig ist. Nach dem calvinistischen Verständnis hat der Staat die Aufgabe, das ganze Leben nach den Geboten Gottes zu regeln und sie mit staatlicher Gewalt durchzusetzen. Das amerikanische Christentum ist fast ausschließlich vom Calvinismus geprägt und vertritt darum weithin diese Ausfassung, während sich in Europa stärker die lutherische Auffassung durchsetzte, dass das Reich Gottes im *„gläubigen Herzen"* zu finden ist.

Fragen zum Gespräch und zur Reflexion

Wie ist das Verständnis der Bergpredigt in Ihrer Gemeinde?

....

....

....

Welche Haltung bestimmt Ihr Denken?

....

....

....

Welche Auswirkungen hat Ihr Vorverständnis auf die Auslegung der Bergpredigt?

....

....

....

1. Antithese: Vom Töten (V. 21–22)

„Ihr habt gehört, dass zu den Alten gesagt wurde: Du sollst nicht töten! Wer aber tötet, der sei dem Gericht übergeben. Ich aber sage euch: Jeder, der seinem Bruder zürnt, sei dem Gericht übergeben. Und wer zu seinem Bruder sagt: Du Trottel, der sei dem Hohen Rat übergeben. Und wer sagt: Du Narr, der sei der Feuerhölle übergeben.“ (V. 21–22; ZB)

Einführung

Wenn die Bergpredigt der Jüngergemeinde (Gemeinde Jesu) gilt, dann müssen wir aufpassen, dass wir gerade diese Antithese vom Töten nicht sofort auf die politische Gemeinde übertragen,[15] oder sie mit der Todesstrafe und Wehrdienst in Verbindung bringen. Der Staat darf nicht mit dem Gottesvolk des Alten Testaments gleichgesetzt werden, so wie die Gemeinde Jesu nicht mit dem alttestamentlichen Gottesvolk gleichgesetzt werden darf. Der Staat ist nach Römer 13 nur Mandatsträger im Auftrag Gottes, um das Miteinander der Menschen und Völker zu regeln und dem Bösen zu wehren. Die Gesetze des Staates sind darum nur bedingt an Gottes Wort ausgerichtet.

Anders die Jüngergemeinde (Gemeinde Jesu), die aufgrund der *„besseren Gerechtigkeit“* (siehe Auslegung der V. 17–20) in einer neuen Lebensordnung lebt. In der Gemeinde Jesu gibt es weder die Todesstrafe noch Krieg noch Zorn noch Bitterkeit etc. im Umgang miteinander. (Vgl. Eph 4,26.31; Jak 1,19; Röm 12,9–21 u. a. m.)

Wenn es um die Auslegung der Antithesen geht, dann hat es sich eingebürgert, dass das, was Jesus sagt, vollständig auf das Leben des einzelnen Glaubenden übertragen wird. Dieses individualistische Verständnis hat seinen Grund in der individualistischen Ethik des Protestantismus. Es stellt sich aber die Frage, ob der einzelne Mensch nicht damit überfordert ist und nur ein Leben in Gemeinschaft den Einzelnen in die Lage versetzt, so zu leben, wie es Jesus in den Antithesen (und insgesamt in der Bergpredigt) schildert. Die Christenheit durch alle Jahrhunderte kennt keine Lebensordnung, die dem Einzelnen und der Gemeinschaft Hilfestellung gibt, um Verhaltensweisen, wie sie Jesus hier beschreibt, einzuüben. Jesus fordert uns heraus, unseren Lebensstil zu überdenken.

Fragen zum Gespräch und zur Reflexion

Welche Auffassung wird in Ihrer Gemeinde in dieser Frage vertreten?

Welche Auffassung vertreten Sie?

Auslegung

Die Aussage *„Du sollst nicht töten!"* bezieht sich von der Wortbedeutung (griech. *phoneuo*) sowohl auf Totschlag wie auf Mord und ist in der alttestamentlichen Gesetzesordnung geregelt. Viele Ausleger möchten darum *phoneuo* ausschließlich mit „morden" übersetzen und damit die Todesstrafe rechtfertigen. Jesus spricht aber nicht die Todesstrafe an, sondern die Herzenshaltung. Eine Herzenshaltung lässt sich nicht gesetzlich regeln.

Alles Böse hat seinen Ursprung im Herzen des Menschen. Jesus sagt: Ihr habt geregelt, wie man mit dem Töten umgehen soll, aber wie steht es mit dem Zorn, den Schimpfworten, Rachegedanken und Unversöhnlichkeiten? Zu Recht spricht Franz Kamphaus vom *„Mörder in uns"*.

Jesus nennt als Erstes den „Zorn“. Zorn ist ein menschlicher Affekt, der aus dem Innersten des Menschen hervorbricht und alle Gedanken und alles Handeln mitbestimmt oder gar vollständig bestimmt. Hier wird immer wieder die Frage gestellt, ob es nicht einen gerechtfertigten (heiligen) Zorn gibt. Ich bin der Meinung, dass wir uns der Aussage Jesu erst konsequent stellen sollten, bevor wir nach einem gerechtfertigten Zorn fragen. Sind wir bereit, uns zu fragen, was unser Zorn oft in unserem Miteinanderleben anrichtet: in der Ehe, im Umgang mit den Kindern, im Freundeskreis, am Arbeitsplatz etc.?

Als Zweites nennt Jesus das „Schimpfen“. Raka ist in der damaligen Zeit ein weitverbreitetes Schimpfwort gewesen. Wir können es mit „Dummkopf“, „Hohlkopf“ und „Trottel“ übersetzen. Wer also Schimpfworte gebraucht, der gehört vors Bundesgericht. Es ist eine Steigerung in der Gerichtsbarkeit. Wie viel Schimpfworte gibt es in unserem Leben und im Umgang miteinander. Wie schnell verderben oder vergiften sie die Atmosphäre. Wie leichtsinnig und oberflächlich gehen wir mit den Schimpfworten um. Sie gehören irgendwie zu unserem Leben, ohne dass wir uns darüber Gedanken machen. Jesus fordert uns auf, darüber nachzudenken.

Als Drittes nennt Jesus den „Narren“. Das griechische Wort *moros* können wir mit dumm, töricht, untauglich im Sinne von „ein Narr sein“ übersetzen. In 5,13 wird das Salz, das keine Salzkraft mehr hat, als *„dumm“* bezeichnet. Hier geht es offensichtlich um eine Verurteilung einer Person. Wer einen anderen Menschen als nutzlos, im Sinn von wertlos und gottlos abstempelt, der gehört ins Feuergericht, also in die Hölle, ins ewige Verderben. Diese Steigerung macht uns sprachlos und zeigt uns auf, dass das menschliche Leben nicht nach bürgerlichen moralischen Werten gemessen werden darf.

Jesus spricht hier *Charaktersünden* an wie Aggressionen, Hartherzigkeit und egoistische Rücksichtslosigkeit. Alles, was Jesus anspricht, kennen wir aus eigenem Erleben. Was bedeuten diese Aussagen?

Es geht um die Frage, wie wir mit unseren Mitmenschen umgehen, und was wir alles so über andere reden: den Tratsch und Klatsch, die Gerüchte, die Verletzungen, die wir anderen zufügen, besonders wenn sie nicht anwesend sind. Kommt das alles nicht auch einem Töten gleich? Wie viele Menschen wurden auf diese Weise moralisch getötet oder mindestens so verurteilt, dass sie aus unserer Gemeinschaft ausgeschlossen wurden?

Die soziale Medienwelt bietet ein umfangreiches Feld an, Menschen zu töten. Ein solches Volumen an zwischenmenschlicher Kommunikation hat es in der Geschichte der Menschheit noch nie gegeben. Was wird nicht alles in den sozialen Medien an Vermutungen, Halbwahrheiten, bösen Worten, Verurteilung bis hin zum Rufmord verbreitet. Es handelt sich dabei nicht um sachliche Auseinandersetzungen, sondern um psychische Verletzungen, die einer Tötung gleichkommen. Jeder, der sich in diesem Netzwerk bewegt, muss sich fragen, ob er auch dazu beiträgt, dass auf diesem Weg Unheil und Bosheit verbreitet wird. Gerade am Missbrauch der sozialen Medien wird deutlich, was Paulus mit der Aussage meint, wenn er schreibt: *„Denn ich weiß, dass in mir, das heißt in meinem Fleisch, nichts Gutes wohnt“.* (Röm 7,18)

Fragen zum Gespräch und zur Reflexion

Was für Reaktionen lösen diese Worte Jesu bei Ihnen aus?

....

....

....

Wo beteiligen Sie sich an solchen „Tötungsdelikten“, ohne es zu merken?

....

....

....

Warum fällt es uns schwer, für Zorn, Schimpfworte, Aggressionen und Abwertung anderer Buße zu tun?

....

....

....

Versöhnung und Verständigung (V. 23–26)

Jesus zeigt nicht nur die Verderbtheit unseres Menschseins auf, sondern auch einen Weg der Befreiung. Die Verse 23 – 26 stehen daher unter dem Thema: Versöhnung und Verständigung. Zunächst spricht Jesus die Versöhnung an.

Versöhnt leben (V. 23–24)

„Wenn du nun deine Opfergabe zum Altar bringst und dir dort einfällt, dass dein Bruder etwas gegen dich hat, dann lass deine Gabe dort vor dem Altar liegen und geh, versöhne dich zuerst mit deinem Bruder; dann komm und bring deine Gabe dar." (V. 23–24; ZB)

Das hört sich gut an, stößt aber auf den Widerstand unseres unversöhnlichen Herzens. Die Kernaussage lautet: *Versöhnung geht vor Gottesdienst*. Der fromme Mensch sucht immer einen Ausweg, warum er den Weg der Versöhnung nicht zu gehen braucht. Das Unverschämte der Aussage Jesu besteht doch darin, dass er sagt: *„wenn dein Bruder etwas gegen dich hat"*. Ich habe nichts gegen jemanden, aber da ist jemand, der etwas gegen mich hat, dann soll ich mich eilends auf den Weg machen und zu diesem Menschen hingehen und mich mit ihm versöhnen. Die Eile kommt dadurch zum Ausdruck, dass Jesus sagt, dass die Opferhandlung unterbrochen werden soll. Auf uns übertragen müssten wir sagen: Versöhnung hat unbedingten Vorrang vor Gottesdienst, Lobpreis, Hauskreis, Bibelstunde, Gebet, Andacht, Vorbereitungen für einen Dienst, Mitarbeit in der Gemeinde oder was es sonst für eine fromme Tätigkeit sein mag.

Das Thema Versöhnung ist ein zu allen Zeiten aktuelles Thema in unseren zwischenmenschlichen Beziehungen, ob in der Ehe, Familie, Verwandtschaft, zu Freunden, Nachbarn, Arbeitskollegen, zwischen Gemeindegliedern, Mitarbeitern, unterschiedlichen Richtungen in der Gemeinde, aber auch zwischen theologischen Strömungen und Gruppierungen.

„Die Tatsache, dass Versöhnung, wie Gott sie anstrebt, sich auf die ganze Schöpfung und damit auf alle Lebensbereiche bezieht, macht einen ganzheitlichen Ansatz für die Versöhnungspraxis notwendig. (...) Versöhnung mit Gott und Versöhnung mit den Menschen gehen Hand in Hand. Das Ergebnis der Versöhnung ist somit ein wiederhergestellter Lebensraum, in dem Frieden herrscht."[16]

Fragen zum Gespräch und zur Reflexion

Warum fällt uns Versöhnung so schwer?

Wo sollte in Ihrer Gemeinde (Ihrem Leben) Versöhnung stattfinden?

Verständigung (V. 25–26)

„Verständige dich mit deinem Gegner in einem Rechtsstreit unverzüglich, solange du mit ihm unterwegs bist, damit er dich nicht dem Richter

übergibt und der Richter dem Gerichtsdiener und man dich ins Gefängnis wirft. Amen, ich sage dir: Du wirst von dort nicht herauskommen, bis du den letzten Heller bezahlt hast." (V. 25–26; ZB)

Das griechische Wort *euneo* (verständigen, wohlgesinnt sein, wohlwollend sein, Freund sein – nur hier im Neuen Testament) ist nicht ganz leicht zu deuten, in welchem Sinne es zu verstehen ist. Wenn zwei Personen vor Gericht ziehen, dann muss es einen Grund geben, dann liegt etwas zwischen den beiden Prozessgegnern vor, wahrscheinlich sind sie sich feind. Wenn es zwei Freunde gewesen sind, dann soll die Versöhnung bewirken, dass sie wieder Freunde werden. So manche Freundschaft endete in Feindschaft.

Mit der erweiterten Übersetzung „*Verständigung*" kann irgendjemand gemeint sein. Jeder kann irgendwann in einen Rechtsstreit geraten. Entscheidend ist die Betonung, dass die Verständigung von größter Dringlichkeit ist. (*tachy* = schnell, schleunigst, rasch). Die Dringlichkeit ist aus diesem Grund wichtig, weil die ausbleibende Verständigung die ewige Verdammnis mit sich bringen kann, denn wer weiß, wann für meinen Gegner oder mein Leben die letzte Stunde gekommen ist, und dann ist es zu spät.

Die Frage der Verständigung ist gar nicht so einfach, wenn man bedenkt, wie viele Auseinandersetzungen es zwischen Christen gibt, besonders zwischen politischen Meinungen, theologischen Richtungen, Lebensstilen, Kindererziehung, Erbschaften u. a. m. Natürlich führen diese nicht unbedingt zum Rechtsstreit, aber jedem Rechtsstreit geht eine innere Herzenshaltung voraus, die dazu führen kann und oft auch führt. Es wäre zu kurz gefasst, wenn wir die Aussage Jesu nur auf einen Streit vor Gericht beschränken würden. Jesus geht es um die Verständigung, bevor ein Streit vor Gericht kommt. Die Voraussetzung für eine Verständigung ist immer, dass die Streitenden aufeinander hören, also einer den andern anhört, ihm zuhört und sich selbst hinterfragt und bereit ist, auf sein Gegenüber zuzugehen. Solange jeder auf sein Recht pocht, seine eigene Meinung als richtig hinstellt, ist kaum eine Verständigung möglich.

Oft ist eine unmittelbare Verständigung zwischen zwei Parteien oder Personen nicht möglich. Dann könnte ein Mediator eine Hilfe sein, der zwischen den Streitenden zu vermitteln versucht. Wichtig ist, dass es zur Verständigung und Versöhnung kommt. Wer nicht dazu bereit ist, der wird die Folgen zu spüren bekommen. (Vgl. Mt 18,21–35)

Mit Heller ist die kleinste römische Münze gemeint, so wie es bei uns der Cent ist. Damit bringt Jesus zum Ausdruck, dass es dann bei Gott auch keine Verständigung mehr geben wird.

Fragen zum Gespräch und zur Reflexion

Welche Gedanken lösen diese Verse bei Ihnen aus?

……………………………………………………………………………

……………………………………………………………………………

……………………………………………………………………………

Warum fällt es Ihnen so schwer, sich bei gegensätzlicher Meinung zu verständigen?

……………………………………………………………………………

……………………………………………………………………………

……………………………………………………………………………

Was kann die Gemeinde tun, damit Verständigung zwischen Streitfragen in der Gemeinde und zwischen Gemeindegliedern in privaten und theologischen Fragen gelingen kann?

……………………………………………………………………………

……………………………………………………………………………

……………………………………………………………………………

2. Antithese: Vom Ehebruch (V. 27–30)

„Ihr habt gehört, dass gesagt wurde: Du sollst nicht ehebrechen! Ich aber sage euch: Jeder, der eine Frau ansieht und sie begehrt, hat in seinem Herzen schon Ehebruch mit ihr begangen. Wenn dein rechtes Auge dich zu Fall bringt, reiß es aus und wirf es von dir. Es ist besser für dich, eines deiner Glieder geht verloren, als dass dein ganzer Leib in die Hölle geworfen wird. Und wenn deine rechte Hand dich zu Fall bringt, hau sie ab und wirf sie von dir. Es ist besser für dich, eines deiner Glieder geht verloren, als dass dein ganzer Leib zur Hölle fährt." (V. 27–30)

In der Auslegung dieser Verse wird schnell auf den moralischen Verfall, die Auflösung des sechsten Gebotes, die freie Sexualität und viele andere sexuelle Verirrungen der Gesellschaft hingewiesen. Aber will Jesus das sagen? Jesus prangert nicht den moralischen Verfall an, sondern macht deutlich, dass Ehebruch im Herzen beginnt und nicht erst mit einer Ehescheidung. Dabei spricht Jesus nur die Männer an. Nach dem jüdischen Gesetz wurde es als Ehebruch bezeichnet, wenn ein Mann oder eine Frau Geschlechtsbeziehungen mit einer anderen verheirateten oder verlobten Person hatte. Diese Definition gilt bis heute. Sonstiger vorehelicher oder außerehelicher Geschlechtsverkehr wird in der Bibel als Unzucht bezeichnet.

Jesus geht weit über diese Definition hinaus, wenn er bereits den *begehrlichen Blick* als vollzogenen Ehebruch bezeichnet. Es geht nicht darum, dass ein Mann eine Frau überhaupt nicht ansehen darf, sondern wie er sie ansieht.

Das Wort *epithymeo* drückt den begehrenden Blick aus, der sexuelle Fantasien zur Folge hat. Diese Aussage Jesu hat in der Auslegungsgeschichte und damit auch im Umgang von Mann und Frau die seltsamsten Folgerungen ausgelöst. Bereits die *Rabbinen* haben gelehrt, dass Männer sich vor unnötigen Kontakten mit Frauen hüten sollten, denn die Frau sei *„die Quelle der Versuchung"*. Sie sollten auf der Straße nicht hinter ihnen gehen, sie nicht grüßen, ihnen nicht die Hand geben, sich auch nicht von ihnen bedienen lassen. Wenn ein Mann einer Frau auf der Straße begegnete, sollte er sich bewusst den Zeh anstoßen, um auf den Scherz zu achten und dadurch die Frau nicht ansehen zu müssen.

Diese Haltung setzt sich in verschiedenen Variationen von der alten Kirche bis in die Gegenwart fort. Die am weitesten verbreitete Möglichkeit, um dieser Aussage Jesu gerecht zu werden, ist darum ein keusches Leben. Wer aber kann so leben? In der katholischen Kirche sind es die Mönche und Priester. In der evangelikalen Christenheit wird Keuschheit einfach vorausgesetzt, ohne zu erklären, wie sie gelebt werden kann. Da Sexualität es mit Lust zu tun hat und Lust Sünde ist, wurde die Sexualität über Jahrhunderte grundsätzlich bekämpft bis dahin, dass gesagt wurde, Sexualität sei nur zur Zeugung eines Kindes gestattet. Auch wenn diese Haltung gegenwärtig nicht mehr vertreten wird, so ist das Thema Sexualität in christlichen Kreisen mit viel Scham und Schweigen belegt. In der gegenwärtigen Auslegung wird diese Aussage Jesu im Hinblick auf die Heiligkeit der Ehe und den Umgang mit Frauen verstanden. Beides ist natürlich richtig. Unter Heiligkeit der Ehe wird die Unauflösbarkeit der Ehe verstanden, beim Umgang mit Frauen geht es um die Frage der Einstellung des Mannes der Frau gegenüber.

Beide Auslegungen sind zu kurz gegriffen, weil Sexualität zur Schöpfung Gottes gehört und der Mensch sie nicht je nach Bedürfnis ein- oder ausschalten kann. Ich möchte darum den Blick weiten und darauf hinweisen, dass natürliches schöpfungsmäßiges und geistliches Leben („*bessere Gerechtigkeit*“) zusammengehören.

Wie sollen wir diese Verse verstehen?

1. Jesus macht deutlich, dass die Begierde zum Leben des Menschen gehört

Das Judentum kannte eine strenge Sittenlehre. In der Antike lebte man eine recht freie Sexualität. Die gegenwärtige säkularisierte Gesellschaft hat auch ein sehr offenes Verständnis von Sexualität. Moralische Forderungen sind allerdings wenig hilfreich, weil sie in der gleichen Schiene verlaufen, wie wir sie in der Auslegungsgeschichte angesprochen haben. Der Mensch soll etwas leisten, was er nicht leisten kann. Jesus stellt also kein neues Gesetz auf: Die Ehe ist unscheidbar. Punkt. Er sagt mit dieser Feststellung, dass Ehebruch im Herzen beginnt: Du, Mensch, kannst einfach nicht erfüllen, was der eigentliche Wille Gottes ist.

2. Begehren und Begierde sind Wesensmerkmale des unerlösten Menschen

Im Lasterkatalog nimmt die Begierde eine zentrale Stelle ein. (Röm 1,24; Gal 5,16; 1Tim 6,9; 2Tim3,6; 1Petr 4,2; 1Joh 2,16) Aber auch der erlöste Mensch ist nicht frei von Begierde. (Röm 7,7 ff.; Jak 1,13–15 u. a.) Es gilt darum, ein solches Leben zu führen, dass die Begierde keinen Raum findet, um sich zu entfalten. (Röm 13,14; 1Kor 7,9; 1Petr 2,11–12 u. a.)

3. Wie kann das geschehen?

In den beiden Aussagen vom Herausreißen des Auges und dem Abhauen der Hand spricht Jesus an, dass es nicht um eine Verbesserung geht, um ein allgemein akzeptiertes moralisches Leben, sondern um eine *radikale Trennung*. Radikaler kann es nicht gesagt werden. Diese radikale Trennung vom sündigen Gedanken (hier der sexuellen Begierde), kann der Mensch nicht selbst vornehmen. Es bedarf der grundlegenden Erneuerung durch die Erlösung, die Jesus selbst gewirkt hat. Die Begierde muss getötet werden. (Kol 3,5)

4. Was heißt das für unser christliches Leben?

Wenn es auf dieser Erde kein sündloses Leben gibt (Röm 3,23–24; Jak 4,8), dann stellt sich diese Frage. In unserem Text wird in besonderer Weise die Sexualität angesprochen. Die Sexualität gehört zur Schöpfung. Der Mensch ist ein sexuelles Wesen. Es geht also nicht darum, die Sexualität loszuwerden, sondern es geht um die Frage, wie der erlöste Mensch mit der Sexualität umgehen kann. Die häufigste Antwort lautet, dass er sie in der Ehe leben darf. (Vgl. 1Kor 7,9) Diese Antwort aber ist unzureichend, weil nicht automatisch in jeder Ehe eine befriedigende Sexualität gelebt wird – so unterschiedlich die Gründe dafür sein mögen.

Ein Ehepaar, das online für seine Ehepaarseminare warb, hatte im Schnitt 8–12 Anmeldungen pro Seminar. Als sie das Thema „Guter Sex in der Ehe" anboten, hatten sie in kürzester Zeit 120 Anmeldungen.

Dieses Beispiel zeigt, dass mit der Ehe nicht die Frage der Sexualität automatisch gelöst ist. Auch stellt sich die Frage, wie die Ledigen (Singles) mit ihrer Sexualität umgehen sollen. Nach der Single-Studie von Tobias Künkler, Tobias Faix und Johanna Weddigen unter evangelikalen Christen haben 93 Prozent der Männer und 80 Prozent der Frauen sexuelle Fantasien und Träume und 82 Prozent der Männer und 28 Prozent der Frauen schauen Pornos.

Wenn es um Sünde geht, sind Auge und Hand besondere Einfallstore dafür. Besonders der Mann muss lernen, mit dem, was er sieht, umzugehen. Das Auge spielt dabei eine wichtige Rolle. Sünde beginnt mit dem Sehen, dann kommt das Begehren und schließlich die Tat (Jak 1,13–14).

Der Theologe Romano Guardini hat den Nagel auf den Kopf getroffen, wenn er sagt: *„Wir haben eine Hygiene des Körpers und Essens, aber keine Hygiene der Seele."* Eine Hygiene der Seele hat etwas mit unseren Augen und Gedanken zu tun. Es gilt, das Sehen und Hören so zu üben, dass nicht jede Begierde erfolgreich ist.

Schon Sokrates sagte zu einem Vater, der sich bei ihm wegen seines Sohnes Rat holte: Es dünke ihn doch sonderbar, verdorbene Speisen zu essen, davor hüten sich die Menschen; sie wüssten, dass es nicht gleichgültig sei, was sie in ihren Magen täten. Verdorbene Gedanken aber in ihre Seele zu tun, dazu falle ihnen nichts ein. So ist es bis heute geblieben. Für eine gesunde seelische Entwicklung brauchen wir eine Hygiene des Sehens, Hörens und Lesens, besonders, was die sozialen Medien betrifft. Die Hygiene der Seele ist von der Erziehung in der frühen Kindheit bis ins Alter notwendig. Besonders in den ersten drei Lebensjahren und hier ganz besonders im ersten Lebensjahr geht es um eine Sättigung der psychischen Bedürfnisse, die von der Mutter und dem Vater gestillt werden. Damit dies geschehen kann, brauchen

Eltern Anleitung für ein Familienleben, in dem in besonderer Weise auf die seelische Entwicklung Wert gelegt wird, die über Zuwendung, Nähe und Zeit verläuft.[17]

Der Trend, dass die Kita für die frühe Bildung des Kindes zuständig ist und die Eltern nur genügend Geld für die materielle Versorgung (Wohlstand) brauchen, widerspricht dem Schöpfungswillen Gottes. Erzieherinnen können nicht ersetzen, wofür Eltern zuständig sind. Psychische Defizite an Liebe können im späteren Leben nur schwer nachgeholt werden. Bindung[18] ist wichtiger als Bildung. Eine unbefriedigende seelische Erziehung hinterlässt ein Verlustempfinden und drückt sich auf unterschiedliche Weise aus, vor allem in sexuellen Sehnsüchten, psychischem Stress und Druck u. a. m. Spannungen und Konflikte im Leben suchen ihre Entlastung und Entspannung am häufigsten über die sexuelle Befriedigung. Eine gesunde psychische Entwicklung ist darum eine der wichtigsten Voraussetzungen für den Umgang mit der eigenen Sexualität. Das ungestillte psychische Verlangen wird nicht automatisch gestillt, wenn ein Mensch zum Glauben kommt. Es bedarf dann der Aufarbeitung der psychischen Defizite. Darum ist ein gesundes Familienleben eine der wichtigsten Voraussetzungen für ein christliches Leben. Eine seelisch gesunde Entwicklung entspricht mehr dem, was Jesus hier anspricht, als alle gutgemeinten ethischen Vorschriften, die nicht eingehalten werden können.

Eine gesunde seelische Entwicklung verläuft über die fünf Sinne: sehen, hören, riechen, fühlen und schmecken. Diese fünf Sinne wollen von frühester Kindheit an ganzheitlich gelernt und eingeübt werden.

In Hebräer 5,14 lesen wir: *„Die feste Speise aber ist für die gereiften Persönlichkeiten, die ihre Sinnesorgane geübt haben, damit sie unterscheiden können was gut und böse ist.“*

Mit den Sinnesorganen spricht der Hebräerbriefschreiber die fünf Sinne an. Diese, so sagt er uns, müssen eingeübt (*gymnazei*) werden. Nur was mit den fünf Sinnen eingeübt wurde, kann im Leben auch praktiziert werden. Bezogen auf die Aussage Jesu bedeutet das: Die

Hygiene der Seele (feste Speise) ist eine Voraussetzung, um vor Ehebruch bewahrt zu werden.

In einer Umwelt, die stark sexualisiert ist, ist es darum notwendig, die Voraussetzungen für solch ein Leben zu schaffen, von dem Jesus spricht, und nicht nur moralische Forderungen zu stellen. Bei Versagen ist Bekennen und Vergeben angesagt, damit eine fortlaufende Erneuerung aus der Kraft des Heiligen Geistes stattfinden kann. (Vgl. Röm 12,2; 2Tim 1,14; Tit 3,5; Jak 5,16)

Es gilt in diesem Zusammenhang, darauf aufmerksam zu machen, dass die *Beichte* ein geeigneter Weg ist, um mit der aktuellen Schuld und Sünde umzugehen, ebenso das seelsorgerliche Gespräch. (Vgl. Ps 32,5; 1Joh 1,9 u. a.)

Eine gesunde seelische Entwicklung bedeutet natürlich nicht, dass keine Begierde mehr vorhanden ist, sondern dass sie eine Voraussetzung für ein gesundes natürliches und geistliches Leben ist. Es bedarf der Behebung der Quelle der Begierde, die ihren Sitz im Herzen (dem Zentrum des menschlichen Lebens) hat. Jesus möchte, dass sich unsere innerste Herzenshaltung verändert. Dies geschieht durch die *„bessere Gerechtigkeit“*, die Jesus gebracht hat, und den Empfang des Heiligen Geistes, die Kraftquelle der täglichen Erneuerung. (Röm 12,2;15,13; Eph 1,19; Tit 3,5; 2Petr 1,3 u. a.)

Fragen zum Gespräch und zur Reflexion

Wie wird in Ihrer Gemeinde der Umgang mit Sexualität gelehrt?

Welche Einstellung haben Sie, wenn es um Sexualität geht?

Wie gehen Sie mit den ungestillten psychischen Begierden (Sehnsüchten) im Leben um?

Warum ist ein seelisch ausgeglichenes Leben von der frühen Kindheit an bedeutsam für eine gesunde seelische Entwicklung?

Was wird in Ihrer Gemeinde über das Familienleben gelehrt?

Welche Bedeutung hat der Empfang der „besseren Gerechtigkeit" (des neuen Lebens durch den Heiligen Geist) für diese Aussagen Jesu?

....

....

....

Inwiefern kann Beichte und Seelsorge in diesen Fragen eine Hilfe sein?

....

....

....

3. Antithese: Von der Scheidung (V. 31–32)

„Es ist auch gesagt (5Mo 24,1): ‚Wer sich von seiner Frau scheidet, der soll ihr einen Scheidebrief geben.' Ich aber sage euch: Wer sich von seiner Frau scheidet, es sei denn wegen Unzucht, der macht, dass sie die Ehe bricht; und wer eine Geschiedene heiratet, der bricht die Ehe." (V. 31–32; LUT)

Die laxe Scheidungspraxis, die zur Zeit Jesu herrschte, war eine große Benachteiligung der Frau. Sie konnte unmöglich als Single – wie es heute möglich ist – weiterleben, sondern musste wieder heiraten. Der einfachste Scheidungsbrief in der damaligen Zeit lautete: *„Du kannst gehen, um dich zur Frau nehmen zu lassen von jedem Mann, wie es dir beliebt."* Die Pharisäer fragten Jesus darum, ob ein Mann sich *„aus irgendeinem Grund"* scheiden lassen kann. (Mt 19,3) So konnte der Mann der Frau einen Scheidungsbrief geben, wenn sie das Essen hatte anbrennen lassen.

Diesen Zusammenhang gilt es zu beachten, um zu verstehen, worum es Jesus geht. Es geht um den Schutz der Ehe, die zur damaligen

Zeit ausschließlich vom Mann bedroht war. Der Mann war der Aktive, die Frau die Erleidende.

Der griechische Text, der im Passiv steht und darum schwierig zu übersetzen ist, macht deutlich, dass die allgemeine aktive Übersetzung das Textverständnis nicht genau wiedergibt. Versuchen wir, den Text in passiver Form zu übersetzen, dann lautet er so: *„Jeder, der sein Frau entlässt, außer wegen Unzucht, veranlasst, dass sie als ehebrecherisch angesehen wird. Wer eine Entlassene heiratet, stellt sich selbst als ehebrecherisch hin.“* (V. 31)

Die Frau erleidet die Scheidung und wird von nun an angesehen, als hätte sie die Ehe gebrochen, obwohl sie keine Schuld trifft. Im Mittelpunkt dieses Textes steht die unschuldig geschiedene Frau. Sie wird aber als Ehebrecherin angesehen, weil die Entlassung mit Ehebruch in Verbindung gebracht wird. Die Scheidung wird quasi als Ehebruch der Frau gewertet. Der Mann, der diese unschuldig geschiedene Frau heiratet, stellt sich selbst als Ehebrecher hin, weil die Scheidung nicht rechtskräftig ist. Rechtskräftig wäre sie nur bei Unzucht.

Das griechische Wort *porneia* hat eine ganz allgemeine Bedeutung von *Unzucht* jeglicher Art, besonders aber auf dem sexuellen Gebiet. Darum ist es sicherlich richtig, wenn *porneia* mit Untreue übersetzt wird. Dieser Text gibt keine Antwort auf die Frage: *Darf man sich scheiden lassen und wieder heiraten?*

Jesus sagt: Weder der Ehebruch im Herzen noch der Ehebruch in sexueller Hinsicht außerhalb der Ehe entspricht dem Willen Gottes. Gottes Wille ist, dass jedes Ehepaar ein Leben lang zufrieden und glücklich ist, bis der Tod sie scheidet. So sieht die ursprüngliche Vision Gottes für den Menschen aus. Jesus hebt die Brüchigkeit des menschlichen Lebens nicht auf und auch nicht, dass eine Ehe scheitern kann, er stellt vielmehr die einseitige Handhabung infrage, wie Ehescheidung praktiziert wird. Darum gilt auch für die Ehe, was wir zur *„besseren Gerechtigkeit“* gesagt haben. *Die Ehe hat nicht ihren Bestand durch eine gesetzliche Regelung, sondern ist ein Gnadengeschenk der Erlösung.*

Da es in unserer gefallenen Welt kein perfektes Leben gibt, auch in der Ehe nicht, ist es nicht verwunderlich, dass auch Ehen scheitern. Die Aufgabe der Gemeinde sollte es sein, das Angebot Gottes für eine lebenslange Ehe so zu lehren, dass Mann und Frau aus der Kraft des Heiligen Geistes und einer gesunden psychischen Entwicklung ein Leben lang miteinander glücklich sein können. Es muss deutlich werden, dass eine Ehe nicht durch ein äußeres Gesetz ihren Bestand hat, sondern durch das neue Leben aus Gott. Das Gesetz ist lediglich der von außen gesetzte Rahmen. In einer individualisierten Gesellschaft ist das Miteinanderleben an sich gefährdet und darum auch die Ehe. Für das Halten einer lebenslangen Ehe ist darum mehr nötig, als das Versprechen abzugeben: „bis dass der Tod uns scheidet".

Und wenn eine Ehe scheitert? Dann bedarf sie der Aufarbeitung der Vergangenheit, der Vergebung und der Erneuerung des Lebens von Mann und Frau, damit ein Neuanfang und eine Wiederheirat möglich werden.

Fragen zum Gespräch und zur Reflexion

Welche Haltung hat Ihre Gemeinde/haben Sie in dieser Frage?

Was tut die Gemeinde, damit Ehen nicht scheitern?

Wie geht die Gemeinde mit gescheiterten Ehen um?

....

....

....

4. Antithese: Vom Schwören (V. 33–37)

„Ihr habt weiter gehört, dass zu den Alten gesagt ist (3Mo 19,12; 4Mo 30,3): ‚Du sollst keinen falschen Eid schwören und sollst dem Herrn deine Eide halten.' Ich aber sage euch, dass ihr überhaupt nicht schwören sollt, weder bei dem Himmel, denn er ist Gottes Thron; noch bei der Erde, denn sie ist der Schemel seiner Füße; noch bei Jerusalem, denn sie ist die Stadt des großen Königs. Auch sollst du nicht bei deinem Haupt schwören; denn du vermagst nicht ein einziges Haar weiß oder schwarz zu machen. Eure Rede aber sei: Ja, ja; nein, nein. Was darüber ist, das ist vom Bösen." (V. 33–37; LUT)

Beim Schwur wurde in der damaligen Zeit die feierliche Anrufung Gottes zum Zeugen für die Wahrheit einer Aussage oder Behauptung praktiziert. Der Name Gottes wird also als Garantie für die Wahrheit der Aussage verwendet. Damit wird vorausgesetzt, dass der Mensch nicht immer die Wahrheit sagt, sondern auch lügt.

Im damaligen Judentum unterschied man zwei Arten von Eiden:
- einmal den Eid, den man im Namen Gottes gesprochen hat und der absolut der Wahrheit entsprechen musste und
- zum anderen den Eid, der andere Namen enthielt und darum nicht mit der Wahrheit übereinzustimmen brauchte.

Auf diese Weise hatte die Wahrheit einen weiten Spielraum und man konnte das Gesetz, das vor dem falschen Schwören warnt, leicht erfüllen.

Jesus löst diesen Zwiespalt ganz einfach auf, wenn er sagt: Ihr sollt überhaupt nicht schwören weder beim Himmel noch bei der Erde noch bei Jerusalem noch beim eigenen Haupt. Die Begriffe Himmel, Erde, Jerusalem und Haupt waren Ersatz für Gott. Was bei diesem Schwur gesagt wurde, musste nicht unbedingt der Wahrheit entsprechen (Vgl. auch Mt 23,16–22). Jesus hebt die Unterscheidung zwischen Worten, die wahr sein müssen, und solchen, die es nicht zu sein brauchen, auf. Ein Jünger Jesu lebt immer in der Gegenwart Gottes und seine Worte sind darum stets verbindlich, eindeutig und entsprechen der Wahrheit. *„Eure Rede sei: Ja, ja; nein, nein"*, sagt Jesus. So einfach ist es.

Jakobus zitiert Jesus fast wörtlich (Jak 5,12), verschärft aber die Begründung, warum man solch ein eindeutiges Leben führen soll, weil man sonst dem Gericht Gottes verfällt. Vielleicht denkt Jakobus an ein anderes Wort Jesu, dass wir über jedes unnütze Wort vor Gott Rechenschaft ablegen müssen, (Mt 12,36) aber vielleicht beziehen sich Jesus und Jakobus auch auf Hose 4,15, die einzige Stelle im Alten Testament zum Schwurverbot.

Wenn schon ein unnützes Wort solche Bedeutung hat, wie viel stärker muss dann eine Aussage wiegen, die wir beschwören. *Wie sollen wir diese Worte Jesu verstehen?*

Es geht um die Klarheit und Eindeutigkeit unseres Lebens. Ist das, was wir sagen, eindeutig und verlässlich? Jesus spricht wieder die innere Lebenshaltung an. Das innere Ja im Herzen ist auch das äußere Ja im Miteinander. Diese Aussage Jesu richtet sich damit gegen jede Heuchelei. Der Heuchler meint etwas anderes als das, was er sagt. Aber Gott schaut das Herz an und nicht unsere Worte.

Wie aber verhält es sich mit einem Eid oder Schwur vor einem weltlichen Gericht? Die Wiedertäufer (Mennoniten), die Quäker und auch die Herrnhuter haben aufgrund dieser Bibelstelle jeglichen Eid oder Schwur abgelehnt.

Die Herrnhuter Siedlung Herrnhaag in der Wetterau hatte 1.000 Einwohner und wurde zu einem weltweiten geistlichen Zentrum. Insgesamt wurden von Herrnhaag über 600 Missionare ausgesandt.

Wenn man bedenkt, dass Herrnhaag nur zwölf Jahre bestand (1738 gegründet – 1750 aufgelöst), dann ist das kaum zu fassen. Der Nachfolger von Graf Ernst Casimir, sein Sohn Graf Gustav Friedrich, nahm alle Privilegien, die sein Vater den Herrnhutern gewährt hatte, zurück und forderte von ihnen, dass sie ihm den Treueeid schwören sollten, sonst müssten sie die Siedlung innerhalb von drei Jahren verlassen. Dazu waren die Bewohner nicht bereit. Sie verließen lieber Herrnhaag, um woanders ihre Glaubensüberzeugung zu leben. Innerhalb von anderthalb Jahren waren alle ausgezogen. Die ersten 100 verließen Herrnhaag sogar unmittelbar, nachdem der Erlass von Graf Gustav Friedrich in der versammelten Gemeinde verlesen worden war.

Wer sich so geführt sieht, sollte darin auch konsequent sein. Jesus sagt nicht, dass man keinen Eid vor Gericht sprechen darf. Aber wenn jemand vor Gericht einen Schwur ablegt, dann sollte dieser der Wahrheit entsprechen, genauso wie ein einfaches Ja oder Nein der Wahrheit entsprechen soll.

Das *„ja, ja und nein, nein"* weist uns auch noch auf etwas anderes hin: Wir sollen das Leben nicht in heilige und profane Bereiche einteilen. Das bedeutet: Wenn ich im Gottesdienst bin oder auf einer frommen Tagung, dann rede und verhalte ich mich entsprechend „fromm", wie es von mir erwartet wird; wenn ich in einem Restaurant, am Strand, auf dem Sportplatz etc. bin, dann bin ich im profanen Bereich und kann mich durchaus auch anders verhalten.

Jesus sagt: Gleich, wo du bist, dein Leben ist Leben aus Gott und vor Gott und darum immer eindeutig. Gott will Herr deiner Beziehungen, Einstellungen, Prioritäten sowie auch deines Geldbeutels, deines Besitzes, deiner Freundschaften oder was es sonst sein mag sein.

Unser Leben mit Gott soll gerade in den zwischenmenschlichen Beziehungen und den Besitzverhältnissen zum Tragen kommen.

Fragen zum Gespräch und zur Reflexion

Wie gehen Sie mit dieser Aussage von Jesus um?

....

....

....

Wie kommt es, dass wir immer wieder von dieser klaren Lebenshaltung abweichen, bewusst oder unbewusst?

....

....

....

5. Antithese: Von der Gewaltlosigkeit (V. 38–42)

„Ihr habt gehört, dass gesagt ist: ‚Auge um Auge und Zahn um Zahn!'" (V. 38)

Jesus bezieht sich auf das alttestamentliche Gesetz (2Mo 21,24; 3Mo 24,20; 5Mo 19,21). Es geht dabei um die *Vergeltung von Gleichem mit Gleichem*, also um die genaue Entsprechung von Tat und Strafe. Das ist ein Fortschritt in der Zivilisation, weil es an die Stelle der unbegrenzten Blutrache trat. Doch das Wort Jesu bezieht sich nicht nur auf den Grundsatz der Wiedervergeltung, sondern auf den Grundsatz jeglichen Rechts. Alles Recht beruht auf der Vergeltungsregel. Das Böse kann nur auf diese Weise in Schranken gehalten werden. Wenn sich das Recht in unserer heutigen Zeit von der genauen Entsprechung von Tat und Strafe auch dahingehend gewandelt hat, dass die Entsprechung der Strafe dem Maß der Tat angemessen wird und nicht wie im Alten Testament die Strafe der Tat gleichgesetzt wird (Auge um Auge), so hat sich an der Sache wenig geändert.

Das alttestamentliche Gesetz beseitigt die private Rache und ist zur allgemeinen Grundlage des gesellschaftlichen und staatlichen Lebens geworden. Das *Lied des Lamech* kann nicht angestimmt werden. (1Mo 4,23 f.) Allerdings – und darauf muss deutlich hingewiesen werden – regelt das alttestamentliche Gesetz nur das Verhältnis von Mensch zu Mensch, nicht das von Nation zu Nation oder gar das Verhältnis von Mensch zu Gott. Jesus zitiert somit nicht nur eine allgemeine Norm des Gesetzes, sondern den Grundsatz des Vergeltungsprinzips, das sich auf das ganze menschliche Zusammenleben auswirkt.

Das wussten auch die jüdischen Gesetzeslehrer. So ist uns ein Spruch von Rabbi Ben-Azzaj (um 150 n. Chr.) überliefert, der lautet: *„Denn Gebot verursacht Gebot, Übertretung verursacht Übertretung. Der Lohn des Gebots ist Gebot, der Lohn der Übertretung Übertretung.“* Das Gesetz Auge um Auge, Zahn um Zahn löst also eine einzige Kettenreaktion der Vergeltung aus.

Gewalt gehört weltweit zur Tagesordnung: Gewalt gegen Frauen, Gewalt in der Familie, Gewalt in der Erziehung, Gewalt unter Jugendlichen und Gangs. Es vergeht kein Tag, an dem uns nicht in irgendeiner Form von Gewalt berichtet wird. Dazu kommen politische Gewaltregime und Kriege, in denen sich Völker und Volksgruppen gegenseitig Gewalt antun. Oder denken wir an die Religionskriege der Vergangenheit, wo im Namen Gottes Gewalt ausgeübt wurde. Es ist darum nicht verwunderlich, wenn immer wieder behauptet wird, dass die Religion eine Wurzel der Gewalt ist, was sich auch bis in die Gegenwart hinein leicht belegen lässt. Franz Alt fordert darum eine *„säkulare Ethik“*, losgelöst von aller Religion, weil es nur dann zu einem friedlichen Miteinander kommen kann. Er stimmt darin mit dem Dalai Lama überein, dass *„Ethik wichtiger sei als Religion“*. Die Argumentation von Alt ist ein Wenn-Dann-Denken. Wenn alle Politiker und alle Menschen sich nach den Worten der Bergpredigt richten würden, dann hätten wir eine friedvolle Welt.

Fragen zum Gespräch und zur Reflexion

So wünschenswert Franz Alts Vorstellungen von einer gerechten und friedlichen Welt auch sind: Warum ist es nicht möglich, so zu leben und zu handeln?

....

....

....

Welches Denken herrscht in unserem Rechtsstaat und warum führt es auch nicht zu einem Leben, in dem Frieden und Gerechtigkeit herrscht?

....

....

....

Welches Denken bestimmt Ihr Leben?

....

....

....

„Ich aber sage euch: tretet nicht dem Bösen entgegen; sondern der dich auf die rechte Backe schlägt, dem wende auch die andere hin.“ (V. 39)

„Ich aber sage euch …“ ist wieder das Vollmachtswort Jesu und entspricht der Aussage in Kapitel 7,29: *„… wie einer, der Vollmacht hat“*. Jesus diskutiert nicht, er gebietet, aber das kann auch nur er, weil er der Sohn des Vaters im Himmel ist und des Vaters Willen vertritt.

Zum dritten Mal geht Jesus über das hinaus, was den Alten gesagt ist. Die alten Propheten sagten: *„So spricht der Herr“;* die Rabbinen beriefen sich auf Lehrmeister des Gesetzes; Jesus dagegen *beruft sich auf sich selbst.* Sein Ich ist ein göttliches Ich und damit ist das, was er sagt, göttliches Gebot. (siehe dazu die Einleitung zur Bergpredigt)

Was bedeutet die Aufforderung, dem Bösen nicht entgegenzutreten? Will Jesus damit sagen – unter Verweis auf 5. Mose 19,18 – dass wir als Kinder Gottes keinen Prozess führen sollen? Diese Forderung wird bei Paulus in 1. Korinther 6,1–11 ausführlich behandelt. Doch dieser bezieht sich auf das *Gemeindeleben.* Es stellt sich die Frage: Trifft das nur auf die Jünger untereinander zu oder ist das auch die Haltung des Jüngers zur Welt?

Sagten wir aufgrund von Vers 38, dass Jesus hier grundsätzlich an der Rechtsordnung rüttelt, dann können sich die folgenden Verse kaum nur auf den Jüngerkreis beschränken. Der Schwerpunkt der Verse 39–42 liegt nicht, wie im vorausgehenden Teil der Bergpredigt, bei dem, der Unrecht tat, sondern *bei dem, der Unrecht leidet.* Darum kann es nicht um eine sachliche Bestimmung des Bösen gehen. Es geht vielmehr um das Verhalten dessen, dem Böses angetan wird.

Was ist mit dem Bösen gemeint? Die Ausleger sind hier verschiedener Meinung. Während die einen es personal (als Teufel) verstehen, wollen die andern es neutrisch (als das Böse allgemein) auffassen. Doch wird man mit Hinweis auf Jakobus 4,7 sagen müssen, dass man dem Teufel auf jeden Fall entgegenzutreten hat. Es kann sich hier also nur um das Böse, wie es uns im Verhalten im Leben des Menschen entgegentritt, handeln (obwohl man auch hier sagen kann, dass hinter diesem Verhalten *der* Böse steckt). Das wäre ganz im Sinne von Römer 12,21: *„Überwinde das Böse mit Gutem.“*

Den Hintergrund dieser Aussagen Jesu bildet das Gottesknechtslied von Jesaja 52,13–53,12. Jesus, der Gottesknecht, hat uns das vorgelebt, was er hier sagt. Jünger Jesu sein bedeutet darum, genauso zu leben. Franz Kamphaus betont: *„Es ist besser, Opfer zu sein als gewalttätiger Sieger. Gott steht auf der Seite der Opfer, nicht auf der Seite der Sieger.“* Christen, die verfolgt werden, leben uns das vor und sind ein „*Kontrastzeichen des Reiches Gottes*". Jesus bringt in den folgenden Versen vier Beispiele, wie man dem Bösen entgegentreten soll.

1. Beispiel: Der Backenstreich

„Der dich auf die rechte Backe schlägt, dem wende auch die andere hin." (V. 39c)

Ist das Wort vom Backenstreich wörtlich zu nehmen? Im gegebenen Fall ja. Wie sollte solch ein Wort auch anders verstanden werden? Wie aber ist die Aussage zu verstehen?

Erstens historisch: Jeder Jude zur Zeit Jesu wusste, was mit dem Schlag auf die rechte Backe gemeint ist, nämlich der beschimpfende Schlag mit der Rückseite der Hand, der mit der rechten Hand gegen die rechte Backe ausgeführt wird. Nach dem jüdischen Zivilrecht wurde der, der solche Ehrverletzung austeilte, zu einer recht hohen Geldstrafe verurteilt. Der Schlag mit der rechten Rückhand auf die rechte Backe war nicht nur eine Ehrverletzung, sondern auch Ausdruck der Erniedrigung und des Hasses.

Zweitens theologisch: Jesus geht es nicht nur darum, dass ein Prozess oder ein Streit vermieden wird nach dem Motto: der Klügere gibt nach –, sondern dass das Böse entkräftet wird. Es liegt in der Natur des Menschen, wenn er zu Unrecht beleidigt oder gar geschlagen wird, dass er zurückschlägt oder vor Gericht sein Recht einklagt. Durch die sanftmütige Haltung soll das Böse entblößt und entwaffnet werden. Jesus sagt also: Wandle das Unrecht, das dir angetan wird, in eine Tat der Liebe um! Es geht um die Frage wie wir miteinander umgehen, wenn uns Unrecht getan wird.

Auf uns übertragen lautet die Frage: *Wie tragen wir Konflikte aus?* Wir leben in einer Konfliktgesellschaft. Konflikte in der Politik, der Gesellschaft, der Ehe, unter Verwandten und in den mitmenschlichen Beziehungen, aber auch in der Gemeinde. Konflikte ohne Ende. Wie lösen wir diese Konflikte? Geschieht dies über die Machtfrage oder weichen wir jedem Konflikt aus oder verhalten wir uns so, dass ein konstruktives Gespräch zustande kommen kann, um den Konflikt zu lösen?

Fragen zum Gespräch und zur Reflexion

Wie kann das praktisch in Ihrem Leben aussehen?

....

....

....

Tragen Sie Beispiele zusammen, wie Konflikte das Leben beeinflussen und wie solche Konflikte gelöst wurden.

....

....

....

2. Beispiel: Der Mantel

„Und der sich mit dir um das Recht streiten will und dein Untergewand (Hemd) nehmen, dem lass auch das Obergewand (Mantel).“ (V. 40)

Hierbei handelt es sich um ein Beispiel aus dem jüdischen Zivilprozessverfahren. Ein Gläubiger hatte das Recht, vom Schuldner ein Pfand zu verlangen, etwa sein Ober- oder sein Untergewand. Wenn er es nicht gutwillig erhielt, konnte er es durch einen Prozess erzwingen. Nach 5. Mose 24,10–13 sollte das Ober- und Untergewand je nach Bedürfnis wieder herausgegeben werden. In 2. Mose 22,25 f. sichert das Gesetz dem Schuldner zu, dass ihm das Obergewand (der Mantel) wiedergegeben werden soll, weil es ihm nachts zur Decke dient.

Was Jesus hier sagt, ist geradezu eine Zumutung. Wenn das Untergewand (das Kleidungsstück, das man direkt auf dem Leib trug, vgl. Jh 19,23) gepfändet wird, dann soll die betreffende Person freiwillig noch das Obergewand (den Mantel) dazugeben. Das Obergewand braucht er aber nachts als Zudecke und es ist auch wesentlich teurer als das Untergewand. Das Obergewand durfte niemals gegen den Willen den Besitzer wechseln. Was Jesus hier sagt, scheint menschlich unmöglich. Er fordert die Seinen auf, sich freiwillig nackt auszuziehen und damit das Letzte, was sie besitzen, herzugeben. Jesus sagt damit nicht nur: Verzichte auf dein Recht, sondern zugleich: *Besitz und Hab haben keine große Bedeutung. Im Reich Gottes zählen andere Werte.*

Wenn es um Geld und Besitz geht, dann kommen wir schnell an unsere Grenzen. Schon Luther wies darauf hin, dass diese Aussage Jesu nicht zur *„allgemeinen Lehre"* wurde, weil die Kaufleute sich widersetzten. Ist es bis heute nicht so geblieben? Wie heißt es im Volksmund: *„Beim Geldbeutel hört das Christsein auf!"*

Fragen zum Gespräch und zur Reflexion

Ist solch eine Haltung überhaupt lebbar und wenn ja: wie?

....

....

....

Wie kommt es, dass wir beim Erbe oder wenn es ums Geld geht (z. B. bei der Steuererklärung) gerne andere Maßstäbe ansetzen?

....

....

....

Gibt es Beispiele für solches Christsein aus der Kirchengeschichte oder auch heute?

....

....

....

3. Beispiel: Die Extrameile

„Und wer dich zwingt, eine Meile (mitzugehen), mit dem gehe zwei." (V. 41)

Auch das dritte Beispiel hat einen historischen Bezugspunkt und ähnelt dem zweiten. Das Wort, das Luther mit *„nötigen"* (*aggareuo*) übersetzt, muss man besser mit zwingen, erpressen übersetzen. Es ist ein persisches Lehnwort und meint die Zwangsverpflichtung zu bestimmten Leistungen, etwa das Zur-Verfügung-Stellen von Tieren für den Postdienst oder von Menschen zum Geleit. Die Ausleger bringen unterschiedliche Beispiele, was das sein kann.

Die naheliegendste Erklärung ist eine rabbinische Gesetzesordnung, nach der der rabbinische Gelehrte seine Schüler zum Dienst des Begleiters zwingen kann. Das kommt einer Beraubung der Freiheit gleich.

Eine andere Erklärung ist, dass es sich um einen römischen Soldaten handelt, der einen jüdischen Bürger zwingen konnte, ihm sein Gepäck eine bestimmte Strecke zu tragen. (siehe Mt 27,32: Die römischen Soldaten zwingen Simon von Kyrene, Jesus das Kreuz zu tragen) Jesus sagt damit, dass der Betreffende freiwillig das Gepäck die doppelte Strecke tragen soll. Wer das tut, tut in Wirklichkeit einen freien und keinen erzwungenen Dienst.

Eine dritte Möglichkeit wäre, dass es sich um eine aus der Perserzeit (unter König Cyrus) übernommene Fronleistung für Botendienste handelt.

Wie es auch sein mag, Jesus sagt: Leiste nicht nur die Pflichtmeile nach der jüdischen Sitte, biete nicht nur das Ableisten eines erzwungenen Dienstes, nicht nur das Fügen in eine Gesetzesordnung, sondern leiste freiwillig mehr. Überbiete das Geforderte um das Doppelte, darin besteht die Freiheit des Freigewordenen.

Hier trifft das Wort des Apostels Paulus aus Römer 12,20 zu, feurige Kohlen auf dem Haupt des Feindes zu sammeln. Jesus sagt damit, dass das Leben im Reich Gottes von diesem freiwilligen Mehr bestimmt ist. Auf unsere Gegenwart übertragen könnte das bedeuten: sich in der Gemeinde einsetzen, Überstunden nicht verrechnen oder auch Opfer bringen, statt zu klagen, dass man keine Zeit hat.

Frage zum Gespräch und zur Reflexion

Was bedeutet diese Aussage für Ihren Alltag, in dem Sie leben und für Ihren Einsatz in der Gemeinde?

....

....

....

4. Beispiel: Die Großzügigkeit

„Gib dem, der dich bittet, und wende dich nicht von dem ab, der sich Geld leihen will.“ (V. 42)

Das letzte Beispiel ist ein Doppelwort und handelt vom Bitten und vom Gesuch um ein Darlehen. Es spiegelt den Alltag mit den vielen kleinen Forderungen wider, die der Nächste an uns stellt. Dieses Wort passt eigentlich ganz in die alttestamentliche Gesetzgebung hinein (vgl. 2Mo 22,24; 3Mo 25,27; 5Mo 15,7; 23,20).

Da dieses Wort sich aber ebenfalls auf den Grundsatz von Vers 38 bezieht, gewinnt es in diesem Zusammenhang an Aussagekraft. Denn: Kann ich dem noch eine Bitte erfüllen, der mir dieser Bitte unwert erscheint? Kann ich dem noch leihen, von dem ich weiß, dass ich das Geliehene nie zurückerhalten werde?

Verständlich wird dieser Vers erst auf dem Hintergrund von Matthäus 7,7: *„Bittet, so wird euch gegeben."* Wir dürfen zu Gott kommen und ihn bitten und Gott erfüllt unsere Bitten, nicht weil wir ihm etwas zurückgeben von dem, was wir erbitten, sondern weil er in seiner Großzügigkeit und Gnade uns Menschen gibt, obwohl wir ihm nichts zurückgeben können. Wir sollen so handeln, wie der Vater im Himmel handelt. (Mt 5,48)

Hier stellt sich die Frage: Dürfen wir angesichts dieser Stelle noch Schilder an unsere Haustüren anbringen: „Betteln und Hausieren verboten"?

Von Vater Bodelschwingh wird berichtet, dass ein Bettler an seiner Tür stand und ihn um eine Hose bat. Bodelschwingh gab ihm eine seiner guten Hosen. Eine Woche später stand derselbe Bettler wieder vor der Tür und bat um eine Hose. Bodelschwingh holte ihm wieder eine Hose aus dem Schrank und gab sie dem Mann. Kurze Zeit später stand der Mann wieder vor der Tür und fragte Bodelschwingh, warum er ihm zum zweiten Mal eine Hose gegeben hatte, obwohl er wusste, dass er die Hose verkaufen würde, um sich Schnaps zu kaufen. Bodelschwingh erzählte ihm von der Güte Gottes, die er empfangen hatte und sie darum auch weitergeben würde.

Fragen zum Gespräch und zur Reflexion

Wie gehen Sie mit dieser Weisung Jesu um in einem Sozialstaat, der für die sozial Schwachen zuständig ist?

Gibt es in Ihrer Gemeinde und in Ihrem Leben Beispiele für solch ein Handeln?

....

....

....

Wo sind Menschen, denen Sie helfen sollten, obwohl Sie von ihnen nichts zurückbekommen werden?

....

....

....

6. Antithese: Von der Feindesliebe (V. 43–45)

Die sechste Antithese beginnt mit dem Gebot der Liebe aus 3. Mose 19,18:

„Ihr habt gehört, dass gesagt ist: Du sollst lieben deinen Mitmenschen und deinen Feind hassen." (V. 43)

Der erste Teil des Satzes ist klar, wobei die Frage nach dem Mitmenschen oder Nächsten durchaus im alttestamentlichen Sinne verstanden werden will. Erst in Vers 44 wird der Nächste mit dem Feind verknüpft und jeglicher Unterschied aufgehoben.

Der zweite Teil des Verses ist eine Deutung des ersten und lässt sich so im AT nicht belegen. Einen indirekten Beleg finden wir in den Qumrantexten (Die Essener waren eine Sekte, die streng nach den alttestamentlichen Gesetzen zur Zeit Jesu am Toten Meer lebten). Im Sektenkanon 1QS1,3 lesen wir: *„Alles zu lieben, was Er erwählt und alles zu hassen, was Er verworfen."*

Der Begriff Feind (*echthros*) und hassen (*miseo*) darf auf keinen Fall dahingehend verstanden werden, als würde das Alte Testament Menschenhass lehren. Es ist aber auch durchaus möglich, dass Jesus sich gar nicht direkt auf das Alte Testament bezieht, sondern auf die Qumransekte, die für sich beanspruchte, das alttestamentliche Gesetz konsequent und radikal zu leben.

Es ist gleich, vor welchem Hintergrund Jesus dieses Wort sagt. Wir kennen alle diesen Unterschied, dass wir Menschen, die wir mögen, lieben und solche, die wir nicht mögen (die uns unsympathisch sind) oder die uns ablehnen, ebenfalls ablehnen und entsprechend behandeln. Hass ist eine Herzenshaltung, die tief im Menschen verankert ist. Wenn wir das Wort Jesu auf unsere Gegenwart anwenden, dann müssen wir uns fragen, ob die vielen Auseinandersetzungen in der Gesellschaft zwischen Gruppen und Menschen nicht hier ihre Ursache haben. Hass hat etwas mit einer Grundeinstellung dem anderen gegenüber zu tun, die mit allen Mitteln zu bekämpfen ist. Diese abneigende innere Herzenshaltung gegenüber anderen Menschen ist die Ursache für Streit, Hetze, Auseinandersetzungen und vieles andere mehr. Eine beliebte, scheinbar christliche, Lösung für dieses Thema ist: Wir hassen die Sünde aber lieben den Sünder! Solche Sprüche sind wenig hilfreich. Jedenfalls sagt Jesus es so nicht. Jesus zeigt uns einen anderen Weg, Menschen, die uns feind sind, zu begegnen, ebenso Paulus (vgl. 2Tim 2,23–25).

Frage zum Gespräch und zur Reflexion

Was bedeutet es für Ihren Umgang und Ihr Handeln, wenn Jesus die Trennung zwischen dem Nächsten und dem Feind aufhebt?

....

....

....

„Ich aber sage euch: Liebet eure Feinde und betet für die, die euch verfolgen.“ (V. 44)

Jesus geht mit dieser Aussage über das „normale“ Verhalten hinaus. Einen Mitmenschen lieben, der uns gut gesonnen ist, ist nichts Besonderes, aber den zu lieben, der mir feindlich gesonnen ist und mich verfolgt, mir also schadet, ist das Außergewöhnliche.

Jesus hebt die Unterscheidung zwischen Nächstem und Feind auf. Im Gleichnis vom barmherzigen Samariter (Lk 10) hat Jesus diese Unterscheidung grundsätzlich untersagt. Auch in den Briefen des Neuen Testaments wird das untermauert (vgl. Röm 12,14.20; 1Kor 4,12; 1Petr 3,16 u. a. m.). Die Ausführungen von Paulus in seinen Briefen machen deutlich, dass er das, was Jesus in der Bergpredigt sagt, vollständig wiedergibt. Direkte Parallelen zu den Versen 39 ff. sind Römer 12,17 und zum Vers 44 Römer 12,14.

Jesus fordert uns hier auf, zum Angriff der Liebe überzugehen, statt passiv zu bleiben oder gar zu klagen, was alles Böses getan wird. Nicht nur diese Aussage Jesu in Vers 44, sondern die gesamte Bergpredigt ist laut Wilhard Becker ein *„Angriff der Liebe“*. Es ist die neue Lebenshaltung des befreiten Menschen aus seiner Gefangenschaft, nicht nur die zu lieben, die ihn lieben, und nicht nur denen Gutes zu tun, von denen er Gutes empfängt. Die göttliche Liebe (*agape*), von der Jesus hier spricht, sprengt alle menschlichen Maßstäbe.

Von Tertullian stammt die Aussage, dass Feindesliebe *„das Grundgesetz“* des Glaubens ist. In der Feindesliebe ereignet sich die Gottesherrschaft. An der Feindesliebe wird das neue Leben aus der *„besseren Gerechtigkeit“* besonders deutlich, denn *„Feindesliebe ist nicht der Gipfel einer allgemeinen Menschenliebe, sondern Konsequenz der sich ereignenden Gottesherrschaft“*, wie Franz Kamphaus unterstreicht.

Für Franz Alt (in „Frieden ist immer noch möglich“) ist Feindesliebe ein anderes Wort für *„intelligente Politik“*. Er überträgt alles, was in der Bergpredigt steht, auf das politische Handeln. Er begründet dieses Verständnis mit Matthäus 5,48, dass der Mensch einen *„göttlichen*

Kern" in sich hat und darum auch so leben und handeln kann. Was Alt völlig ausblendet, ist das Böse. Die Erlösung vom Bösen ist eine Voraussetzung zu einem Leben im Frieden und in der Liebe.

Was heißt lieben?

Es ist wichtig, vom Text her genau zu unterscheiden, und den Begriff der Liebe (*agape*) festzuhalten, um nicht in ein allgemeines Gerede von Liebe abzurutschen.

Agape ist die göttliche Liebe, die auch das nicht Liebenswerte liebt. Der Gegensatz von Agape ist Eros, die menschliche Liebe, die durch die Attraktivität des Gegenübers hervorgerufen wird. Die Agape war dem Rabbinertum unbekannt. Die Gottesfurcht, die sie kannten, konnte nur vor Schadenfreude warnen, nicht aber zur Feindesliebe aufrufen. So konnte Rabbi Schemuel der Kleine sagen (angelehnt an Spr 24,17 f. und Hiob 31,29): *„Fällt dein Feind, so freu dich nicht; nicht juble dein Herz, wenn er strauchelt. Sonst sieht es der Herr voller Unmut und wendet von ihm seinen Zorn.*" Der Begriff der „Feindesliebe" fehlt im Alten Testament. Einen Anklang finden wir in 2. Mose 23,4 f. und in Sprüche 25,21 f. Wir spüren, welches Gewicht die Aussage Jesu von der Feindesliebe bekommt. Eine neue Zeit ist angebrochen!

Agape ist nicht in erster Linie ein Affekt oder Gefühl, sondern *ein konkretes Handeln aus dem Erfüllt-sein von der Vaterliebe Gottes*. Nur in dieser Haltung ist Feindesliebe möglich. Der Imperativ „liebet!" als Aufforderung darf nicht so verstanden werden, als könnte der Mensch aus sich selbst heraus seine Feinde lieben, wenn er sich nur anstrengt und es will. Das führt unweigerlich zum Moralismus, zur Heuchelei, zu Selbsttäuschung und Verdrängung. Agape ist nur dort lebbar, wo es zu einem Herrschaftswechsel kam. Nur unter der Königsherrschaft Jesu, der selbst Agape ist, kann Agape gelebt werden (1Kor 13).

Jesus sagt uns hier: *Der Feind lebt unter der Herrschaft des Bösen und muss darum hassen. Ihr aber lebt unter der Herrschaft des liebenden Vaters, darum könnt ihr auch mit den Waffen der Liebe kämpfen*. Wenn Jesus von Liebe spricht, dann meint er damit, dass sich diese Liebe in Taten ausdrückt. Der Feind bekommt meine Liebe zu spüren. Jeder muss sich darum fragen: Wer ist mein Feind? Ist es jemand, der zu meinen Nächsten gehört (z. B. ein Familienmitglied, ein Verwandter, ein Nachbar etc.) oder ist es ein Gemeindeglied oder eine andere Konfession oder Religion oder eine Partei oder andersdenkende Menschen? Im Grunde stellt sich hier die Frage: Wie gehen wir miteinander um, mit unüberbrückbaren Gegensätzen und unterschiedlichen Meinungen? Wie drückt sich meine Liebe zu solchen Menschen oder gegensätzlichen Meinungen aus? Können wir in guter Weise streiten? Können wir mit wertschätzender Liebe diskutieren? Oder können wir nur eine Meinung vertreten und ein Machtwort sprechen?

Jesus nennt beim Gebet überraschend: *„Betet für die, die euch verfolgen.“*

Das Wort, das hier für Beten steht (*proseuchomai*), ist der im Neuen Testament am häufigsten gebrauchte Ausdruck für das Gebet (87-mal) und ist gleichzeitig der umfassendste Ausdruck für das Beten. Dabei geht es nicht nur um die Fürbitte im üblichen Sinn. Der Beter wird mit dem, für den er betet *eins*, er identifiziert sich mit dem, für den er betet, und stellt sich mit ihm vor Gott.

Dietrich Bonhoeffer sagt es so: *„Im Gebet treten wir zum Feind, an seine Seite, wir sind mit ihm, bei ihm, für ihn vor Gott.“* Der Beter muss also tief von der Agape ergriffen worden sein. Er steht vor Gott „für“ (das griech. Wort *hyper* steht im Genitiv und bedeutet zugunsten von, zum Schutz, zum Vorteil, zum Besten) den, der ihn verfolgt und sein Feind ist.

Das Gebet ist darum nicht nur eine verborgene, aus der Angst oder der Ratlosigkeit erwachsende Haltung des Verfolgten, sondern ein Weg, den Liebende gehen und der damit dem Feind zum Heil dient. (Vgl. 1Tess 5,17; Jak 5,16 u. a.) Was für die Fürbitte gilt, gilt auch für das Segnen und Wohltun. Petrus empfiehlt diese Haltung Jesu zur Nachahmung. (1Petr 2,21 ff.)

Fragen zum Gespräch und zur Reflexion

Warum fällt es uns so schwer, für Menschen, die uns ablehnen, meiden, belächeln oder sogar hassen, zu beten, sie zu segnen und ihnen Gutes zu tun?

Wie kann diese Liebe (Agape) Ihrem „Feind" gegenüber zum Ausdruck kommen?

„*... damit ihr Söhne eures Vaters seid (werdet), der in den Himmeln ist. Weil er die Sonne lässt aufgehen über Böse und Gute und lässt regnen über Gerechte und Ungerechte.*" (V. 45)

Das Liebesgebot begründet Jesus mit *Gottes ungeteilter Vaterliebe*, die ohne Unterschied und ohne Ansehen der Person liebt. Diese Liebe hat ihren Gipfel in dem Wort von Johannes 3,16: *„Also hat Gott die Welt geliebt, dass er seinen eingeborenen Sohn gab, auf dass alle, die an ihn glauben, nicht verloren werden, sondern das ewige Leben haben."* (LUT)

Die Liebe Gottes ist keine Allerweltsliebe, sondern zielgerichtete Liebe. Wer Sohn des Vaters im Himmel ist, liebt *wie* der Vater, und nur, wer wie der Vater liebt, ist Sohn des himmlischen Vaters (1Joh 4,19). Wer so wie der Vater liebt, kann mit Augustin sprechen: *„Liebe und tue, was du willst."* Wer diesen Vater nicht kennt, kann auch nicht lieben (vgl. Jh 8,42 ff.). Die Liebe des Vaters macht uns zu Söhnen und befreit uns aus dem parteilichen Denken, aus den engen Kategorien menschlicher Verkettung und aus den verhängnisvollen Bindungen der finsteren Mächte. Wer ein Sohn des Vaters ist, lebt in der Liebe des Vaters, unabhängig, um welchen Menschen es sich handelt.

Warum sollen wir alle Menschen in gleiche Weise lieben? Die Antwort Jesus ist überraschend einfach: weil Gott die Sonne lässt aufgehen über Böse und Gute und es regnen lässt über Gerechte und Ungerechte.

Gottes Liebe zum Menschen zeigt sich auch darin, dass er allen Menschen, den Guten und Bösen, in gleicher Weise Sonne und Regen gibt. Das bedeutet, dass auch der gottloseste und böseste Mensch Gottes Liebe erfährt und Wohltaten durch die Natur, den Urlaub am Strand, den Blick von den Bergen ...

Damit ist auch die Frage nach dem Wirken Gottes in dieser Welt beantwortet. Den gleichen Gedanken finden wir bei Paulus in Römer 1,20, wenn er schreibt: *„Sein unsichtbares Wesen, das ist seine ewige Kraft und Gottheit, ist ja seit Erschaffung der Welt, wenn man es in den Werken betrachtet, deutlich zu ersehen.“*

Der Jünger Jesu hat eine andere Sicht von dieser Welt. Er erkennt Gottes Walten überall. Er lebt von der universalen Größe Gottes. Vers 45 sagt uns somit ein Doppeltes:

- Zum einen: *Gottes Liebe* spiegelt sich im Verhalten seiner Kinder im Alltag des Lebens wider und
- zum anderen: *Gottes Güte* wird dadurch sichtbar, dass er über Gute wie Böse die Sonne scheinen lässt.

Fragen zum Gespräch und zur Reflexion

Welches Gottesbild vermittelt Jesus Ihnen hier?

....

....

....

Welches Gottesbild prägt Ihr Leben?

....

....

....

Liebe praktisch

„Denn wenn ihr liebet, die euch lieben, welchen Lohn habt ihr? Machen das nicht auch die Zöllner? Und wenn ihr nur (allein) eure Brüder grüßt, was tut ihr Besonderes? Machen das nicht auch die Heiden?“
(V. 46–47)

In diesen beiden Versen wird das Verständnis der Liebe (*agape*) noch einmal aufgegriffen und an zwei praktischen Beispielen verdeutlicht.

Das erste Beispiel spricht von der Agape, die nicht im Objekt begründet ist. Objektbegründete Liebe ist nichts Besonderes. Die hat sogar ein Unterzöllner (*telonäs* = Unterzöllner), der im Dienst des Oberzöllners steht. Also des Pächters, der die Steuern durch Unterbeamte eintreiben lässt. Der Zöllner kümmert sich um sich selbst und die Vorteile, die er als Zolleinnehmer hat. Die Liebe Gottes ist anderer Art. Warum liebt Gott? Nicht, weil wir Menschen so liebenswert wären. Wenn Gott den Menschen liebt, dann gibt er ihm dadurch erst den Wert. *„Gottes Liebe findet ihren Gegenstand nicht vor, sondern schafft ihn sich;*

die Liebe des Menschen entsteht an ihrem Gegenstand", sagt Luther zu Recht. Als Söhne des himmlischen Vaters ruft Jesus die Jünger auf, ebenso zu lieben.

Jüngern Jesu steht es übel an, wenn sie Liebe nur für die übrig haben, von denen sie selbst geliebt werden. Lohn kann nur empfangen, wer weit über das hinaus liebt, was der edel gesinnte Mensch auch liebt. Agape ist somit die Liebe, die nicht von der Reaktion des Geliebten abhängig ist.

Im zweiten Beispiel geht es um die Agape, die keine Beschränkung zulässt. Agape ist unparteiisch in dem Sinne, dass sie den Friedens- und Segensgruß auf alle legt und nicht nur auf die Glaubensgeschwister. Das Wort für *„grüßen"* (Luther: freundlich sein) drückt viel mehr aus, nämlich nach Adolf Schlatter umarmen und küssen. *„Der Gruß, der oft den Kuss einschloss, ist die Darbietung des Friedens; wird er verweigert, so ist der Friede aufgehoben."*

Wer also nur die Menschen, die ihm freundlich gesinnt sind, umarmt, ihnen einen Kuss gibt und Frieden wünscht, der tut nichts Besonderes. Wer aber mit der überströmenden Liebe (Agape) Gottes liebt, die ihm durch Jesus Christus zuteilwurde, der lebt im „Besonderen" und gibt den überfließenden Segen Gottes weiter. (Vgl. Mt 5,20)

Die Frage Jesu zielt deutlich auf das Besondere und Außerordentliche, das Nichtreguläre, Nichtselbstverständliche, auf das, was über das hinausgeht, was die Pharisäer schon lebten. Der Gegensatz wird durch das Wörtchen *„nur"* (*monon*) herausgestrichen. Christliches Leben ist außergewöhnliches Leben oder es ist kein christliches, das heißt von Christus gewirktes Leben. Jesus wendet sich gegen ein Christentum, das immer nur mit dem *Minimum* zufrieden ist, während er offensichtlich ein *Maximum* anstrebt. Eine ernste Anfrage an unser Selbstverständnis.

Frage zum Gespräch und zur Reflexion

Wie und wo drückt sich das Besondere, von dem Jesus spricht, in Ihrem Leben aus?

....

....

....

Vollkommenheit

„Ihr aber sollt vollkommen sein, wie euer Vater, der im Himmel ist, vollkommen ist.“ (V. 48)

Vers 48 ist der *Berggipfel der Bergpredigt*. Die Aussage sprengt alles Bisherige. Wir balancieren auf der Gipfelspitze und können leicht abstürzen. Wer ängstlich ist oder gar Angst hat abzustürzen, der versucht erst gar nicht, auf diesen Gipfel hinaufzusteigen. Er bleibt im Tal und genießt die Bequemlichkeit. *Was meint Jesus mit „vollkommen“ (teleios)?*

In den Kommentaren und Auslegungen zur Bergpredigt wird dieser Vers sehr stiefmütterlich behandelt oder gar ganz übergangen.[19] Es ist sicherlich auch der einfachste Weg, mit solch einem anspruchsvollen Wort fertigzuwerden.

Die meisten Ausleger beziehen das Vollkommensein auf die Liebe (agape) Gottes allgemein oder auf die Feindesliebe. Calvin will Vollkommenheit im Sinne von Ähnlichkeit verstehen. Einig ist man sich lediglich darin, was vollkommen (*teleios*) nicht ist. Es geht nicht um Fehlerfreiheit, moralische Vollkommenheit oder Sündlosigkeit. Aber worum geht es dann?

Gerhard Maier meint, dass die Vollkommenheit Gottes der *Maßstab* ist, an dem sich der Christ messen soll, gleichzeitig sagt er, dass dieses Gebot unerfüllbar sei.[20] Dieses Verständnis findet man nach

Claus Schedl auch bei den Schriftgelehrten. Ausleger wie Ulrich Luck sprechen darum von der *„Vollkommenheitsforderung"*. Wenn wir dieser Auslegung folgen, dann folgen wir der alten Auseinandersetzung durch alle Jahrhunderte, dass der Mensch eine Leistung bringen muss, die dem Maßstab Gottes entspricht. In der Regel geht es dann vor allem um ethisch-moralische Werte. Tholuck spricht von sittlicher Vollkommenheit. Solche Aussagen lösen Druck aus. Entspricht mein Leben dem Maßstab Gottes? Wird es mir nicht so gehen wie Belsazar: gewogen, gewogen und zu leicht erfunden? (Dan 5,25 ff.)

Will Jesus mit diesem kleinen Wörtchen *„wie"* sagen: Vergleicht euch mit Gott? Ist nicht in diesem Sein wie Gott die Ursünde begründet? (1Mo 3,5) Liegt hier nicht die Hybris des Menschen bis heute?

Wir können diese Aussage Jesu nur dann richtig verstehen, wenn wir das Vollkommensein (*teleios*) von Vers 47 her verstehen. Jesus fragt: Was tut ihr Besonderes (*perisson* = außergewöhnlich), wenn ihr die liebt, die auch euch lieben. Es geht um ein verwandeltes Leben, um die gelebte Gerechtigkeit, die Jesus gebracht hat. Wenn in Jesus dieses außergewöhnliche Leben auf dieser Erde menschliche Gestalt angenommen hat, dann ist es auch durch die von Jesus geschenkte bessere Gerechtigkeit lebbar geworden (siehe dazu: Einführung in die Bergpredigt: Die Bergpredigt und die Tora und die Auslegung zu Mt 5,17 und 20).

Das Wort „vollkommen" kommt im Alten Testament nur wenige Male vor. Das Wesen Gottes ist vollkommen. Sein Handeln ist darum vollkommenes Handeln (2Sam 22,31; 5Mo 32,4). Suchen wir ein entsprechendes Wort für Vollkommenheit im Alten Testament, dann werden wir die Heiligkeit (*kodes*) in Ergänzung zur Herrlichkeit (*kabod*) nennen müssen. Die Heiligkeit Gottes ist wie die Vollkommenheit ein Sein. Es geht also um unser Sein als Christen. Petrus schreibt: *„Genauso wie Gott, der euch zu sich gerufen hat, ganz heilig ist, so sollt auch ihr in eurer gesamten Lebensführung heilig sein"* (1Petr 1,15; DBU). Petrus betont genau das, was Jesus meint, wenn er sagt, dass unser Heilig-sein (-werden) in der gesamten Lebensführung deutlich werden soll. Also in allen Lebensbereichen (vgl. Hebr 13,18). Nichts wird ausgeklammert. Petrus spricht wie Jesus den ganz normalen Alltag genauso wie auch jede außergewöhnliche und noch so schwierige Situation des Lebens an.

Der Begriff „vollkommen" (*teleios*) wird im Neuen Testament in dreifacher Weise gebraucht, wobei alle drei Bedeutungen ineinandergreifen und es nur schwer möglich ist zu entscheiden, welche die treffendste ist. *Teleios* kann bedeuten:

1. *Gottes vollkommenes Wesen, alles, was Gottes Willen entspricht* (Mt 5,48; Röm 12,2; Kol 4,12) Wenn „vollkommen" Gottes Wesen entspricht, dann gilt es, Gottes Wesen zu begreifen, um zu verstehen, was damit gemeint sein könnte. Da Gott eine Dreieinigkeit ist (Vater, Sohn und Heiliger Geist), kann es sich nicht um eine individualistische Vollkommenheit handeln, sondern um ein Leben in Gemeinschaft, wie es die Gemeinde als Leib Christi verkörpert. Klaus Wengst meint: *„Der ganzen Gemeinde ist Gotteskindschaft zugesprochen; so ist auch die ganze Gemeinde von ihr in Anspruch genommen, sich als Kinder Gottes zu erweisen."*
2. *Ganz, ungeteilt, vollständig, Ziel* (Mt 5,48; 19,2; Eph 3,19; Kol 3,14; 1Tim 1,5; 1Petr 1,9; Jak 1,4.25; 3,2; Hebr 6,11; 1Joh 1,4; 4,12.18 u. a.) So wie Gottes Handeln nicht geteilt, halb, unvollständig, mit gebrochenem Willen sein kann, so soll auch Leben und Handeln des Jüngers dem Wesen Gottes entsprechen. Jüngersein bedeutet, in der Ganzhingabe zu leben. (Röm 12,2) Jesu Opfertod und seine Auferstehung bewirken eine vollständige und ganze Erlösung. Der Heilige Geist erfüllt das ganze Leben des Glaubenden. (Apg 13,52) Mit Ganzheit ist das gesamte Leben gemeint. Es gibt keine Faser im Leben eines Jüngers, die nicht von der Neugeburt durchdrungen und vom Heiligen Geist geheiligt ist. Mit dieser Aussage geht 5. Mose 18,13 in Erfüllung. Dort heißt es: *„Der Herr ist euer Gott; ihm sollt ihr ganz und ungeteilt gehören."* (GNB) Das hebräische Wort *tamim* hat die Bedeutung von vollständig, ganz. In der Septuaginta wird *tamim* mit *teleios* wiedergegeben. Dieses Verständnis scheint mir am Naheliegendsten zu sein. Die Schriftgelehrten

versuchten, mit detaillierten Gesetzesregeln das ganze Gesetz zu halten. Jesus löst dieses Verständnis auf und bindet es an Gott selbst.

3. *Reif, erwachsen* (1Kor 2,6; 14,20; Phil 3,15; Eph 4,13; Kol 1,28; Hebr 5,14 u. a.) Es handelt sich um einen dynamischen Prozess. Das neue Leben aus Gott (Jh 3,3) hat einen anderen Drehpunkt. Dreht sich der unerlöste Mensch um sich selbst, so dreht sich das Leben des Jüngers Jesu um das Reich Gottes. Das Leben des Jüngers befindet sich in einem geistlichen Reifungsprozess, so wie es Jesus in der Bergpredigt beschreibt. Das Handeln des Jüngers entspricht dann dem Handeln Gottes (Lk 10,16; Mt 25,35 f. u. 40). Dieses Reifen und Wachsen ist ein immerwährender Prozess. Darin gibt es keinen Abschluss im Sinne von: Nun habe ich es erreicht, nun bin ich erwachsen. Paulus beschreibt diesen Prozess in Kolosser 1,28–29 als eine mühevolle (*korpos* = mühevoll, beschwerliche Arbeit) Arbeit, die wie ein Wettkampf verläuft. Dieses Mühen geschieht aber nicht aus eigener Kraft, sondern aus der Kraft des Heiligen Geistes, die in uns wirksam ist. Es geht um den Einsatz des ganzen Lebens (Röm 12,1) für die Sache Christi. Reifen und wachsen zeigt sich an der Frucht des Geistes und in einem Leben, wie es Jesus in der Bergpredigt beschreibt.

Wir erahnen die Komplexität der Bedeutung des Wortes „vollkommen". Gottes Wesen soll sich im Leben des Glaubenden widerspiegeln und zum Ausdruck kommen. Verstehen wir diese Aussage vom Wesen Gottes her, dann müssen wir Gott als den Dreieinigen begreifen, als Vater, Sohn und Heiligen Geist. Diese drei Personen leben in einer Willens- und Liebesgemeinschaft und in gegenseitiger Ergänzung. Der Vater ist der Schöpfer, der Sohn der Erlöser und der Heilige Geist die Kraftquelle der Erneuerung. Gottes Wesen ist auf Beziehung angelegt. Die Aussage Jesu können wir nur verstehen, wenn wir die Dreieinigkeit Gottes verstehen. Jesus hat im hohepriesterlichen Gebet (Jh 17) für diese Einheit der Glaubenden gebetet. Unser individualistisches Verständnis widerspricht dem, was Jesus im hohepriesterlichen

Gebet sagt und was er hier zum Ausdruck bringt. Es ist der Wandel im Himmel, von dem Paulus spricht (Phil 3,20). Dieser Wandel im Himmel aber findet auf dieser Erde statt und findet seinen Ausdruck im Leib-Glied-Denken der Gemeinde und im Vollzug der Gemeinschaft der Glaubenden.

Johannes drückt diese Tatsache so aus (1Joh 4,12): Gott ist unsichtbar und er wird sichtbar durch seine Liebe (Agape), die durch die Gemeinschaft seiner Kinder zur Vollendung kommt. *Teleios* steht hier im Perfekt Partizip Passiv (*teteleiomenä*) und bringt damit zum Ausdruck, dass die Agape im Miteinander der Glaubenden zur vollen Entfaltung und an ihr Ziel kommt und über die Gemeinschaft ihr Ziel erreicht. (Vgl. Jh 13,35)

Die Voraussetzung, um dieses Wort Jesu und die ganze Bergpredigt zu verstehen, ist Jesu Aussage: *„Meint nicht, ich sei gekommen, das Gesetz oder die Propheten aufzulösen. Nicht um aufzulösen, bin ich gekommen, sondern um zu erfüllen* (pläroo)*."* (Mt 5,17; ZB)

Jesus hat das Gesetz erfüllt, darum kann auch Paulus sagen: *„Denn mit Christus ist die Absicht des Gesetzes vollkommen* (telos) *erfüllt. Wer an ihn glaubt, wird vor Gott gerecht gesprochen."* (Röm 10,4; NGÜ)

Da Gott selbst durch den Glauben im Leben des Glaubenden Wohnung genommen hat (Röm 8,10–11; 1Kor 3,16; 2Tim 1,14), ist die Vollkommenheit Gottes in uns. Nur darum kann Paulus sagen: *„Ich lebe, doch nun nicht ich, sondern Christus lebt in mir. Denn was ich jetzt lebe im Fleisch, das lebe ich im Glauben an den Sohn Gottes, der mich geliebt hat und sich selbst für mich dahingegeben."* (Gal 2,20)

Mit der Einwohnung Christi im Leben des Glaubenden hat sich erfüllt, was Gottes Wille von Anbeginn war, nämlich unter den Menschen zu wohnen. (2Mo 25,8) Im Alten Testament war die Gegenwart Gottes an die Stiftshütte gebunden. (2Mo 33,7; 40,34–38; 4Mo 7,89; 14,10 u. a.) Mit der Erlösung durch Christus ist der Mensch selbst zum Tempel Gottes geworden, in dem er Wohnung genommen hat. (1Kor 3,16; Röm 8,9–11) Das hat Folgen für die Unterweisung der Gemeinde. *„Die vollkommene* (teleios) *Unterweisung aber ist Liebe aus reinem Herzen und aus gutem Gewissen und aus ungeheucheltem Glauben."*

(1Tim 1,5) Die Unterweisung bezieht sich auf ein Leben, das sich aus der Liebe *(agape)* Gottes heraus entfaltet und seinen Ausdruck in der Lebensgestaltung im Leben des Einzelnen, der Ehe, der Familie und der Gemeinde findet. Diese Liebe ist auch der Motor für alle Aktivitäten. *„Denn die Liebe (*agape*) des Christus hält uns zusammen und ist die treibende Kraft, die uns in unserem Handeln bestimmt"*. (2Kor 5,14)

Damit wird verständlich, was Jesus mit *„Seid vollkommen wie der Vater im Himmel vollkommen ist"* meint. Wir verstehen uns als Glaubende von Christus und seinem vollbrachten Erlösungswerk her, verbunden mit der Haltung, dass wir mit anderen Glaubenden in einer Gemeinschaft leben. Dieses Miteinander ist aber auf Ergänzung, Korrektur und Förderung angelegt. Auf diese Weise wird das Reich Gottes auf dieser Erde erkennbar. (Jh 13,35)

Fragen zum Gespräch und zur Reflexion

Wie gehen Sie mit dieser Aussage Jesu um?

.....

.....

.....

Ist sie Ihnen eine Freude oder empfinden Sie sie als Druck?

.....

.....

.....

Was bedeutet diese Aussage Jesu für Ihr Miteinander in der Gemeinde?

....

....

....

Worin besteht die Unterweisung, die Paulus vollkommen nennt (1Tim 1,5), in Ihrer Gemeinde?

....

....

....

Fazit

In den Antithesen hat Jesus Alltagssituationen aufgegriffen, um daran zu zeigen wie sich das neue Leben, das er gebracht hat, auswirkt. Nicht perfektes sittliches Verhalten, nicht Buchstabenglaube, nicht äußerliches Halten des Gesetzes (Wort Gottes) will Gott, sondern ein neues Sein, das durch das neue Leben in Christus und durch die Kraft des Heiligen Geistes im Alltag Gestalt gewinnt. Nicht das Einhalten von einzelnen Vorschriften, die wir versuchen, mühsam zu erfüllen, sondern das Evangelium vom Reich Gottes, wie Jesus es gebracht hat, will im gesellschaftlichen Leben Gestalt gewinnen. Nicht Verhaltensregeln kennzeichnen das Jüngerleben, sondern das neue *Sein*.

Ein Leben im Reich Gottes verläuft anders als das Leben außerhalb dieses Reiches. Jesus will, dass mitten im Reich dieser Welt die Herrlichkeit des Reiches Gottes durch seine Gemeinde und das Leben seiner Kinder aufleuchtet.[21] Wer Sohn des Vaters im Himmel ist, kann nicht anders, als so zu leben, wie es uns vom Vater im Himmel durch seinen Sohn gegeben wird.

Das Leben des Jüngers entfaltet sich aus dem Leben Gottes selbst (2Kor 5,17) und zwar in allen Bereichen des Zusammenlebens: in Ehe und Familie, in der Nachbarschaft und in der Freizeit, am Arbeitsplatz, in der Gestaltung der Gemeinde und in den gesellschaftlichen Aufgaben. Das neue Leben in Christus befreit zu einem Leben durch Christus. So verstanden sind diese Aussagen Jesu eine Befreiung und darum ein Grund zur Freude.

Matthäus 6,1–18: Die neue Frömmigkeit

Wir haben diesen Abschnitt der Bergpredigt mit „Die neue Frömmigkeit" überschrieben. Der Begriff Frömmigkeit ist uns fremd geworden oder wir verbinden damit irgendwelche negativen Erfahrungen oder Erlebnisse, die wir mit sogenannten frommen Menschen gemacht haben. Wenn ich trotzdem an dem Wort Frömmigkeit festhalte, dann darum, weil meiner Ansicht nach dadurch besser zum Ausdruck kommt, was Jesus hier sagt, als durch die Bezeichnung *„Spiritualität"*.[22]

Der Begriff Spiritualität hat eine sehr weite Spannbreite und umfasst wesentlich mehr als das, was Jesus hier anspricht. Alle Religionen verwenden den Begriff der Spiritualität. Der Übergang zur Esoterik ist fließend. Es gibt auch eine säkulare Spiritualität wie zum Beispiel menschliche Sehnsucht, Selbsterhaltungswünsche, Achtsamkeit, einfaches Leben, Tanzen, Verbundenheit mit der Natur und vieles andere – alles Nichtmaterielle zählt dazu.

Was Jesus hier zur Frömmigkeit sagt, ist keine systematische Lehre. Jesus spricht drei Frömmigkeitsleistungen der jüdischen Tradition an: die Wohltätigkeit, das Gebet und das Fasten. Es geht also nicht um neue unbekannte Frömmigkeitsformen, sondern um die Frage, wie das, was bekannt ist, gelebt werden soll.

Einleitung (V. 1)

„Achtet darauf, dass ihr eure Frömmigkeit (wörtlich: Gerechtigkeit) nicht übt vor den Leuten, um von ihnen gesehen zu werden, sonst habt ihr keinen Lohn bei eurem Vater in den Himmeln." (V. 1)

Vers 1 ist gewissermaßen die Überschrift für das sechste Kapitel. Es geht um die gelebte Gerechtigkeit, von der wir schon sprachen. Das Wort Gerechtigkeit (*dikaionyne*) ist hier mit Frömmigkeit zu übersetzen. (Vgl. Lk 20,20) Gerechtigkeit bezieht sich auf die drei Frömmigkeitsübungen Wohltätigkeit, Gebet und Fasten. Einige neue Bibelübersetzungen haben darum zu Recht *„Gerechtigkeit"* mit *„Frömmigkeit"* übersetzt. Es geht darum, wie die *„bessere (gelebte) Gerechtigkeit"* (siehe dazu Auslegung zu 5,20) in der Frömmigkeit zum Ausdruck kommt.

Jesus sagt also: „Stellt eure Frömmigkeit nicht zur Schau". Das griechische Wort *theaomai* (beachten, beschauen, betrachten) steht im Passiv, was so viel heißt wie: Lasst euch nicht in eurer Frömmigkeit beschauen, macht kein Schauspiel daraus. Der Schauspieler will bewundert werden. Jesus hingegen sagt: Wenn ihr für eure Frömmigkeit bewundert werdet, dann habt ihr keinen Gewinn beim Vater im Himmel davon. Diese Frömmigkeit ist nutzlos.

Im damaligen Judentum war das Frömmigkeitsleben genauestens geregelt. Mit seinem *„achtet darauf"* macht Jesus uns darauf aufmerksam, dass wir uns fragen sollen: Wie leben *wir* unsere Frömmigkeit? War sie im Judentum geregelt, so besteht heute die Gefahr, dass wir keine haben oder sie so leben, wie es uns passt, oder sie dem Zufall überlassen.

Heute würde Jesus wahrscheinlich sagen: Habt ihr überhaupt ein Frömmigkeitsleben? Wie sieht es aus? Woran merkt eure Umwelt, dass ihr fromme Menschen seid? Ihr braucht euch eurer Frömmigkeit nicht zu schämen.

Frage zum Gespräch und zur Reflexion

Warum haben wir Schwierigkeiten, unsere Frömmigkeit offen zu leben?

....

....

....

Wohltätigkeit üben (V. 2–4)

„Wenn du nun Almosen gibst, so posaune es nicht aus, wie die Heuchler es machen in den Synagogen und auf den Straßen, um von den Leuten gepriesen zu werden. Amen, ich sage euch: Sie haben ihren Lohn schon bezogen. Wenn du aber Almosen gibst, lass deine Linke nicht wissen, was die Rechte tut, damit dein Almosen im Verborgenen bleibt. Und dein Vater, der ins Verborgene sieht, wird es dir vergelten." (ZB)

Das Wort, das die Zürcher Bibel mit Almosen übersetzt hat, heißt *eleämosynä* und meint eine Wohltat jeder Art. Das Wort ist abgeleitet von *eleos* = Barmherzigkeit üben, Gutes tun. Alle Barmherzigkeit aber ist abgeleitet von der Barmherzigkeit Gottes.

Wer Gutes tut, der soll es nicht ausposaunen lassen. Es soll im Verborgenen geschehen, also so, dass es keiner merkt. Jesus geht mit der Aussage *„Lass deine Linke nicht wissen, was die Rechte tut"* wieder sehr weit. Es spricht damit die Einfalt des Gebens an: Gib ohne Berechnung. Gib so, dass du es noch nicht einmal selbst weißt, dass du Gutes getan hast. Gib ohne Berechnung: Was habe ich davon? Was bleibt dann noch für mich? Habe ich dann noch genug? Wer weiß, ob mit meiner Gabe auch verantwortlich umgegangen wird? Mit *„verborgen"* spricht Jesus die innere Haltung des Gebers an. Geben, Spenden und Gutes Tun geschieht so selbstverständlich, dass der Betreffende gar nicht mitbekommt, das er Gutes getan hat. Dieses Verständnis bestätigt Jesus in seiner Rede vom Weltgericht (Mt 25,37–40).

Jesus verweist auf den Vater im Himmel. Wie viel *Vertrauen* haben wir zu ihm? Können wir ihm vertrauen, dass er auch unsere unbekannten und nicht bedankten Taten an Menschen in der Gemeinde oder wo auch immer sieht? Reicht uns das oder müssen wir nachhelfen? Jesus sagt: Wenn du für deine guten Taten und Spenden öffentlich Anerkennung bekommst, dann brauchst du keine Anerkennung mehr von Gott.

Das kleine Wörtchen *apecho* (bezogen, dahin, quittiert, empfangen), kommt aus der Geschäftssprache und hat die Bedeutung, dass die Ware oder geleistete Arbeit bereits bezahlt ist und mit einer Quittung belegt wurde.

Zum ersten Mal spricht Jesus hier in der Bergpredigt von Heuchlern. Er wird es noch dreimal tun (6,5; 6,16; 7,5). In Matthäus 23 sogar sechsmal, verbunden mit einem „Wehe euch"-Ruf. Es fällt auf, dass Jesus nur die Frommen und Theologen der damaligen Zeit als Heuchler bezeichnet. Das sollte uns nachdenklich machen und fragen lassen, wo es uns und unser Christenleben betreffen könnte.

? Fragen zum Gespräch und zur Reflexion

Was sagt der Begriff „Heuchler" aus?

....

....

....

Welche Menschen bezeichnet Jesus als Heuchler?

....

....

....

Wo könnte Heuchelei auf Ihr Leben zutreffen?

....

....

....

Welche Folgerungen gilt es, aus dieser Aussage Jesu für Ihr Verhalten zu ziehen, was Wohltätigkeit (Spenden) jeder Art angeht?

....

....

....

Das einsame oder verborgene Gebet (V. 5–6)

Jesus kritisiert die damalige Gebetspraxis (V. 5)

„Und wenn ihr betet, sollt ihr es nicht machen wie die Heuchler: Die stehen gern in den Synagogen und an den Straßenecken und beten, um sich den Leuten zu zeigen. Amen, ich sage euch: Sie haben ihren Lohn schon bezogen.“ (ZB)

Zunächst sagt Jesus, wie das Gebet nicht sein soll. Er greift dabei eine geläufige Gebetspraxis der damaligen Zeit auf. Das damalige Judentum hatte drei Tageszeitengebete. Dies waren gebundene Gebet: um 9 Uhr, 12 Uhr und 15 Uhr. Tagsüber war man unterwegs und je nachdem, wo man war, betete man. Die Heuchler, so sagt Jesus, richteten es so ein, dass sie zu diesen Gebetszeiten an Orten waren, wo viele Menschen sie sehen konnten, also in der Synagoge und an den Straßenecken einer Hauptstraße. Es war eine Art Schaubeten, damit jeder sehen konnte, wie fromm man war. Jesus nennt diese Leute Heuchler oder Schauspieler. Sie spielen etwas vor, was sie in ihrem Herzen nicht sind.

Jesus sagt damit nichts gegen Tageszeitengebete. Heute haben diese Tageszeitgebete nur noch Kommunitäten, Lebensgemeinschaften, Klöster und hier und da auch Einzelpersonen. Solche Tageszeitengebete sind eine Hilfe für das regelmäßige Gebet und somit sehr empfehlenswert.

Jesus sagt auch nichts gegen gebundene Gebete. Jesus hat uns selbst mit dem Vaterunser ein gebundenes Gebet gelehrt.

Argumente gegen Tageszeitengebete und gebundene Gebete werden immer von den Leuten vorgebracht, die sich gegen jede Verbindlichkeit wehren und ihre eigene Art zum Maßstab erheben.

Was würde Jesus heute zu uns sagen? Wahrscheinlich würde er heute fragen: Warum schämst du dich deiner Frömmigkeit oder hast du keine? Warum hast du nicht den Mut, in einem Restaurant vor dem Essen zu beten?

Fragen zum Gespräch und zur Reflexion

Warum fällt es uns so schwer, geregelte Tageszeitengebete zu beten?

Was ist der Unterschied zwischen einem gebundenen und freiem Gebet?

Wie wir beten sollen (V. 6)

„Wenn du aber betest, geh in deine Kammer, schließ die Tür und bete zu deinem Vater, der im Verborgenen ist. Und dein Vater, der ins Verborgene sieht, wird es dir vergelten.“ (ZB)

Es geht um unser *persönliches Gebetsleben.* Es soll im Verborgenen stattfinden. Die Kammer ist die Vorratskammer im damaligen Haus. Dazu hatte niemand Zutritt und man konnte sie abschließen. Auch von Jesus lesen wir, dass er sich zurückzog, um allein zu beten. (Mt 14,23; Mk 6,46; Lk 6,12; 9,18) Warum sagt Jesus das?

Es geht um die *Herzenshaltung* des Beters. Der Beter tritt in die Gegenwart Gottes und schüttet sein Herz vor ihm aus, ob es Bitte, Fürbitte oder Dank ist, spielt keine Rolle. Die innerste Beziehung zu Gott bedarf keiner Zuschauer. Wenn jemand vor Gott sein Herz ausschüttet, dann kann das sehr unterschiedliche Formen und Inhalte haben. Er kann knien oder stehen, hin- und hergehen oder verzweifelte Bewegungen machen, aber er kann auch jubeln und seine Freude zum Ausdruck bringen. Da Gott das Herz eines jeden Menschen kennt, brauchen wir auch nichts vor ihm zu verbergen oder zu tun als ob. Im Verborgen dürfen wir Gott alle unsere Sehnsüchte und Wünsche, unsere Verzagtheit und Verzweiflung und alles, was uns bewegt sagen oder klagen, mit den Worten, die uns entsprechen. Im verborgenen Kämmerlein darf jeder so sein, wie er ist, offen und ehrlich.

Fragen zum Gespräch und zur Reflexion

Wo ist Ihr Gebetskämmerlein?

Wie praktizieren Sie das verborgene Gebet?

....

....

....

Das gemeinsame Gebet (V. 7–15)

1. Wodurch unterscheidet sich das Gebet der Christen von dem der Heiden? (V. 7–8a)

„Wenn ihr aber betet, sollt ihr nicht plappern wie die Heiden; sie meinen nämlich, sie werden ihrer vielen Worte wegen erhört. Tut es ihnen nicht gleich!“ (ZB)

Jesus ist, wie immer, sehr deutlich. „Plappert nicht“, „quasselt nicht“. Es ist schon eine starke Aussage, wenn Jesus vom Gebet als Plappern und Quasseln spricht. Man kann es auch mit „gedankenlos reden“ übersetzen.

Jesus spricht hier das gemeinsame Gebet an, also die Gebetsversammlung. Das gemeinsame Gebet bezieht sich nicht auf eine bestimmte Form; es kann in sehr unterschiedlicher Weise praktiziert werden. Vom Gebet zu zweit bis hin zur Gebetsversammlung der gesamten Gemeinde. Größere Gebetsversammlungen gibt es kaum noch in den Gemeinden. Gebetsversammlungen, gleich welcher Art, gehören nicht zu den beliebtesten Zusammenkünften. Der Grund liegt mit daran, dass nicht zwischen dem persönlichen und gemeinsamen Gebet unterschieden wird. Im persönlichen Gebet kann jeder so beten, wie es ihm ums Herz ist, im gemeinsamen Gebet sollte es eine Gebetsordnung geben, an die sich alle halten. Es sollten nicht lange Gebete gesprochen werden (dagegen hat sich Jesus deutlich ausgesprochen; Lk 20,47), auch keine wortreichen und schon gar nicht sollten viele Anliegen auf einmal in einem Gebet gesprochen werden, denn dann wissen die Mitbeter nicht mehr, wofür sie beten sollen, und es kommt zu Wiederholungen (plappern). Wenn lange Gebete gesprochen werden, dann schweifen die Mitbeter in ihren Gedanken ab. Eine Gebetsversammlung braucht darum eine helfende Unterweisung, wie man gemeinsam beten soll.

2. Warum sollen wir nicht viele Worte machen? (V. 8b)
„Euer Vater weiß, was ihr braucht, noch ehe ihr ihn bittet." (ZB)

Viele Beter glauben, sie müssten Jesus erklären, worum es geht und warum Hilfe notwendig ist. Wir beten so, als hätte Gott keine Ahnung. Wir denken, je ausführlicher wir beten, desto besser versteht uns Jesus und desto eher wird er uns erhören, aber das ist ein Irrtum.

Jesus sagt: Ihr verhaltet euch wie die Heiden. *„Hört auf mit dem Geplärr eurer Lieder! Euer Harfengeklimper ist nicht zu ertragen"*, spricht der Prophet Amos im Namen Gottes zum Volk Israel. (Amos 5,23; ZB)

Dort wo Menschen miteinander beten, sollte man auch eine gewisse Gebetsordnung haben. Dann ist eine Gebetsversammlung auch kurzweilig und jeder Beter kann alle Gebete mitsprechen. Zum Beispiel:

- Gebetsanliegen sollten gesammelt und genannt werden.
- Jeder Teilnehmer betet nur für ein Anliegen.
- Jeder betet kurz.

Frage zum Gespräch und zur Reflexion

Sind wir in der Lage, auf diese Kritik Jesu an unseren Gebetsversammlungen zu hören und uns danach auszurichten oder was hindert uns daran?

....

....

....

3. *Wie sollen wir richtig beten? (V. 9–13)*

„So sollt ihr beten: Unser Vater im Himmel. Dein Name werde geheiligt. Dein Reich komme. Dein Wille geschehe, wie im Himmel, so auf Erden. Das Brot, das wir nötig haben, gib uns heute! Und vergib uns unsere Schuld, wie auch wir vergeben haben jenen, die an uns schuldig geworden sind. Und führe uns nicht in Versuchung, sondern erlöse uns von dem Bösen.“ (ZB)

Das Vaterunser steht genau in der Mitte der Bergpredigt. Jesus zeigt darin, wie wir beten sollen, ohne viele Worte zu machen, und um welche Inhalte es dabei gehen soll. Das Vaterunser ist ein *Lehrgebet*. Nach Lukas 11,1 bitten die Jünger Jesus, sie beten zu lehren.

Das Judentum kannte zur damaligen Zeit verschiedene Gebete, die mit *„Unser Vater ...“* begannen. Die Jünger möchten nun von ihrem Rabbi wissen, welches Gebet oder wie sie beten sollen. Jesus lehrt sie ein „neues“ Vaterunser. Der Plural macht deutlich, dass es sich um ein gemeinsames Gebet handelt. Das gemeinsame Gebet verbindet und hält die Jünger (die Gemeinde) zusammen.

Das Vaterunser ist ein *„Wir-Gebet“* und seine Bitten sind *„Wir-Bitten“* bemerkt Franz Kamphaus. Dieses Wir gilt es, besonders zu beachten, weil wir in der Gefahr stehen, zu Ich-Betern zu werden. Das Wir zeigt uns, dass wir als Glaubende zu einer weltweiten Gemeinschaft gehören. Das Vaterunser holt uns aus unseren Ich-Bitten heraus und öffnet uns die Augen für die weltweite Gemeinde.

Das Vaterunser hat vier Teile:
1. die Anrede (V. 9a),
2. das Reich Gottes (V. 9b–10),
3. die menschlichen Bedürfnisse (V. 11–13a),
4. den Lobpreis bzw. die Anbetung (V. 13b).

1. Die Anrede (V. 9a)

Die Anrede „Vater" war im Judentum durchaus üblich. Sie weist auf ein inniges Verhältnis zwischen Beter und Gott hin. Mit der Anrede Vater wird die Beziehung zwischen Sohn (Kind) und Vater angesprochen. Jesus hatte eine sehr enge Beziehung zum Vater, die von einem tiefen Vertrauensverhältnis bestimmt war. Besonders im Matthäusevangelium kommt das deutlich zum Ausdruck. Im Garten Gethsemane betet Jesus: *„Mein Vater, ist es möglich, so gehe dieser Kelch an mir vorüber, doch nicht wie ich will, sondern wie du willst!"* (Mt 26,39; LUT) Seine letzten Worte am Kreuz lauten: *„Vater, ich befehle meinen Geist in deine Hände."* (Lk 23,46; LUT)

Die Vater-Sohn-Beziehungen gehören zu den innigsten Beziehungen. Wenn Jesus das Gebet mit der Vateranrede beginnt, dann wird damit deutlich, dass der Beter in einem innigen Verhältnis zu Gott steht, das vom Vertrauen bestimmt ist. Gott ist nicht der ferne, strenge, abwesende, unnahbare, sondern der liebende Vater.

Die hebräisch-aramäische Form von „Vater" lautet *Abba* und bringt in besonderer Weise die Nähe Gottes als Vater zu seinem Kind zum Ausdruck. So ruft Jesus in Garten Gethsemane: *„Abba, Vater."* (Mk 14,36) Abba entspricht in etwa dem deutschen Papa. Es ist keine Verniedlichung von Vater, sondern drückt das liebende Verhältnis des Kindes zum Vater aus. Paulus hat das hebräisch-aramäische Abba sogar übernommen und nicht ins Griechische übersetzt. (Vgl. Röm 8,15; Gal 4,6) Mit dieser Anrede wird deutlich, in welchem Verhältnis der Glaubende zu Gott steht und mit welcher Hingabe und Liebe Gott angeredet wird. Es ist geradezu ein Jubelruf des Kindes, das zu seinem Vater in die Arme läuft.

Frage zum Gespräch und zur Reflexion

In welchem Verhältnis leben Sie als Kind Gottes zum Vater im Himmel?

....

....

....

2. Das Reich Gottes (V. 9b–10)
„Dein Name werde geheiligt. Dein Reich komme. Dein Wille geschehe, wie im Himmel, so auf Erden."

Die ersten drei Bitten sind Reich-Gottes-Bitten. Der Beter tritt mit seinem persönlichen Anliegen zurück.

1) Dein Name werde geheiligt
Gottes Name, nicht der Name des Beters, steht im Mittelpunkt. Indem die Gemeinde so betet, betet sie für das Aufleuchten der Vaterherrlichkeit im eigensüchtigen Streben nach Ehre. Der Name Gottes wird geheiligt, wenn seine Kinder nach seinem Willen (dritte Bitte) leben. Der Wille Gottes im Leben seiner Kinder zeigt sich darin, dass sie ein Gott wohlgefälliges Leben führen. Gott wird nicht durch Worte geehrt, sondern durch das Leben, wie es Jesus in der Bergpredigt schildert. Mit dieser Bitte tritt die Gemeinde ins Allerheiligste. Wer dem Vater in dieser Haltung begegnet, der *„reinigt sich"* (2Tim 2,19) und *„heiligt sich"* (Hebr 12,14) zuvor. Wer vor dem Vater im Himmel steht, der steht in staunender und jubelnder Anbetung vor ihm, bevor er sein Anliegen vorbringt.

Frage zum Gespräch und zur Reflexion

Wie geht es Ihnen mit dieser Bitte?

2) Dein Reich komme

Das Judentum zur Zeit Jesu wartete auf das Himmelreich, das mit dem Kommen des Messias anbrechen sollte. Sie stellten sich dieses Reich als gesellschaftspolitisches irdisches Reich auf dieser Erde vor. Wenn wir beten, dass das Reich Gottes kommen soll, dann stellt sich die Frage: Wie soll diese Bitte verstanden werden?

Diese Bitte wird von vielen Auslegern als endzeitliche (eschatologische) Bitte verstanden und entsprechend ausgelegt. *„Es ist noch ein gutes Stück Weg bis zur Erfüllung der dritten Bitte"*, schreibt Gerhard Maier in seinem Kommentar. So wie der Wille Gottes bereits im Himmel geschieht, so soll er auch in Zukunft auf der Erde geschehen. Wenn wir diese Bitte so verstehen, dann verlieren die Aussagen zum Reich Gottes, die Jesus macht, ihre Bedeutung oder sie werden in das Innere des Menschen verlegt (individualistisches Verständnis).

Die Bergpredigt und auch das Vaterunser sind auf die Gegenwart bezogen und nicht auf die Zukunft. Jesus spricht ausdrücklich vom Tun dessen, was er sagt (7,24), darum kann sich auch diese Bitte nicht ausschließlich auf die Zukunft beziehen. Wer diese Bitte auf die Zukunft deutet, neigt auch dazu, die anderen Aussagen Jesu in der Bergpredigt auf eine zukünftige Zeit hin zu verstehen, zum Beispiel auf das Tausendjährige Reich oder das Reich Gottes und bekommt eine andere Deutung. Reich Gottes wird auch als Synonym für *„ewiges Leben"* verwendet oder steht allgemein für *„Herrschaft Gottes"* und seine *„Gabe des Heils"*.[23] Calvin bezieht das Reich Gottes auf die

Predigt und über die Predigt auf die Unterwerfung aller Menschen unter die Ordnung Gottes. Er versteht darunter, dass das Reich Gottes auch mit gesetzlichen (politischen) Mitteln durchgesetzt werden muss.

Das Reich Gottes ist mit Jesus mitten unter uns angebrochen. Wenn Jesus sagt, *„das Himmelreich ist nahe herbeigekommen"* (Mt 4,17), dann sagt er nicht, dass es irgendwann in Zukunft kommen wird, sondern, dass es mit ihm da ist. Das griechische Wort für nahe (*engys*) kann man sowohl mit *„nahe sein"* als auch mit *„da sein"* übersetzen. In Lukas 17,21 sagt es Jesus noch deutlicher: *„Die Königsherrschaft Gottes ist unter euch (in eurer Mitte)."* Das Wort *entos*[24] (Mitte) hat hier die Bedeutung von Wirkungsbereich, Verfügungsbereich, Einflussbereich.[25] Wir müssten darum besser übersetzen: *„Siehe, das Reich Gottes ist in eurem Wirkungsbereich."* Es geht laut Gerhard Schneider nicht um eine *„passive Erwartung"*, sondern um ein *„aktives persönliches Engagement"*. Gott will seine Königsherrschaft im Wirkungsbereich dieser Welt durch das Leben seiner Kinder und seiner Gemeinde aufrichten.[26] Als Jesus seine Jünger aussandte, beauftragte er sie genau mit dieser Verkündigung. (Mt 10,7 ff.) *„Es ist die Bitte um die wahre Nachfolge, die Gemeinschaft wird, und uns zu einem Leib mit ihm macht"* erläutert Joseph Ratzinger. Für das Reich Gottes zu beten, bedeutet darum, für alles zu beten, was zu diesem Reich gehört: die Verkündigung des Evangeliums, dass Menschen zum Glauben kommen, die Neugestaltung des menschlichen Miteinanders, um Krankenheilung, für Dämonenaustreibung, soziale Gerechtigkeit, Frieden, Erhaltung der Schöpfung und anderes mehr (vgl. Mt 11,5; Lk 11,20; Röm 14,17; 1Kor 4,20; 2Kor 1,13 u. a.) Es handelt sich um die Bitte, dass sich das, was das Reich Gottes beinhaltet, in allen Lebensbereichen ausbreitet. Damit wird der missionale Charakter der Bergpredigt betont. Im Gleichnis vom Reich Gottes als Sauerteig (Lk 13,20–21) beschreibt Jesus die missionale Wirkung der Gemeinde. Das Leben der Christen durchdringt alle Lebensbereiche: von der persönlichen Lebensgestaltung über die Familie, den Arbeitsplatz, bis in die öffentlichen gesellschaftlichen Aufgaben.

Wir müssen uns darum fragen, ob wir diese Bitte nicht zu sehr individualistisch verstehen und dadurch die Sicht für die verändernde Kraft des gesellschaftlichen Lebens verlieren. Jesus will nicht nur den einzelnen Menschen verändern, sondern auch die gesellschaftlichen Bedingungen des Zusammenlebens. Die westliche Kultur ist entscheidend von der Bibel geprägt worden[27] – nicht immer im biblischen Sinne. Die Frage lautet darum: Welche Elemente sollen unsere Kultur prägen? Christsein bedeutet, Mitarbeiter im Reich Gottes zu sein (Kol 4,11) und die Kultur, in der wir leben, mitzuprägen.

Natürlich schließt diese Bitte auch das zukünftige Kommen des Reiches Gottes mit ein. *„Das Reich Gottes in der Spannung zwischen jetzt und noch nicht, sichtbar und unsichtbar, empfangen und tun, erwarten und erfüllen, Gott und den Menschen.“*[28] Wir beten mit dieser Bitte auch: *„Ja, komme bald, Herr Jesus!“* (Offb 22,20)

Fragen zum Gespräch und zur Reflexion

Welche Vorstellungen haben Sie vom Reich Gottes auf dieser Erde?

....

....

....

Was können Sie dazu beitragen, damit das Reich Gottes Gestalt gewinnt?

....

....

....

Warum tun wir uns so schwer, das Reich Gottes als bereits vorhandene Gestalt im Leben der Glaubenden und der Gemeinde im Blick zu haben?

....

....

....

Wie individualistisch ist Ihr Glaubensverständnis? Ist Ihr Glaube nur noch auf Sie selbst bezogen, sodass Sie in Ihrem Denken kaum noch Ihr Umfeld sehen in das Sie hineinwirken sollen?

....

....

....

3) Dein Wille geschehe

So betete Jesus im Garten Gethsemane. Es kostete ihn sein Leben. So wie Jesus im Zentrum des Willens seines Vaters lebte, so sollen auch wir als seine Kinder im Zentrum des Willens Gottes leben. Nur aus dieser Mitte heraus wird diese Bitte zum befreienden Gebet der Gemeinde. *„Dein Wille geschehe"* kann nur der beten, der im Willen Gottes lebt, und nicht ständig fragt: Was ist der Wille Gottes?

Wer ständig nach dem Willen Gottes fragt, weicht ihm aus, mit der Begründung: Ich würde ihn ja gerne tun, aber ich kenne ihn nicht. Wer ihn kennt, lebt darin und bittet den Vater, dass er sich täglich neu verwirklicht. (vgl. Jh 4,34; 5,30; 6,38 ff.) Damit der Wille Gottes im Leben seiner Kinder wirksam wird, ist es nötig, dass sie sein Wort verinnerlichen, und so der Wille Gottes zum Willen des Menschen wird (Jer 31,33).[29]

Dein Wille geschehe heißt: *Gottes Herrschaft möge auf dieser Erde, besonders aber in der Gemeinde und im Leben des einzelnen Gemeinde-*

gliedes hervorbrechen und zur Geltung kommen, wie sie bereits im Himmel besteht.

Diese Bitte greift tief in das Leben der Gemeinde ein. Es geht darin um die Bitte, mit dem Vater, dem Sohn und dem Heiligen Geist in eine *Willensgemeinschaft* zu treten. (Vgl. Eph 1,5.9.11) So stößt die Bitte in eine ungewöhnliche Tiefe unseres Glaubenslebens ein. Wenn wir so beten, wird auch unser selbstsüchtiger Eigenwille aufgedeckt, der nur so tut, als wolle er Gottes Willen erfahren, aber trotzdem sich selbst lebt.

Frage zum Gespräch und zur Reflexion

Wie verstehen Sie den Willen Gottes? Als Ihnen unbekannt, nach dem Sie ständig fragen müssen oder als eine Willensgemeinschaft mit dem Dreieinigen?

....

....

....

3. Die menschlichen Bedürfnisse (V. 11–13a)

Waren die ersten drei Bitten Reich-Gottes-Bitten, die deutlich machen, dass in der Gemeinde und im Leben eines Christen das Reich Gottes die gestaltende Kraft im Leben und in den Beziehungen ist, so folgen nun die Bitten, die die menschlichen Bedürfnisse betreffen.

1) Unser tägliches Brot gib uns heute (V. 11)

Nach diesem Höhenflug der Reich-Gottes-Bitten begeben wir uns wieder in die Niedrigkeit des menschlichen Lebens. Es geht um unsere Kreatürlichkeit, Hinfälligkeit und Vergänglichkeit. Der Mensch ist auf so etwas Geringes wie ein Stück Brot, eine Handvoll Reis oder einen Becher Wasser angewiesen. (Mt 25,35–45)

Das griechische Wort *epiousion* ist schwer zu übersetzen. Man kann es mit *„das für unser Dasein Nötige"* oder *„für den heutigen Tag"* oder auch *„für den kommenden Tag"* übersetzen. Je nachdem, welche Übersetzung man wählt, hat diese Bitte eine andere theologische Bedeutung. In der Geschichte der Kirche finden sich alle drei Möglichkeiten.

Es ist die Bitte um den täglichen Lebensunterhalt

Niemand kann sich der Leibsorge entziehen. Fromme Worte ersetzen nicht den täglichen Bedarf für den Lebensunterhalt. (Vgl. Jak 2,15 f.) Diese Bitte macht deutlich, dass unsere leibliche Versorgung nicht unwichtig ist. Für Menschen, die wenig oder ungenügend zu essen und zu trinken haben, ist diese Bitte eine Überlebensbitte.

In Venezuela leben 79 Prozent der Menschen in extremer Armut. Die Menschen wissen oft nicht, was sie essen und trinken sollen. Eine Mutter antwortet auf die Frage, wie sie damit umgeht: *„Wir vertrauen nur auf unseren Gott, denn jeden Tag fehlt es uns an Trinkwasser, Gas zum Kochen, Strom und Geld für Lebensmittel und Medizin."* Ein *Pastor* einer kleinen Gemeinde berichtet: *„Obwohl unsere Gemeinde nur über wenige Ressourcen verfügt, geben wir – dank der Barmherzigkeit unseres Herrn – einmal pro Woche Essen aus an Dutzende Kinder in zwei nahegelegenen Vierteln."*

Aber diese Bitte macht auch deutlich, dass der tägliche Lebensunterhalt (das Existenznotwendige, die Ration zum Leben) ausreicht, weil im Lebensunterhalt nicht die Erfüllung des Lebens liegt. (Vgl. Mt 6,25–34; Phil 3,19). Jesus lehrt uns, dem *Vater im Himmel zu vertrauen*, dass er uns, was unsere Lebensexistenz angeht, gibt, was wir brauchen.

Diese Bitte ist aber auch eine *Herausforderung an unsere Wohlstandsgesellschaft* und eine *Anfrage an unser Wohlstandsdenken.* Wie viel Zeit und Kraft setzen wir ein, um unseren Wohlstand zu erhalten oder auch, um ihn zu mehren. Wie viel Zeit bleibt da noch übrig für das Reich Gottes? (Vgl. Mt 6,33) Auch Paulus mahnt uns, dass wir genügsam leben und uns auf das Nötigste beschränken sollen. (Vgl. 1Tim 6,6 ff.; Phil 4,12)

Zu den drei evangelischen Räten gehören Armut, Keuschheit und Gehorsam. Im Versprechen (Gelübde) der Kommunitäten wurde das Wort Armut durch „Genügsamkeit“ ersetzt, wohl wissend, dass Armut nicht mehr zutrifft. In einer Wohlstandsgesellschaft wie der unsrigen leben die meisten Christen in der Regel nicht mehr in Armut, darum ist die Abwandlung in Genügsamkeit durchaus angebracht.

Was bitten wir eigentlich mit dieser Bitte, wenn wir das Vaterunser beten? Beten wir wirklich um unsere Genügsamkeit oder steht nicht doch die Bitte dahinter, dass unser Wohlstand erhalten bleibt? Wenn es um Wohlstand geht, dann messen wir uns immer an denen, die noch mehr haben und betonen dann unsere Bescheidenheit. Aber leben wir wirklich bescheiden? Sollte uns diese Bitte nicht herausfordern, über unser Leben in einer Wohlstandsgesellschaft nachzudenken und uns zu fragen: Was bedeutet die Bitte für uns?

? Fragen zum Gespräch und zur Reflexion

Welche Auswirkungen hat der Wohlstand auf Ihren Alltag?

....

....

....

Welche Auswirkungen hat der Wohlstand auf Ihren Glauben?

....

....

....

Es ist die Bitte für das „Brot für den kommenden Tag"

„Für den kommenden Tag" kann in doppelter Weise verstanden werden. Einmal im Sinne der Mannatradition (2Mo 16), dass Gott uns heute geben möchte, damit wir morgen zu essen haben, also die leibliche Versorgung für den nächsten Tag, nicht die Vorsorge für das ganze Leben. Verständlich wäre das durchaus, besonders für Menschen, die von der Hand in den Mund leben und sich fragen, was sie morgen essen werden. Aber diese Auslegung verbietet sich, weil Jesus dieses Denken in der Bergpredigt selbst widerlegt. (Mt 6,25–34)

Zum anderen verstehen Ausleger den *„kommenden Tag"* als eine eschatologische Bitte. Der *„kommende Tag"* ist die Wiederkunft Christi. Das Brot ist das Gemeinschaftsmahl mit Jesus und seiner Gemeinde. (vgl. Mt 8,11; 26,29; Luk 14,16 ff.; 22,30) Die Bitte, dass das Brot für den kommenden Tag uns heute zuteil wird, würde dann heißen, dass wir *in unseren täglichen Mahlzeiten eine Vorschattung auf das himmlische Mahl sehen* und unser tägliches Leben als Zeichen der Hoffnung auf die Vollendung bei der Wiederkunft Christi ist.

? Frage zum Gespräch und zur Reflexion

> *Wenn Sie die tägliche Mahlzeit als Vorschattung auf das zukünftige Gemeinschaftsmahl bei der Wiederkunft Christi sehen, was würde das für Ihr tägliches Essen und Trinken bedeuten?*

....

....

....

Es ist die Bitte, unser Miteinander im Abendmahl zu stärken

Die Alte Kirche hat diese Bitte *auf das Abendmahl bezogen*. Im Abendmahl wird uns der Bissen Brot gegeben, von dem wir alle leben: Jesus Christus. (Jh 6,48–58) Ohne dieses himmlische Brot bleibt unser

Leben in der Vergänglichkeit stecken und unser Leben verfällt in der Hoffnungslosigkeit. (Mt 4,4) Da das Abendmahl ein *Gemeinschaftsmahl* ist, ist die Bitte auch die Bitte um Stärkung der Gemeinschaft der Kinder Gottes untereinander. In der katholischen Kirche wird diese Bitte auch auf die Eucharistie und damit sakramental gedeutet.

Eine durchaus nachdenkenswerte Auslegung im Blick auf unser individualisiertes Lebensverständnis. Die Alte Kirche wurde verfolgt. Im Abendmahl wurde die Gemeinschaft gestärkt, damit das einzelne Glied in der Verfolgung standhaft bleiben konnte.

Fragen zum Gespräch und zur Reflexion

Welche Bedeutung hat dieses Verständnis für Ihr Leben als Christ und als Gemeinde?

....

....

....

Warum fällt es uns so schwer, das Abendmahl als Gemeinschaftsmahl zu feiern?

....

....

....

2) Und vergib uns unsere Schuld, wie auch wir unseren Schuldnern vergeben (V. 12; 14–15)

Jesus spricht in dieser Bitte das zentrale Thema menschlichen Miteinanders an, das von Schuld bestimmt ist. Schuld trennt von Gott und vom Nächsten. Diese Bitte soll uns bewusst machen, dass wir schuldig werden und Vergebung benötigen und dass Menschen an uns schuldig werden, denen wir vergeben sollen.

Eigentlich müssten wir diese Bitte so übersetzen: *„Vergib uns unsere Schuld, so wie wir vergeben* haben *und* immer wieder *vergeben unseren Schuldnern."*

Das Wort „vergeben" steht im Aorist, einer grammatischen Form, die wir im Deutschen nicht kennen. Der Aorist ist eine abgeschlossene Handlung, die aber zeitlos gültig ist. Jesus erklärt uns diese Bitte in einem Gleichnis, als Petrus ihn fragt, wie oft man vergeben soll. Die Rabbinen lehrten, dass man einem Menschen viermal täglich vergeben soll. Petrus geht weit darüber hinaus, wenn er von siebenmal täglich spricht. Die Antwort Jesu lautet: *„nicht siebenmal, sondern siebzigmal siebenmal"*, das heißt *immer, ohne aufzuhören.* (Mt 18,21–35) Diese Bitte im Vaterunser verstärkt Jesus in einem Nachtrag nach dem Vaterunser, wenn er in den Versen 14–15 sagt: *„Denn wenn ihr den Menschen ihre Verfehlungen vergebt, dann wird euer himmlischer Vater auch euch vergeben. Wenn ihr aber den Menschen nicht vergebt, dann wird auch euer Vater eure Verfehlungen nicht vergeben."* (ZB)

Die Vergebung, die wir von Gott für uns erbitten und auch bekommen, ist abhängig von unserer Vergebungsbereitschaft, die wir anderen gegenüber gewähren, die an uns schuldig geworden sind. Luther wird der Ausspruch zugeschrieben: *„Mit der fünften Bitte (vergib uns unsere Schuld) lege ich mich schlafen und mit der sechsten Bitte (und führe uns nicht in Versuchung) stehe ich auf."*

Fragen zum Gespräch und zur Reflexion

Wie steht es mit Ihrer Vergebungsbereitschaft, besonders Menschen gegenüber, die an Ihnen schuldig geworden sind?

Gibt es Menschen, die Sie um Vergebung bitten sollten?

3) Und führe uns nicht in Versuchung, sondern erlöse uns von dem Bösen (V. 13)

Diese Formulierung stammt von Luther und so beten sie wahrscheinlich die meisten Menschen. So wird das Vaterunser auch im Gottesdienst gebetet. Diese Formulierung hat zu einer heftigen Diskussion geführt, die bis in die jüngste Gegenwart anhält. Die entscheidende Frage lautet: Führt Gott den Menschen in Versuchung? Gott versucht doch niemanden, so lesen wir es in Jakobus 1,13 (ähnlich auch Paulus in 1Kor 10,13).

Theologen und Bibelwissenschaftler streiten sich darüber, wie denn der griechische Text richtig übersetzt werden soll. Die einen halten an der Lutherübersetzung fest, andere sagen, dass diese Übersetzung nicht korrekt sei.

In der Tat ist die Formulierung, dass Gott uns nicht in Versuchung führen soll, schwierig zu erklären. Roger Liebi hält an Luthers Übersetzung fest, dass sie so wörtlich richtig sei, und meint, dass es sich um die Bitte der Gläubigen handele, dass sie von Gott nicht in das Gericht des Antichristen fallen gelassen werden. Er begründet das mit 2. Thessalonicher 2,1–12. Aber diese Auslegung scheint mir doch ein bisschen weit hergeholt zu sein.

Auffallend ist, dass die Kirchenväter die Bitte anders übersetzten. Origenes (185–253 n. Chr.) übersetzt: *„Lass uns in der Versuchung nicht erliegen."* Der Kirchenvater Ambrosius (339–397 n. Chr.): *„Lass nicht zu, dass wir in Versuchung geführt werden."* Neuere Forscher versuchen, den griechischen Text zurück ins Aramäische zu übersetzen, weil Jesus ja aramäisch gesprochen hat. Dann würde die Bitte lauten: *„Rette uns aus der Versuchung."*

In der katholischen Kirche herrscht seit Jahren eine heftige Diskussion zu dieser Bitte. Während Papst Benedikt XVI. an der alten Formulierung festhielt, hat Papst Franziskus offen zugegeben, dass er mit dieser Bitte so seine Schwierigkeiten hat. Die italienische Bischofskonferenz mit Papst Franziskus beschloss 2018, die Bitte anders zu formulieren, nämlich: *„Lass uns nicht in Versuchung geraten"*, mit der Begründung, dass ein Vater nie seinen Kindern eine Falle stellen würde.

Wenn wir diese Bitte vom zweiten Teil – *„sondern erlöse und von dem Bösen"* – her verstehen, dann klingt die Formulierung: *„Lass nicht zu, dass wir in Versuchung geführt werden"* am sinnvollsten. (Vgl. Jh 17,15; 2Tim 4,17 f.) Wir müssten eigentlich ergänzen: *„der wir nicht gewachsen sind"*. Es geht also nicht darum, dass wir keine Versuchungen mehr erfahren, sondern darum, dass wir in den Versuchungen standhaft bleiben und sie überwinden.

Betrachten wir diese Bitte im Gesamtzusammenhang der biblischen Botschaft, dann stellen wir fest, dass Versuchung und Erprobung zum Leben des Menschen gehören. Auch der erlöste Mensch kann noch versucht oder auf die Probe gestellt werden. Selbst Jesus wurde vom Teufel versucht. Wir bedürfen der Bewahrung in der Versuchung, die vielfältig im Leben vorkommen kann. In solcher Versuchung bitten wir Gott um Bewahrung, dass wir ihr nicht erliegen. Vom Bösen müssen wir erlöst werden. In der Verfolgung und Bedrängnis geht es darum, dass wir darin bewahrt werden und nicht vom Glauben abfallen. (Vgl. Jh 17,15; 1Kor 10,13; 2Thess 3,3) Wir bitten in dieser Bitte Gott, dass wir nicht in Versuchungen geraten, die wir nicht bestehen können. (Jak 1,2–4)

Um welche Versuchungen es sich handelt, wird nicht gesagt. Jede Zeit hat andere Versuchungen. So gilt es zu fragen, welchen Versuchungen wir in der gegenwärtigen Zeit besonders ausgesetzt sind. Auch wenn wir diese nicht allgemein festlegen können, so wäre doch die Frage, ob es nicht der Wohlstand und das Wohlstandsdenken sind, die Absicherung des Lebens, das Vergleichen mit anderen, die Rechthaberei in Glaubensfragen und politischen Auseinandersetzungen, der Kopfglaube, der nur die Richtigkeit der biblischen Aussagen betont, aber nicht fragt, wie diese gelebt werden können und vieles andere mehr.

Fragen zum Gespräch und zur Reflexion

Wie geht es Ihnen mit dieser Bitte?

Welche Versuchungen sind gegenwärtig für uns Christen besonders gefährlich?

Welche Versuchung trifft in besonderer Weise auf Ihr Leben zu?

....

....

....

4. Der Lobpreis (V. 13b)

Das Gebet, das Jesus uns lehrt, mündet in einem Lobpreis (einer Doxologie) Gottes. (Vgl. 1Chr 29,11). Alles Beten sollte in den Lobpreis führen. Das können wir auch von Paulus lernen (vgl. Röm 11,33–36; Eph 3,14–21). Das Reich Gottes, seine Kraft und Herrlichkeit stehen wieder im Mittelpunkt. Nicht Angst und Not, Leid und Anfechtung, Gegenwärtiges und Zukünftiges sind das Letzte, sondern der Lobpreis über die Herrlichkeit Gottes und seiner Machtfülle. Bei Gott selbst findet der Beter seine Ruhe mitten in den Nöten und Herausforderungen, die ihn umgeben. (Offb 4,11; 5,13)

Das Amen am Schluss ist das Ja und die Gewissheit des Glaubenden. So ist es!

Vom Fasten (V. 16–18)

„Wenn ihr aber fastet, macht kein saures Gesicht wie die Heuchler, denn sie machen ein saures Gesicht, um den Leuten zu zeigen, dass sie fasten. Amen, ich sage euch: Sie haben ihren Lohn schon bezogen. Wenn du aber fastest, salbe dein Haupt und wasche dein Gesicht, um nicht den Leuten zu zeigen, dass du fastest, sondern deinem Vater, der im Verborgenen ist. Und dein Vater, der ins Verborgene sieht, wird es dir vergelten.“ (ZB)

Neben Wohltätigkeit und Gebet als Frömmigkeit nennt Jesus als Drittes das Fasten. Fasten ist im Alten Testament vor allem ein Ausdruck von Buße und Umkehr. (Vgl. 1Sam7,6; 2Sam 1,12; 12,16; 2Chr 20,3; Joel 1,14; 2,15; 10,2 ff.; Neh 1,4; Ps 35,13; Jona 3,5; Dan 9,3 u. a.)

Im Rabbinentum herrschte die Auffassung, dass Fasten die Wirkung des Gebets steigern würde und Gott dadurch verpflichtet wäre, das Gebet zu erhören. Das Fasten war gesetzlich geregelt und wurde besonders am großen Versöhnungstag (*Jom-Kippur*, der höchste jüdische Feiertag, vgl. 3Mo 16,29–30 u. a.) geübt. Fasten bedeutet Nahrungsenthaltung. Später kamen auch andere Dinge dazu wie der Verzicht auf Waschen und Salben, Asche auf das Haupt streuen, sich auf den Boden werfen. Damit sollte die Trauer über die eigene Sünde wie die des Volkes zum Ausdruck kommen.

Jesus greift diese Haltung der Fastenden an. Er sieht darin ein Schauspiel in der Öffentlichkeit. Wilckens übersetzt den Vers 16 sehr treffend: *„Sie machen ihr Gesicht unkenntlich, um vor den Menschen als Fastende kenntlich zu sein."*

Das Fasten als Frömmigkeitsübung gehört sicherlich nicht zum selbstverständlichen Alltag unseres Christenlebens. Wenn aber gefastet wird, dann soll es in der richtigen Geisteshaltung geschehen. Wir sollen uns so verhalten, dass niemand es merkt, dass wir fasten. Das neutestamentliche Fasten steht unter der Verheißung von Sacharja 8,19: *„Von nun an werdet ihr an diesen Tagen Freudenfeste feiern und laut jubeln."* Das Fasten ist nicht Ausdruck des Leidens, sondern der Freude. (Vgl. Mt 9,14–17)

Fasten ist in der neutestamentlichen Gemeinde nicht geregelt. Es wird uns nur berichtet, dass zu bestimmen Anlässen gefastet wurde (vgl. Mt 4,2; 9,29; 17,20; Apg 13,1–3; 1Kor 7,5; 2Kor 6,5; 11,27).

Was sagt uns Jesus hier? Richtiges Fasten geschieht ausschließlich vor Gott und nicht vor Menschen. Es ist ein Ausdruck der Hingabe, um mehr Zeit für das Gebet zu haben. Es ist eine Zeit der besonderen Zubereitung für einen Dienst oder des geistlichen Kampfes in der Auseinandersetzung mit den satanischen und okkulten Mächten. (Vgl. Mt 17,21; Apg 13,2 f.; 1Kor 7,5) Der Verzicht auf Nahrung ist ein Zeichen dafür, dass der Mensch nicht allein von Essen und Trinken lebt, sondern auch eine Speise braucht, die ihren Ursprung im Himmel hat. (Vgl. Jh 6,22–59; 5Mo 8,3) In Jesaja 58,6–11a wird darauf hingewiesen, dass Gott ein Fasten liebt, dass sich darin äußert, Hungernde zu speisen, Obdachlose aufzunehmen, Gefangenen und Unterdrückten die Freiheit zurückzugeben, das heißt nichts anderes, als sich für soziale Gerechtigkeit einzusetzen.

Fasten wird gegenwärtig vielfach nicht als Verzicht aufs Essen, sondern auch auf andere Dinge bezogen wie Verzicht auf Alkohol, Süßigkeiten, Facebook, Fernsehen und ähnliches.

Fragen zum Gespräch und zur Reflexion

Wie können Sie Fasten in ihrer Gemeinde leben?

Was können Sie selbst dazu beitragen?

Ein vierteiliges Fazit

Was gilt es, aus der neuen Frömmigkeit, von der Jesus spricht, für uns zu lernen? Es geht um die Frage: Wie leben wir nicht nur diese von Jesus genannten drei Frömmigkeitsübungen, sondern unsere Frömmigkeit überhaupt? Welche Ausdrucksformen hat unser Glaube? Es geht auch um die Frage: Wie wird in der Gemeinde Frömmigkeit gelehrt und wie wird ein Frömmigkeitsleben unterwiesen oder überlassen wir es dem Einzelnen, ob und wie er Frömmigkeit versteht und lebt?

Zu Recht betont Peter Zimmerling: *„Es ist heute dringender denn je notwendig, die Einheit von Theologie und Spiritualität wiederzugewinnen."*

Wir leben in einer individualisierten Gesellschaft, darin sind sich alle Soziologen einig. Aber was bedeutet das für unser christliches Lebensverständnis? Bedeutet es, dass jeder Glaubende sein Christsein so gestaltet, wie er meint, dass es zu ihm passt, oder gibt es doch Gemeinsamkeiten, die der einzelne Christ dann in seinem individuellen Lebensbereich umsetzen muss?

Ich möchte vier Bereiche ansprechen, über die wir nachdenken sollten:

1. Die persönliche Frömmigkeit

In der persönlichen Frömmigkeit geht es um das eigene geistliche Leben wie Gebet, Bibellese, Stille Zeit, Fasten (Verzichten) und ähnliches. Die persönliche Frömmigkeit ist nicht etwas, was jeder Glaubende nach eigenem Gutdünken leben kann, sondern sie sollte zur Lehrunterweisung der Gemeinde gehören, damit das neue Leben in Christus zum tiefen inneren Bedürfnis eines jeden Christen wird. Die persönliche Frömmigkeit (das geistliche Leben) ist ein aktives Handeln, das das ganze Leben prägt und seine Auswirkungen auf alle Bereiche des Lebens hat. Es wäre sehr hilfreich – im Sinne des Modelllernens –, wenn Hauptamtliche in der Gemeinde den Gemeindegliedern Einblicke in ihr eigenes Frömmigkeitsleben geben würden.[30]

In unserer individualisierten Gesellschaft ist das persönliche Frömmigkeitsleben zu einer privaten Angelegenheit geworden. Es geht niemanden etwas an, ob und wie es gelebt wird. Es bedarf darum der Unterweisung und der praktischen Vermittlung, wie es in den einzelnen individuellen Lebenssituationen Gestalt gewinnen kann: im Leben des Mannes und der Frau, als Ehepaar, in der Familie, als Single etc. Auch das persönliche Frömmigkeitsleben wird über das Modelllernen weitergegeben (vgl. Hebr 5,14). Das gilt besonders für die Familie.[31] Appelle, doch mehr zu beten und Bibel zu lesen, sind da wenig hilfreich. Natürlich kann auch die persönliche Frömmigkeit zum Druck, Zwang oder zur Gesetzlichkeit werden. Genau dagegen spricht sich Jesus in der Bergpredigt aus. Auch ein persönliches Frömmigkeitsleben bedarf der Inspiration und der Begeisterung und muss immer wieder neu befeuert werden.

Fragen zum Gespräch und zur Reflexion

Welche Hilfen bietet Ihre Gemeinde an, damit jedes Gemeindeglied für sein persönliches Frömmigkeitsleben begeistert wird?

Was gehört zu Ihrem persönlichen Frömmigkeitsleben?
Was würde Ihnen helfen, damit es gestärkt wird?

2. Das Frömmigkeitsleben der Gemeinde

Ob die Gemeinde ein reges Frömmigkeitsleben hat, hängt vom Gemeindeverständnis ab. Was gehört zum geistlichen Leben der Gemeinde? Da ist natürlich an erster Stelle der Gottesdienst zu nennen, aber es gehört noch viel mehr dazu: das Abendmahl in verschiedenen Formen, die unterschiedlichen Gebetsformen wie Gebetsversammlung, Gebet in Gruppen, Zweierschaften[32], Gebet für Kranke, Heilungsgebet, Segensgebete, Sendungsgebet und anderes mehr. Wie sich das Frömmigkeitsleben ausdrückt, zeigt sich auch in den verschiedenen Austausch- und Gesprächsgruppen und Hauskreisformen. Natürlich gehören auch der Lobpreis und das Singen dazu, die ebenfalls unterschiedliche Formen haben können.

Diese Nennung ist nicht vollzählig und bedarf der Ergänzung. Entscheidend ist, dass überhaut erkannt wird, dass zu einer lebendigen Gemeinde viele unterschiedliche Formen der Frömmigkeit gehören, die von der Gemeinde praktiziert werden. Fehlen diese, hat es Auswirkungen auf das persönliche geistliche Leben der Gemeindeglieder und das Verständnis für das Christsein in dieser Welt.

Fragen zum Gespräch und zur Reflexion

Welches Verständnis von Frömmigkeit herrscht in Ihrer Gemeinde?

Welche Angebote werden gelehrt und gelebt?

3. Die Lebenseinstellung als Ausdruck der Frömmigkeit

Mit Lebenseinstellung sprechen wir eine geistliche Haltung an, wie wir Glauben leben, Menschen begegnen und in welcher Beziehung wir zu ihnen leben. Leben wir unseren Glauben überhaupt in Beziehungen zu anderen Menschen und wie drückt sich das aus? Glaube darf nach Peter Zimmerling nicht nur aus *„Fürwahrhalten von Glaubenswahrheiten"* bestehen. Wir brauchen eine *„Wiedergewinnung der Verbindung zwischen gedachtem und gelebtem Glauben"*.

Ich möchte mich hier auf die *seelsorgerliche Haltung* beschränken. Das mag überraschen, weil der Begriff Seelsorge sich in unserem allgemeinen Verständnis auf bestimmte Personen bezieht oder nur für professionelle Seelsorger angewandt wird. War Seelsorge im Pietismus (Spener, Zinzendorf u. a.) noch grundlegend gemeindebezogen und damit gemeindebauend, so wandelt sich der Seelsorgebegriff seit Schleiermacher zu einem Defizitmodell, das behoben werden muss. Das Neue Testament kennt nicht den professionellen Seelsorger, sondern die seelsorgerliche Haltung. (Vgl. Lk 22,32) Das heißt, es geht darum, wie wir uns begegnen und in welcher Beziehung wir zueinander leben. Im seelsorgerlichen Umgang miteinander geht es nicht um spezielle fachliche Hilfen, sondern um das Leben als Christen, wie es Jesus in der Bergpredigt schildert. Dieses gegenseitige Aufeinander-hören, Miteinander-sprechen, Voneinander-lernen, sich Korrigieren, Tragen, Beistehen, führt zur Erbauung (*oikodome* hat die Bedeutung von „Gemeinde bauen“) der Gemeinde. (Vgl. Röm 14,19; 15,2; 2Kor 10,8; 12,19)

Die zunehmende Medialisierung des Lebens führt immer stärker dazu, dass unser Miteinander von den sozialen Medien bestimmt wird. Die Folge ist, dass die Vereinzelung und Vereinsamung, aber auch die Gruppenbildungen mit Menschen, zu denen wir keine persönlichen Beziehungen haben, zunimmt. Man vertritt in den sozialen Medien eine Meinung und man bekommt Meinungen mitgeteilt. Man kann sich dieser Meinung anschließen oder sie auch ablehnen. So entstehen Meinungsgruppen unter Menschen, die nichts miteinander zu tun haben. Der Mensch bleibt auf sich allein gestellt mit seinen Sorgen, Nöten und seinem Nicht-verstanden-Werden.

Die Frömmigkeit als Lebenshaltung sieht anders aus. Im Vordergrund steht der Mensch, der dem Mitmenschen zugewandt lebt und hörbereit ist. Seelsorge besteht seinem Wesen nach im *Zuhören*. Zuhören heißt, sich auf die Lebensgeschichte eines Menschen einzulassen. Zuhören, auch wenn die betreffende Person zum x-ten Mal das Gleiche erzählt.

Es ist auffallend, dass im Lukasevangelium nach dem Wort Jesu, *„Ihr seid das Licht der Welt“* (Lk 8,16) ein Wort kommt, das wir eigentlich an dieser Stelle für unpassend halten. Jesus sagt: *„Achtet darauf,* ***wie*** *ihr zuhört!"* (Lk 8,18)

Wir können nicht mehr zuhören. Einmal, weil wir gleich selbst anfangen zu reden und zum anderen, weil wir meinen, wir müssten sofort gute Ratschläge geben. Ratschläge bekommt man überall, aber Zuhören finden wir immer weniger. „Such dir einen Therapeuten", denken wir und wenden uns ab. Natürlich braucht es Therapeuten, auch christliche, aber Jesus sagt nicht: „Geh zu einem Therapeuten", sondern: „Hör zu!". Wir mögen die Leidensgeschichte oder das Klagen anderer nicht hören. Aber das ist keine Jesus gemäße Haltung. Hier sollten wir von Jesus lernen. Seine gesamte Lebenshaltung war auf den Menschen ausgerichtet und strahlte eine seelsorgerliche Haltung aus, in jeder Begegnung und in jedem Gespräch. Von Jesus können wir laut Peter Zimmerling lernen, wie eine seelsorgerliche Haltung aussieht, und wie wir Menschen in ihrer Unterschiedlichkeit begegnen sollen. Von der Seelsorge Jesu lernen heißt, Nachfolge so zu lernen, wie sie Jesus in der Bergpredigt schildert.

Diese seelsorgerliche Haltung ist ein Ausdruck christlicher Frömmigkeit, die wir dringender brauchen als je zu vor. Johannes Zimmermann meint: *„Seelsorge gründet in der Bedürftigkeit des Menschen als Seele, vor allem in seinem fortwährenden Angewiesensein auf von außen kommendem Zu-Spruch. Das führte weiter zu einem Verständnis von Seelsorge, die sich nicht in der Behebung von Defiziten erschöpft, sondern als Lebensbegleitung versteht."*

Fragen zum Gespräch und zur Reflexion

Welche Einstellung herrscht in dieser Frage in Ihrer Gemeinde?

....

....

....

Warum fällt es uns so schwer zuzuhören?

....

....

....

Was müsste sich in Ihrer Lebenseinstellung ändern, damit Sie besser zuhören können?

....

....

....

4. Das Alltagsleben als Ausdruck der Frömmigkeit

Unser christliches Leben findet im gesellschaftlichen Alltag statt (1Kor 10,31). Hier zeigt es sich, wessen Geistes Kind wir sind. Unser Leben mitten im gesellschaftlichen Miteinander offenbart, wer wir wirklich sind. Wenn wir das als Frömmigkeit bezeichnen, dann darum, weil Jesus uns in der Bergpredigt deutlich vor Augen führt, wie sich die *„bessere Gerechtigkeit"* im Miteinander des Alltags auswirkt. Das Frömmigkeitsverhalten, von dem Jesus in der Bergpredigt spricht, ist nicht weltfremd und abstoßend (das gibt es leider auch), sondern anziehend. Die Wirklichkeit des Reiches Gottes wird dadurch sichtbar.

Es geht um unser Verhalten den Mitmenschen gegenüber, ...

- am Arbeitsplatz, im Umgang mit den Arbeitskollegen,
- auf dem Spielplatz, im Umgang mit den anderen Kindern und deren Eltern,
- bei Familienfesten, wenn seltsame Verwandte und Freunde dabei sind,

- auf dem Gemeindefest, wie wir mit Gästen umgehen,
- auf einem Geburtstag bei Bekannten, welchen Eindruck wir hinterlassen,
- in einer Elternversammlung der Schule, wie wir unsere Anliegen und Ansichten vertreten
- oder wo immer es sein mag.

Ein Diakon, der nebenberuflich Busfahrer war, ist für ein solches Leben beispielhaft. Seine Art, mit Menschen umzugehen, besonders mit den Fahrgästen, sprach sich herum. Auf seinen Busreisen hatte er viele Gespräche, weil sich ihm Menschen anvertrauten. Viele Fahrgäste wünschten einen Platz direkt hinter ihm, weil sie während der Fahrt mit ihm sprechen wollten. Im Busunternehmen galt er als „Betriebsseelsorger" für die etwa 100 Mitarbeiter.

Frage zum Gespräch und zur Reflexion

> *Welchen Eindruck hinterlassen wir als „Fromme" bei unseren Mitmenschen?*

....

....

....

Matthäus 6,19–34: Ein sorgloses Leben

Wenn wir diese Verse mit „Ein sorgloses Leben" überschreiben, dann atmen sicherlich viele auf und seufzen: Ja, das möchte ich haben. Ein sorgloses Leben verbinden wir in der Regel damit, dass wir genügend Geld zur Verfügung haben, es uns und unseren Lieben gesundheitlich gut geht, wir erfolgreich im Beruf sind und ein Umfeld haben, das dazu beiträgt, dass wir sorglos leben können. Aber ob unser Leben dann ohne Sorgen verläuft, ist damit nicht gesagt.

Unser irdisches Leben ist stark von den Sorgen um ein Leben, das unseren Ansprüchen entspricht, erfüllt. Geld, Besitz und Gesundheit spielen dabei wichtige Rollen. Jesus hingegen sagt, dass es noch wichtigere Dinge gibt als Geld, Besitz und Gesundheit. Die Verse 19–34 tragen einen gewissen Entscheidungscharakter in sich. Mit solchen Aussagen tun wir uns schwer. Wir leben lieber in der Haltung „sowohl als auch".

Diese Worte Jesu sprechen unser Verhalten im Alltagsleben an. Die Frage, welche Rolle Geld und Besitz im Leben spielen, wird bei Jesus immer wieder angesprochen (vgl. Lk 12,13–21; Luk 18,18–27), aber auch bei Jakobus (vgl. 2,1–14; 5,1–7) und bei Paulus (vgl. 1Tim 6,9–10 und 17–19). Da die Unterschiede, was Geld und Besitz angeht, sehr groß sind, stellt sich auch die Frage nach der sozialen Gerechtigkeit. Unser Denken und Verhalten, das zum Leben gehört, wird stark von unserer Umwelt und der Erziehung geprägt. Wer in Wohlstand aufgewachsen ist, für den ist es selbstverständlich, ein entsprechendes Leben zu führen. Wer in Armut aufgewachsen ist, der sehnt sich nach mehr Wohlstand. Im gesellschaftspolitischen Miteinander geht es vorwiegend um das Streben, Wohlstand zu erhalten und zu mehren.

Jesus fordert uns hier nicht auf, auf Besitz zu verzichten und in Armut zu leben, aber auch nicht, unser Leben auf Besitzerwerb auszurichten. In der Auslegungsgeschichte dieses Textes wird meistens davon gesprochen, dass es um das rechte Maß an Besitzerwerb geht. Aber will Jesus uns nur das sagen?

Die Frage, die Jesus uns stellt lautet: Welche Rolle spielen Geld und Besitz in deinem Leben? Was bestimmt dein Denken?

Fragen zum Gespräch und zur Reflexion

Warum spricht Jesus die Frage nach Geld und Besitz überhaupt an?

……………………………………………………………………………………………

……………………………………………………………………………………………

……………………………………………………………………………………………

Warum fällt es uns so schwer, über dieses Thema zu sprechen?

……………………………………………………………………………………………

……………………………………………………………………………………………

……………………………………………………………………………………………

Welche Haltung hat Ihre Gemeinde/haben Sie zur Frage der sozialen Gerechtigkeit?

……………………………………………………………………………………………

……………………………………………………………………………………………

……………………………………………………………………………………………

Die Geldfrage (V. 19–24)

„Sammelt euch nicht Schätze auf Erden, wo Motte und Rost sie zerfressen, wo Diebe einbrechen und stehlen. Sammelt euch vielmehr Schätze im Himmel, wo weder Motte noch Rost sie zerfressen, wo keine Diebe einbrechen und stehlen. Denn wo dein Schatz ist, da ist auch dein Herz.“ (V. 19–21; ZB)

Jesus spricht hier ein typisches Verhalten des Menschen an, der dazu neigt, Besitz und Reichtum zu sammeln. Der Mensch glaubt, auf diese Weise Sicherheit zu finden und für seine Zukunft zu sorgen. Eigentlich ist das doch nichts Schlechtes, oder? Natürlich nicht, denn davon hängt unser irdisches Leben ab.

Was will uns Jesus sagen? Er spricht hier die Frage nach dem Wert des Lebens an. Das Lebensziel des Menschen ist nicht auf dieses irdische Dasein beschränkt. Das Leben auf dieser Erde ist genauso wie aller Besitz vergänglich. Darum gilt es zu fragen: Was kommt nach dem Tod? Können wir, wenn wir sterben, etwas von dem Besitz mit in das Leben nach dem Tod nehmen? Natürlich nicht. Das weiß jeder. Trotzdem streben wir nach irdischem Besitz. Diese Haltung scheint tief im menschlichen Verhalten zu stecken. Wie bedeutsam irdischer Besitz ist, zeigt sich auch darin, dass man zu früheren Zeiten den Toten verschiedene Beigaben mit ins Grab gab, je nach der Vorstellung, was der Tote im Jenseits für Schätze brauchen könnte. Jesus hingegen ist anderer Meinung. Er sagt, dass wir von allen Schätzen auf dieser Erde, die wir besitzen, nichts ins Jenseits mitnehmen können. Sie haben keinen Wert für die Ewigkeit.

Was hat denn Bestand für die Ewigkeit? Darauf gibt Jesus eine umschreibende Antwort. Er spricht von *Schätzen im Himmel*. Die meisten Ausleger meinen, dass es die guten Werke sind, von denen Jesus in 5,16 spricht. Aber das scheint mir unwahrscheinlich zu sein. Schätze für den Himmel können nur das sein, was Gott selbst entspricht und was dadurch Ewigkeitsbestand hat, wie zum Beispiel die Frucht des Geistes (Gal 6,22–25). Die Antwort, die Jesus gibt, lautet: *„Denn wo dein Schatz ist, da ist auch dein Herz.“* (V. 21)

Das Herz ist das Zentrum menschlichen Lebens. Die Frage lautet darum: Wem gehört mein Herz? Ist der Schatz des Herzens irdischer Besitz oder ist es Gott selbst? Was im Herzen ist, bestimmt das Leben des Menschen. Sind es die irdischen Güter, werden wir alles daransetzen, um diese zu mehren oder zu schützen. Ist es das Heil Gottes (die *„bessere Gerechtigkeit“*), wird sich unser Leben danach ausrichten. (Mt 6,33)

Eine Frau aus dem Tutunaku-Stamm in Mexiko, die aus dem Animismus zum Glauben kam, las zum ersten Mal diese Verse aus der Bergpredigt. Gefragt, was wohl mit *„Schätze des Himmels"* gemeint sein könnte, antwortete sie: *„Diese Schätze sind die Menschen, die Jesus bei sich haben will."* Hanna-Maria Schmalenbach berichtet diese Aussage, die durchaus nachdenkenswert ist und uns herausfordern kann, Menschen für Jesus zu gewinnen.

Fragen zum Gespräch und zur Reflexion

Nehmen Sie sich Zeit, um zu überlegen, was in Ihrem Herzen drinnen ist. Welche Schätze haben sich darin angesammelt?

....

....

....

Welche Rolle spielen diese Schätze in Ihrem Leben?

....

....

....

Was bedeutet es für Ihr Leben, wenn Ihr Herz von den Schätzen des Himmels bestimmt ist? (Vgl. 2Kor 5,14–15)

....

....

....

„Das Licht des Leibes ist das Auge. Wenn dein Auge lauter ist, wird dein ganzer Leib von Licht erfüllt sein. Wenn dein Auge böse ist, wird dein ganzer Leib finster sein. Wenn nun das Licht, das in dir ist, Finsternis ist, wie groß ist dann die Finsternis?" (V. 22–23; ZB)

Jesus erläutert nun, was er mit dem Sammeln von Schätzen meint. Er erklärt das am Beispiel des Auges. Das Auge ist hier eine Metapher (ein Wort, das aus seinem eigentlichen Bedeutungszusammenhang in einen anderen übertragen wird) für die Aufnahme des Lichtes, damit der Mensch sehen kann. Wenn das Auge gesund (*haplus* = gesund, normal, unversehrt) ist, dann wird alles erleuchtet (*photeinos* = hell, leuchtend). Unser Leben wird hell und durchsichtig. Ist aber unser Auge krank (*ponäros* = böse), dann wird alles im Menschen dunkel (*skoteinon* = finster, dunkel). Er kann das Licht um sich herum nicht wahrnehmen.

Diese Metapher vom Auge ist eine Art Gleichnis für unser Leben. Es gibt Umstände und Dinge in unserem Leben, die das Leben verfinstern, und andere, die es licht werden lassen. Jesus spricht damit ein Doppeltes an. Der Mensch hat ein natürliches und ein geistgewirktes Leben. (Vgl. Röm 8,5–9) Natürliches und geistliches Leben gehören zusammen. Die Metapher, die Jesus gebraucht, spricht in besonderer Weise das natürliche Leben an. Damit unsere Seele (die Psyche) sich gesund entwickeln kann, bedarf es einer Umwelt, die dazu beiträgt. Der Mensch ist ein soziales Wesen. Von Geburt an ist er darauf angewiesen, dass er Liebe, Nähe, Geborgenheit und Zuwendung bekommt. Er wird dadurch fähig, Gutes aufzunehmen und zu tun. Wer von Geburt an aber wenig oder kaum Liebe, Nähe, Zuwendung und Geborgenheit erfahren hat, dessen inneres Leben (Empfindungen, Denken und Gefühle) wird von finsteren Eigenschaften bestimmt.

Jesus spricht damit eine wichtige Tatsache des natürlichen menschlichen Lebens an. Was verfinstert und was erleuchtet unser Leben? Was ist das Licht der Seele? Ist der Mensch von Neid, Habsucht, Geld, Besitz, Geiz, Wohlstand, Verzagtheit, Hoffnungslosigkeit und anderem mehr geprägt, dann werden auch diese Eigenschaften sein Leben bestimmen. Ist sein Leben von Freundlichkeit, Genügsamkeit, Verzicht, Hoffnung, Ehrlichkeit, Barmherzigkeit und Freigiebigkeit geprägt, dann werden diese Bereiche darin auch als solche wahrgenommen.

Für die Osttscherkessen im Nordkaukasus spiegelt das Auge die innere Einstellung zu einer anderen Person wider: Ein *„gutes Auge“* bedeutet Wohlwollen, ein *„übles Auge“* Missgunst. Dieses Verständnis ist eine treffende Erklärung der Aussage Jesu.

Sicherlich geht es nicht nur um diese natürliche menschliche Entwicklung, das wird in Vers 24 deutlich, aber das Ausklammern des natürlichen Lebens führt auch zu einem einseitigen Verständnis dieses Wortes Jesu. Eine gesunde psychische Entwicklung führt leichter zu einem gesunden geistlichen Leben, das durch das helle Licht Gottes erleuchtet wird und durch dieses Leben dann ausstrahlt, damit die Mitmenschen es sehen können. (Mt 5,14–15) Die Neugeburt (Jh 3,3) verwandelt das natürliche Leben nicht vollständig in ein geistliches Leben. Die natürlichen Voraussetzungen bestimmen auch dann noch stark das geistliche Leben. Alte finstere Verhaltensweisen zeigen sich oft nur unter einem frommen Deckmantel. Es bedarf eines fortwährenden Umgestaltungsprozesses, der ein Leben lang anhält. (Röm 12,1–2)

In Psalm 19,9 heißt es: *„Die Gebote des Herrn sind lauter und erleuchten die Augen“*. Nikolaus Ludwig Graf von Zinzendorf konnte darum sagen: *„Der Heiland soll uns aus den Augen heraus funkeln, dass man's sehe, dass er in uns lebt“*.

Fragen zum Gespräch und zur Reflexion

Warum ist die natürliche menschliche Entwicklung auch für das Verhalten als Christ bedeutsam?

....

....

....

Was funkelt aus Ihren Augen? Was können die Mitmenschen an Ihnen sehen?

....

....

....

„Niemand kann zwei Herren dienen. Denn entweder wird er diesen hassen und jenen lieben, oder er wird sich an jenen halten und diesen verachten. Ihr könnt nicht Gott dienen und dem Mammon.“ (V. 24; ZB)

Welch seltsame Gegenüberstellung. Warum vergleicht Jesus hier Gottesdienst und Mammondienst[33]?

Geld und Besitz prägen am stärksten das menschliche Leben, allerdings in unterschiedlicher Weise. Während die einen davon im Überfluss haben, darben die andern und kämpfen ums Überleben. Geld und Besitz sind sehr ungleichmäßig verteilt. Reichtum und Armut liegen nahe beieinander. Über Geld und Besitz zu sprechen, ist darum eine heikle Angelegenheit. Wie schnell fühlt sich jemand missverstanden oder gar angegriffen. Geld und Besitz sind zu einer privaten Angelegenheit geworden: Darüber spricht man nicht. In den Auslegungen zu diesem Wort findet man deshalb kaum längere Ausführungen.

Diese Aussage Jesu trifft nicht nur die Menschen, die im Wohlstand leben, sondern alle Menschen, weil unser Leben vom Geld abhängt. Geld prägt unser Leben mehr, als wir wahrhaben wollen.

Geld ist eine Macht, die das Denken und Handeln des Menschen bestimmt. Wer Geld und Besitz hat, hat auch Einfluss und Macht. Der Wissenschaftsjournalist Uwe Springfeld spricht sogar von *„Geld-Religion“*, die das Leben und die Wirtschaft bestimmen und geradezu einen missionarischen Charakter haben. Christen sind von diesem Machtanspruch des Geldes nicht ausgenommen. Jesus selbst wurde vor diese Alternative gestellt, als Satan ihm *„alle Reiche der Welt mit* *ihrer Herrlichkeit"* zeigte und sagte: *„Das alles will ich dir geben, wenn du niederfällst und mich anbetest."* (Mt 4,8–9; LUT) *„Gott und Geld sind die beiden Herren, zwischen denen der Mensch zu wählen hat, die beiden Zwecke des Lebens und Strebens, die sich nicht miteinander vereinen lassen"* konstatiert Eberhard Arnold.

Die Alternative, von der Jesus hier spricht, gefällt uns nicht. Kann man nicht beides, reich sein und Gott dienen? Dieser Aussage wird wohl kaum jemand widersprechen, aber damit ist dieses Jesuswort nicht erklärt.

Christen und Prediger, die das Wohlstandsevangelium verkündigen, vertreten genau das Gegenteil von dem, was Jesus hier sagt, wenn sie predigen, dass derjenige von Gott mit Reichtum gesegnet wird, der richtig glaubt. Seltsamerweise werden von diesen Predigern die Aussagen von Jesus in der Bergpredigt noch nicht einmal erwähnt.

Der Kirchenvater Johannes Chrysostomus (ca. 344–407 n. Chr.) war einer der schärfsten Kritiker des Wohlstands. Wohlstand ging seiner Meinung nach auf Kosten der Armen. In seiner Auslegung zu diesem Vers geht er ausführlich auf die Frage nach Geld und Besitz ein. Wohlstand macht nach ihm blind für das Reich Gottes und löst Streit, Verwünschungen und Elend aus. Chrysostomus ruft darum zur Umkehr auf.

Ist es nicht bis heute so geblieben, dass sich das gesamte gesellschaftliche Leben um Geld und Wohlstand dreht? Bildung und Wohlstand sind die großen Themen unserer Zeit. Hat Jesus etwas gegen Bildung und Wohlstand? Ganz sicher nicht. Es geht nicht um die Frage, ob man Geld oder sogar Reichtum haben darf, sondern was das eigene Leben bestimmt. Chrysostomus hat die Aussage Jesu treffend beschrieben, wenn er sagt, dass Geld und Reichtum blind machen für das Reich Gottes. Genau um diese Frage geht es Jesus.

Jesus selbst stand vor dieser Entscheidung – Gottesdienst oder Mammondienst –, als Satan ihm die Reichtümer dieser Welt anbot (Mt 4,1–11). Besitz und Geld sind nicht nur irdische Güter, die man haben oder auch nicht haben kann, sondern sie sind eine Macht mit dem Anspruch auf das Leben des Menschen.

Geld und Reichtum haben eine große Anziehungskraft. Das Medium Geld steht zwischen Mensch und Gott und zwischen Mensch und Mensch. So erklärt Andrea Nickel-Schwäbisch: „*Damit Geld nicht zum Mammon wird, muss sich der Mensch zu ihm in ein rechtes Verhältnis bringen.*“

Das griechische Wort für „dienen“, das Jesus hier gebraucht, heißt *duleuo* und hat die Bedeutung von unterworfen sein, versklavt sein. Geld und Besitz treten als Herren auf und machen den Besitzer zum Sklaven. Ein Sklave muss tun, was sein Herr ihm sagt. Er ist total abhängig von diesem Herrn. Jesus hat eine kritische Haltung zu Geld und Besitz. Warum? Weil Geld und Besitz vergängliche Dinge sind, die keinen Beitrag zum ewigen Leben leisten. (Vgl. die Gleichnisse vom reichen Kornbauern, Lk 12,16–21, und von Lazarus, Lk 16,19–31). Rettung und ewiges Leben erlangt der Mensch nicht durch das Mehren des Wohlstandes, sondern durch seine „*bessere Gerechtigkeit*“ (Mt 5,20).

Darum warnt Jesus davor, immer „*mehr haben zu wollen*“. (Lk 12,15) Paulus spricht davon, „*sich genügen zu lassen*“. (Vgl. 1Tim 6,6–9) In einer Wohlstandsgesellschaft gehören diese Aussagen zu den großen Herausforderungen des Lebens. Denn wer ist schon bereit, seinen (bescheidenen) Wohlstand abzubauen?

Es geht in der Aussage Jesu um die Frage: Wem gehört mein Leben? (Vgl. Lk 14,33) Welche Rolle spielen Geld und Besitz in meinem Denken? Wenn Paulus schreibt, dass Geldgier (Geldliebe) eine Wurzel allen Übels ist (1Tim 6,10), dann geht es genau um diese Frage, von der Jesus hier spricht.

Wir haben von Jesus gelernt (Antithesen in 5,21-48), dass unser Leben offen, ehrlich und echt sein soll. Darum können wir uns auch die Frage stellen: Woran hängt mein Herz? Bin ich geizig? Hänge ich mehr an Geld und Besitz, als ich mir selbst eingestehe?

Solche Selbstprüfungen lieben wir nicht, weil wir, wenn es um diese Fragen geht, gerne auf die Menschen um uns herum sehen. Ja, die sind geizig oder hängen an Geld und Wohlstand (vgl. Mt 7,1–6). Aber Paulus fordert uns auf, uns selbst zu prüfen. (1Kor 11,28; Gal 6,4)

Wer Geld und Besitz hat, soll diese benutzen, um denen zu helfen, die weniger oder gar nichts haben. Es gilt, Besitz und Geld für die Bedürftigen und sozial Schwachen einzusetzen. (Vgl. Mt 6,2; 2Kor 8,14) Der Frage nach der sozialen Gerechtigkeit können Christen nicht ausweichen. (Vgl. 1Tim 6,17–19; 1Joh 3,17–18)

Es gibt eine gute Sitte, dass man den Zehnten gibt (Mal 3,10). Bereits das ist schon eine Herzensprüfung. Habe ich noch genug, wenn ich den zehnten Teil meines Lohnes abgebe? (Vgl. Phil 4,10–20) Die Herzenshaltung, von der Jesus hier spricht, finden wir auch bei Paulus (vgl. Phil 4,12). Solch eine Haltung ist keine Selbstverständlichkeit. Es bedarf einer immer wieder neuen Ausrichtung und vielleicht auch einer Umkehr, weil wir schnell in die Verstrickungen von Geld und Besitz geraten können. (Vgl. 1Tim 6,9–10; Hebr 13,5)

Wenn wir diesen Aussage Jesu mit „Gottesdienst oder Mammondienst“ überschrieben haben, dann soll deutlich werden, dass der wahre Gottesdienst in unserem Leben im Alltag stattfindet und dass der Sonntagsgottesdienst zur Ausrichtung auf den Alltag dienen soll. So sagt es auch Paulus, wenn er schreibt: *„Ich ermahne euch nun, Geschwister, durch die Barmherzigkeit Gottes, stellt eure Leiber zum lebendigen, heiligen und Gott wohlgefälligen Opfer (immer neu) zur Verfügung: das ist euer dem Wort gemäßer Gottesdienst.“* (Röm 12,1)

Fragen zum Gespräch und zur Reflexion

Welchen Einfluss haben Geld, Besitz und andere materielle Dinge in Ihrem Leben?

Wenn Sie das, was Jesus hier sagt, überdenken, was bedeutet es für Ihr Christsein?

....

....

....

Die Sorgenfrage (V. 25–32)

„Darum sage ich euch: Sorgt euch nicht um euer Leben, was ihr essen werdet, noch um euren Leib, was ihr anziehen werdet. Ist nicht das Leben mehr als die Nahrung und der Leib mehr als die Kleidung? Schaut auf die Vögel des Himmels: Sie säen nicht, sie ernten nicht, sie sammeln nicht in Scheunen - euer himmlischer Vater ernährt sie. Seid ihr nicht mehr wert als sie? Wer von euch vermag durch Sorgen seiner Lebenszeit auch nur eine Elle hinzuzufügen? Und was sorgt ihr euch um die Kleidung? Lernt von den Lilien auf dem Feld, wie sie wachsen: Sie arbeiten nicht und spinnen nicht, ich sage euch aber: Selbst Salomo in all seiner Pracht war nicht gekleidet wie eine von ihnen. Wenn Gott aber das Gras des Feldes, das heute steht und morgen in den Ofen geworfen wird, so kleidet, wie viel mehr dann euch, ihr Kleingläubigen! Sorgt euch also nicht und sagt nicht: Was werden wir essen? Oder: Was werden wir trinken? Oder: Was werden wir anziehen? Denn um all das kümmern sich die Heiden. Euer himmlischer Vater weiß nämlich, dass ihr das alles braucht.“
(V. 25–32; ZB)

Diese Verse haben in der Auslegungsgeschichte viel Unverständnis und Kritik ausgelöst. Solche Aussagen seien doch naiv und unverantwortlich. Sie fordern ja gerade dazu auf, nicht zu arbeiten und leisten der Faulheit Vorschub, aber Arbeit ist doch ein göttliches Gebot (1Mo 3,17–19; 2Thess 3,10–12). Andere Ausleger, die mit dem biblischen Text nicht so kritisch umgehen, beziehen die Aussage Jesu ausschließlich auf das Seelenheil. Darauf soll sich der Mensch konzentrieren und nicht auf das irdische Leben. Calvin ist der Meinung, dass man diese Aussage Jesu *„nicht so genau nehmen“* soll. Man soll sich, was den Unterhalt des Lebens angeht, in der Mäßigung üben. Aber will uns Jesus das sagen?

Im Zentrum dieser Ausführungen von Jesus steht das Wort „sorgen“. Das Wort (griechisch *merimnan*) hat im Neuen Testament sowohl eine positive als auch eine negative Bedeutung. Positiv: wir sollen füreinander als Ledige und Verheiratete sorgen (1Kor 7,32–37), für die Gemeinde sorgen (2Kor 11,28; Phil 2,20) und die Gemeindeglieder füreinander sorgen lassen (1Kor 12,25). Niemand soll sich selbst überlassen sein. Wenn wir füreinander sorgen, dann gibt es auch keine einsamen und vernachlässigten Menschen unter uns.

Jesus spricht hier die negative Sorgenhaltung an, die auch bereits in den Versen vorher mit dem Sammeln der Schätze angesprochen wurde. Er bezeichnet die Sorgen für Dinge des Alltagslebens wie Nahrung und Kleidung als *Kleinglaube*. Das griechische Wort ist wie das deutsche ein zusammengesetztes Wort von klein (*oligo*) und glauben (*pistos*). Da das griechische Wort *pistos* auch vertrauen bedeutet, spricht Jesus hier vom kleinen oder geringen Vertrauen Gott gegenüber. Jesus beklagt den Kleinglauben der Jünger immer wieder. (Vgl. Mt 8,26; 14,31;16,8; 17,20)

Der Vergleich mit der Natur ist anschaulich und ruft beim Zuhörer eine hoffnungsvolle und frohmachende Stimmung hervor. So möchte ich auch leben! Jesus spricht damit unser Gottesbild an. Was für ein Bild von Gott haben wir? Das eines weit entfernten Gottes, der mit unserem Leben nichts oder wenig zu tun hat? Oder das eines liebevollen Vaters, dessen Sorge darin besteht, dass es seinen Kindern gut geht und sie mit allem, was sie brauchen, versorgt werden? Es geht um Gottes Fürsorge. Jesus möchte, dass wir dem Vater im Himmel vertrauen, so wie Kinder ihrem irdischen Vater vertrauen.

Mit dem Stichwort *Vater* spricht Jesus eine wichtige Frage in unserem Leben an. Es geht um unser Vaterbild. Welches Bild von Gott als Vater haben wir? Unser Vaterbild wird von Geburt an vom eigenen Vater geprägt. Wer war mein Vater? Wie hat er sich mir gegenüber verhalten? Wie wurde mein Vaterbild von der frühen Kindheit an geprägt? Ist mein Vaterbild von Misstrauen und Angst oder von Vertrauen geprägt? Konnte ich mich auf meinen Vater in jeder Lebenssituation verlassen? Unser irdisches Vaterbild übertragen wir automatisch auf das Vaterbild Gottes. Wenn Jesus sagt: *„Euer Vater weiß ...“*, dann ist das keine intellektuelle Aussage, sondern eine emotionale. Es geht um Vertrauen, das in unserem Innersten verankert ist. Vertrauen wird in frühester Kindheit gelernt und prägt sich tief in unsere Seele ein. (Vgl. Spr 22,6) Wer in sich ein tiefes Misstrauen trägt, dem wird es schwerfallen, dieses Wort Jesu anzunehmen. Wollen wir dieses Wort Jesu ernst nehmen, dann gilt es, unser Vertrauensverhältnis zum Vater im Himmel zu prüfen und ehrlich darauf zu antworten.

Jesus fordert uns auf, unseren Blick auf die Vögel und Blumen zu lenken, um an ihrem sorglosen Leben zu erkennen, dass wir unserem Vater im Himmel vertrauen können. Mit der Wendung *„Ist nicht das Leben mehr als die Nahrung und der Leib mehr als die Kleidung?“*, macht Jesus deutlich, dass unsere irdische Existenzsicherung nicht das Einzige ist, was wir Menschen auf dieser Erde anstreben sollen. Unser Leben soll sich nicht nur um diese Fragen drehen. Petrus hat das, was Jesus hier sagt, in dem wunderbaren Satz zusammengefasst: *„Alle eure Sorge werfet auf ihn, denn er sorgt für euch.“* (1Petr 5,7; LUT; vgl. auch Phil 4,6; 1Tim 6,6 ff.)

Vielleicht wendet jemand ein, dass die Schöpfung doch stark bedroht ist und der Klimawandel die Natur zerstört. Es stellt sich die Frage: Stimmt dieses Bild mit den Vögeln und Blumen noch? Jesus sagt hier nicht: Kümmert euch nicht um die Natur, sondern lenkt euren Blick auf ein bestimmtes Phänomen der Natur: Vögel und Blumen leben ohne Sorgen. Hier ist der Vergleichspunkt.

Jesus lehrt keinen abstrakten Glauben. Die Natur gehört zu unserem Leben. Sehr treffend formuliert es Adolf Schlatter: *„Das Brot und den Rock macht Jesus zum Gegenstand unseres Glaubens, weil sie Gottes Gaben sind. Man kann bei Jesus nicht an Gott glauben, ohne daß man an die Natur gläubig wird und gläubig mit der Natur umgeht. (...) Sie war für ihn völlig die Vermittlerin des göttlichen Wirkens. Darum stellt er uns gläubig in die Natur hinein; denn er stellt uns gläubig vor Gott.“*

Fragen zum Gespräch und zur Reflexion

„Der Ruf in die sorgenfreie Existenz ist ein gefährliches Unterfangen; denn die Sorge ist jene Macht, die uns an die Spielregeln unserer Gesellschaft bindet und uns zur Übernahme der üblichen Verhaltensmuster verführt."
(Franz Kamphaus, emeritierter Bischof von Limburg)
Worin besteht für Sie die Herausforderung in dieser Aussage?

....

....

....

Wie geht es Ihnen mit diesen Aussagen Jesu?
Was lösen sie bei Ihnen aus?

....

....

....

Wie kommt es, dass Sorgen um die irdischen Güter unser Leben mehr bestimmen als die Sorge um das Miteinander in der Gemeinde (1Kor 12,25)?

....

....

....

Wie drückt sich in Ihrer Gemeinde und in Ihrem Leben der Kleinglaube aus?

....

....

....

Welches Vaterbild von Gott haben Sie?

....

....

....

Warum stehen Natur und Glaube in einem positiven Zusammenhang?

....

....

....

In **Vers 33a** gibt uns Jesus die Lösung der angesprochenen Fragen: *„Sucht zuerst nach dem Reich Gottes und seiner Gerechtigkeit."*

Wir haben bereits in der Einleitung darauf hingewiesen, dass es unterschiedliche Verständnisse vom Reich Gottes gibt. Weit verbreitet ist das Verständnis, dass das Reich Gottes im Inneren des Menschen besteht. (Lk 17,21) Wer das Reich Gottes so versteht, der wehrt sich gegen alle Bemühungen es im gesellschaftlichen Miteinander sichtbar werden zu lassen. *„Das Reich Gottes in der Seele stört niemanden und lässt sich auch jederzeit behaupten. Nicht nur der Einzelne und seine Innerlichkeit müssen erlöst werden, sondern auch die Verhältnisse, in denen er lebt – etwa die Unfreiheit und Unrechtsstrukturen, die sich in die Gesellschaft eingefressen haben. (...) Das Reich Gottes wird wahr, wo Machtmissbrauch durchschaut und bekämpft wird, wo Schuld eingestanden und vergeben wird, wo Täter und Opfer sich in die Augen schauen können."* (Kamphaus)

Das Wort „suchen" (*zäteite*, Imperativ) drückt ein Verlangen und ein Mühen aus (vgl. 7,7). Es ist ein aktives Handeln. Das Wort für „zuerst" (*proton*) können wir auch mit das Wichtigste, vor allem übersetzen. Der Sinn ist klar, es geht um die Frage: Was hat im Leben Vorrang und Priorität? Das Wichtigste, sagt Jesus, ist das Reich Gottes und seine Gerechtigkeit, nicht die Sorge um Essen und Trinken. Das Reich Gottes hat mit Jesus seinen Anfang genommen und will sich mit der Gemeinde ausbreiten sowie im Leben der Jünger Jesu sichtbar werden. (Siehe dazu: Einführung in die Bergpredigt: Die Bergpredigt als gelebter Glaube der Gemeinde Jesu). Gottes Gerechtigkeit will auf dieser Erde in seiner Gemeinde und im Leben seiner Kinder zum Ausdruck kommen. (Siehe dazu Auslegung der vierten Seligpreisung, Mt 5,6)

Warum betont Jesus, dass der Einsatz für das Reich Gottes und seine Gerechtigkeit Vorrang vor allem anderen haben? Der Grund liegt darin, dass die Ausbreitung des Reiches Gottes auf viele Hindernisse und Schwierigkeiten stoßen. Das Reich Gottes steht für andere Werte, einen anderen Lebensstil und eine andere Haltung zur Einstellung von Geld und Besitz als die Reiche dieser Welt. Diese Widersprüchlichkeit von Gottes Reich und Weltreich (Jh 18,36) macht es der Gemeinde Jesus schwer. Es gilt, viele Widerstände und Hindernisse zu überwinden. (Vgl. Jh 3,19; 15,18–19) Die Menschen warten nicht darauf, ins Reich Gottes gerufen zu werden. Es gilt, nach Wegen und Formen zu suchen, wie die frohe Botschaft die Menschen erreichen kann. (Vgl. Mt 28,29–30; Mark 16,15 ff.) Es braucht viel Weisheit, wie eine Lebensgestaltung in einer nichtchristlichen Gesellschaft so aussehen kann, damit sich die Mitmenschen daran orientieren können. (Vgl. Jh 13,25; Phil 2,15; Kol 2,6; Tit 2,11–15 u. a.) Es bedarf darum großer Mühe, um Menschen für das Reich Gottes zu gewinnen.

Paulus greift diese Aussage von Jesus auf, wenn er schreibt: „*Sucht* (zäteite, Imperativ) *was droben ist, wo Christus ist, sitzend zur rechten Gottes*" (Kol 3,1), um dann dieses Suchen zu erklären: „*Richtet euer Denken nach oben und nicht auf die Erde.*" (Kol 3,2) Mit oben meint Paulus die himmlische Welt, die der auferstandene Christus gebracht hat (Kol 3,3 ff.) Auch als erlöste Menschen sind wir dem irdischen Leben verhaftet und es bedarf einer bewussten Ausrichtung auf die Wirklichkeit des Reiches Gottes. Dabei spielt das Denken eine entscheidende Rolle (vgl. Röm 12,2). Es gilt darüber nachzudenken, wie das Reich Gottes in unserem Leben Gestalt gewinnt. Das gilt für das persönliche Leben, das Miteinander in der Familie, den Umgang mit den Mitmenschen, das diakonische Miteinander, den Einsatz für mehr Gerechtigkeit und die Gestaltung des Gemeindelebens. Die Gestaltwerdung des neuen Lebens fällt uns nicht zu, sondern soll bewusst gewollt und angestrebt werden. Paulus spricht vom Ablegen und Töten des alten Menschen und dem Anziehen des neuen Menschen, der ständig erneuert werden muss.

Diese Tatsache machen wir uns nicht genügend bewusst. Wir stehen in einem Kampf zwischen altem und neuem Leben. Weil wir in der Gefahr sind, immer wieder in das alte Leben zurückzufallen, bedarf es der ständigen Erneuerung des neuen Lebens. (Vgl. Kol 3,5–4,6) Das Streben nach dem Reich Gottes und seiner Gerechtigkeit ist keine passive, sondern eine aktive Haltung. Das Reich Gottes ist keine Zugabe zum Essen und Trinken, sondern ein bewusstes Streben danach. Die irdischen Güter sind Zugabe. Der Mensch lebt nicht vom Brot allein. (5Mo 8,3) Sehr treffend formuliert es August Tholuck, wenn er sagt, dass die Gerechtigkeit die Speise des Gottesreiches ist. Wenn man sich aber so stark für das Reiche Gottes in allen Lebensbereichen einsetzt, wo bleibt da noch Kraft und Zeit, um für das irdische Wohl zu sorgen? Hat Gott dafür denn kein Verständnis? Die Antwort gibt Jesus in Vers 33b.

Fragen zum Gespräch und zur Reflexion

Was löst diese Aussage Jesu bei Ihnen an inneren Widerständen aus?

....

....

....

Was hindert Sie daran, sich mehr für das Reich Gottes und seine Gestaltwerdung einzusetzen?

....

....

....

Wie sieht die Mitarbeiterförderung in Ihrer Gemeinde aus?

....

....

....

Welche Vision hat Ihre Gemeinde, wenn es darum geht, sich für das Reich Gottes und seine Gerechtigkeit einzusetzen?

....

....

....

Lesen Sie Kol 3,5–4,6 und schreiben Sie die Bereiche heraus, die die Erneuerung des Menschen betonen. Fragen Sie sich dann, wie diese genannten Dinge in Ihrem Leben, im Leben der Familie und in der Gemeinde Gestalt gewinnen können.

....

....

....

„... dann wird euch alles andere hinzugegeben werden.“ (V. 33b)

Essen und Trinken, Kleidung und sonstige menschliche Bedürfnisse sind Gott nicht unwichtig. Er will sie uns dazugeben, wenn wir uns für das Reich Gottes einsetzen.

Das griechische Wort *prostithämi* (hinzugeben, hinzufügen, hinzulegen) kann man auch mit nachwerfen übersetzen. Damit wird deutlich, dass Gott die irdischen Güter nicht gleichgültig sind, er wirft sie uns sozusagen hinterher, weil wir ja keine Zeit haben uns darum zu kümmern. Gott weiß, dass wir sie brauchen. (vgl. 5Mo 2,7; Lk 22,35) Das ist auch der Grund, warum wir uns nicht um die irdischen Güter sorgen sollen, weil Gott uns damit versorgen will. *Hier ist der wahre Grund für ein sorgenfreies Leben.* Wenn Gott versorgt, dann ist er immer großzügig. (vgl. Mk 6,30–44) Gott hat also keine Probleme damit, dass es uns finanziell gut geht, auch nicht damit, dass wir im Wohlstand leben. Im Gegenteil: Jesus sagt hier, dass er uns diese irdischen

Güter dazugibt, darum können wir uns mit allen unseren Kräften für sein Reich einsetzen.

Den Einsatz für die Sache Gottes kann man offensichtlich nicht nebenher leisten. Es bedarf den Einsatz des ganzen Lebens. Das widerspricht aber unserer menschlichen Logik. Um überleben zu können, müssen wir uns doch an erster Stelle um den Lebensunterhalt kümmern und wenn dann noch Zeit übrig ist auch um das Reich Gottes. Jesus sieht es anders.

Wir haben ein alttestamentliches Beispiel, das uns hilft, die Aussage Jesu zu verstehen. In 2. Chronik 1,7–12 lesen wir, dass Gott Salomo ein Angebot macht: *„Bitte, was ich dir geben soll."* (V. 7) Es liegt auf der Hand, dass ein König um Reichtum und Macht bittet, aber Salomo bittet um *„Weisheit und Erkenntnis"* (V. 10). Die Antwort Gottes auf Salomos Bitte ist bezeichnend und kann uns helfen, die Aussage Jesu zu verstehen. *„Weil du nicht um Reichtum, Ehre und Macht gebeten hast, will ich dir Reichtum, Ehre und Macht dazugeben."* (V. 11 f.) Genau das sagt uns Jesus auch.

Fragen zum Gespräch und zur Reflexion

> *Was bedeutet es für Ihr Wohlstandsverständnis, wenn Sie Ihre Zeit und Kraft für die Mitarbeit in der Gemeinde (Reich Gottes) einsetzen?*

Was bedeutet es für Ihr Leben, wenn Jesus sagt, dass er Ihnen die irdischen Güter gerne nachwirft?

....

....

....

Jesus schließt seine Ausführungen in **Vers 34** mit einem bemerkenswerten Satz ab: *„Sorgt also nicht für den morgigen Tag, denn der morgige Tag wird für sich selbst sorgen. Es ist genug, dass jeder Tag seine eigenen Mühsale hat."*

Jesus erläutert mit dieser Aussage die vierte Bitte im Vaterunser: *„Unser tägliches Brot gib uns heute."* Jeder Tag hat seine besonderen Herausforderungen und Mühsale. Es reicht, wenn wir uns darauf konzentrieren. (Vgl. Spr 27,1) Der neue Tag bringt neue Herausforderungen, dann gilt es, sich wieder darauf einzulassen. Wer diese Einstellung hat, der kann auch sorgenlos leben.

Frage zum Gespräch und zur Reflexion

Wie geht es Ihnen mit dieser Aussage?

....

....

....

Matthäus 7,1–12: Das neue Verhältnis zum Nächsten

Jünger Jesu leben in einem neuen Verhältnis zum Nächsten. Die Verse 1–11 bestehen aus zwei Abschnitten, die auf den ersten Blick nichts miteinander zu tun haben. Die Verse 7–11 werden in der Regel zu Kapitel 6,1–18 der neuen Frömmigkeit eingeordnet. Aber bei näherem Hinsehen entdeckt man doch einen Zusammenhang zu den Versen 1–6. Geht es in den Versen 1–6 um das Thema der Kritik am Verhalten des Nächsten, so geht es in den Versen 7–11 um das richtige Verhalten. Der Umgang mit dem Nächsten besteht nicht darin, seine Fehler zu kritisieren, sondern für ihn zu bitten, nach Wegen des Miteinanders zu suchen und so lange anzuklopfen, bis sich eine Lösung auftut. Diese Verse 1–11 sind eine Einladung, den Weg des Glaubens zu gehen.

Vom Umgang mit dem Nächsten (V. 1–6)

„Verurteilt niemand, damit auch ihr nicht verurteilt werdet. Denn so, wie ihr über andere urteilt, werdet ihr selbst beurteilt werden, und mit dem Maß, das ihr bei anderen anlegt, werdet ihr selbst gemessen werden. Wie kommt es, dass du den Splitter im Auge deines Bruders siehst, aber den Balken in deinem eigenen Auge nicht bemerkst? Wie kannst du zu deinem Bruder sagen: ‚Halt still! Ich will dir den Splitter aus dem Auge ziehen‘ – und dabei sitzt ein Balken in deinem eigenen Auge? Du Heuchler! Zieh zuerst den Balken aus deinem eigenen Auge; dann wirst du klar sehen und kannst den Splitter aus dem Auge deines Bruders ziehen.“ (V. 1–5; NGÜ)

Das Miteinander in der Gemeinde und auch mit allen anderen Menschen ist vor allem dadurch gefährdet, dass wir uns gegenseitig beurteilen und verurteilen. Das geschieht offensichtlich in solch einer Selbstverständlichkeit, dass wir gar nicht merken, was wir da eigentlich tun.

Das griechische Wort *krino* hat eine sehr umfassende Bedeutung und kann sowohl richten als auch verurteilen, aber auch entscheiden und unterscheiden bedeuten. Hier geht es um das Verurteilen, wie es Gerichten zusteht. Jesus sagt uns mit deutlichen Worten, dass es nicht unsere Aufgabe ist, zu Gericht zu sitzen und Urteile zu fällen.

Warum nicht? Weil Gott allein der rechte Richter ist. (Vgl. Hebr 12,23; Röm 14,10–12). Solche richterlichen Urteile stehen dem Menschen nicht zu. Warum uns das nicht zusteht, verdeutlicht Jesus am Beispiel des Auges. Wir meinen genau zu sehen, was unsere Mitmenschen (Mitchristen) alles falsch machen, aber eigentlich ist es unmöglich, die Fehler beim Mitmenschen zu sehen, weil in unserem Auge ein Balken steckt, der das Sehen unmöglich macht. Wer einen Balken im Auge hat, ist blind. Wir urteilen über etwas, was wir gar nicht sehen können. *„Richten macht blind. Liebe macht sehend. Im Richten bin ich blind gegen mein eignes Böses und gegen die Gnade, die dem Anderen gilt“*, sagt Bonhoeffer in „Nachfolge“.

Das Beispiel vom Splitter (*kaphos*) hat von der griechischen Wortbedeutung her die Bedeutung von „etwas sehr Geringfügiges“. Wir können es am Besten mit Staubkorn übersetzen. Ein Staubkorn im Auge zu haben, kennt jeder. Aber wenn jemand, der einen Balken in seinem Auge hat, zu demjenigen kommt, der ein Staubkorn im Auge hat, und will ihm das Staubkorn entfernen, dann kann man nur den Kopf schütteln über so viel Unvernunft. Das Beispiel ist so einleuchtend, sodass es keiner weiteren Erklärung bedarf.

Die Formulierung am Schluss von Vers 3 ist nicht unwichtig. Jesus spricht von der eigenen Wahrnehmung. Du achtest nicht auf dich selbst, du nimmst nicht wahr, wie es um dich steht. Wir müssten Vers 5 treffender so übersetzen: *„Heuchler, wirf zuerst den Balken aus deinem Auge und dann erst kannst du klarsehen und das Staubkorn aus dem Auge deines Bruders werfen.“*

Jesus ist wieder sehr deutlich. Er sagt: Bevor wir andere kritisieren, sollten wir erst Selbstkritik üben und unser eigenes Leben erforschen und die eigenen Fehler und Ungereimtheiten, kurz: den eigenen Balken, entfernen. (Vgl. 2Kor 13,5; Apg 20,28). Den Maßstab, den wir an andere anlegen, wird Gott auch an uns angelegen.

Nun kann man die berechtigte Frage stellen: Dürfen wir Fehler, die wir bei anderen sehen, nicht benennen und sie darauf aufmerksam machen? Das dürfen wir! Die Frage ist nur, in welcher Haltung wir es tun. Wenn wir es tun, dann sollte es *„im Geist der Sanftmut“* geschehen. (Gal 6,1). Es gilt, diese Menschen zu gewinnen und nicht zu verurteilen. (Vgl. Mt 18,15–20) Der Hebräerbriefschreiber drückt es sehr treffend aus, wenn er schreibt: *„Lasst uns einander so wahrnehmen, dass wir uns untereinander zur Liebe anspornen.“* (10,24)

Unser christliches Miteinander ist nicht gerade von dieser Haltung des gegenseitigen Ansporns zur Liebe gekennzeichnet. Es gibt viele Auseinandersetzungen in Gemeinden, Gruppen und theologischen Richtungen, die nicht liebevoll miteinander umgehen, sich aber gegenseitig verurteilen. Heuchelei ist eine der großen Gefahren im christlichen Leben. *„Wenn du mit dem Nächsten so lieblos verfährst, dass du auch die kleinen Fehler bemerkst, warum bist du dann mit dir selbst so nachsichtig, dass du sogar über deine großen Sünden hinwegsiehst?“*, fragt der Kirchenvater Johannes Chrysostomus (ca. 344–407 n. Chr.) die Christen seiner Zeit. Wir sehen immer, was alles bei anderen nicht gut oder gar schiefläuft. Wir hören oft die Predigt für andere. Wir projizieren unseren eigenen Mangel auf andere, um so selbst besser dazustehen. Wir sehen den Balken bei den anderen, während wir bei uns höchstens den Splitter finden. „Niemand ist perfekt“, ist dann unsere Entschuldigung. Unser Schubladendenken ist stark ausgeprägt. Wir sind in eine theologische Richtung festgelegt, verbunden mit bestimmten Aussagen und Formulierungen. Die eigene Haltung ist immer die richtige oder biblische. Wir werden von denen, die die gleiche Meinung vertreten, bestätigt. Eine Selbstprüfung fällt uns schwer oder gibt es gar nicht. (Vgl. 2Kor 13,5)

? Fragen zum Gespräch und zur Reflexion

Wie kommt es, dass wir immer den Splitter im Auge des Nächsten sehen und den Balken in unserem Auge nicht erkennen?

....

....

....

Was muss sich in Ihrem Denken und Verhalten ändern, wenn Sie Jesu Wort ernst nehmen?

....

....

....

„Gebt das Heilige nicht den Hunden, werft eure Perlen nicht vor die Schweine! Sie könnten sonst eure Perlen zertrampeln und sich dann gegen euch selbst wenden und euch zerreißen." (V. 6)

Diese Aussage Jesu mit dem Vergleich, das Heilige nicht den Hunden zu geben und die Perlen nicht den Schweinen hinzuwerfen, macht den Auslegern einiges Kopfzerbrechen. Eine ähnliche Aussage finden wir in Matthäus 15,26 und 2. Petrus 2,20–22.

Die Alte Kirche, die verfolgt wurde, bezog diese Aussage auf das Unverständnis, das sie von nichtchristlicher Seite im Blick auf Abendmahl, Taufe und ihr Frömmigkeitsleben erfuhr. Sie erntete dafür Spott. Darum lebte sie in diesem Bereich des christlichen Glaubens im Verborgenen. (Arkandisziplin)[34]

Die meisten Ausleger schließen sich wie Gerhard Maier dem jüdischen Verständnis an. Hunde waren ein Synonym für Gottlosigkeit und Schweine für unzüchtigen Lebenswandel. *„Jesus warnt die Jünger, Mission und Seelsorge jemandem aufzudrängen, der entschieden gottlos bleiben will. Das wäre nicht nur vergebliche Liebesmühe, sondern auch gefährlich."* Diese Auslegung scheint mir zu einfach.

Ich möchte diese Aussage Jesu im Zusammenhang der gesamten Bergpredigt verstehen. Das Heilige ist die Gerechtigkeit Gottes, mit den Perlen (man beachte, es heißt: *„eure Perlen"*) kann nur die gelebte Gerechtigkeit (siehe dazu: Einleitung in die Bergpredigt und Auslegung 5,20) gemeint sein. Der unmittelbare Zusammenhang mit den Versen 1–5 würde dann bedeuten, dass der Versuch, den Splitter beim Nächsten zu entfernen, aber den Balken im eigenen Auge zu ignorieren, so ist, als wenn man das Heilige und die Perlen vor die Hunde und Schweine wirft, das heißt, das Evangelium unglaubwürdig macht. Dietrich Bonhoeffer spricht in diesem Zusammenhang von der *„billigen Gnade"* die verschleudert wird. Das passt zum Duktus der Bergpredigt, dass ein Leben in der Gerechtigkeit Gottes ein Leben ist, das das Reich Gottes aufleuchten lässt, damit vor aller Welt sichtbar wird, was Erlösung ist, ob in der Verfolgung (5,10–12), im Lebensstil (5,13–20), der Versöhnung (5,21–24), der Verständigung im Miteinander (5,25–26), im Eheverständnis (5,27–32), im alltäglichen Umgang mit schwierigen Situationen (5,33–48), im Frömmigkeitsleben (6,1–18), im Umgang mit Geld und Besitz (6,17–34) oder im Umgang mit Fehlern anderer (7,1–5). Es ist ein mahnendes Wort Jesu, das wir uns in besonderer Weise zu Herzen nehmen sollten.

Fragen zum Gespräch und zur Reflexion

Wie weit sind Sie bereit, sich diese Mahnung Jesu zu Herzen zu nehmen?

Warum fällt es uns so schwer, das Leben ganzheitlich zu sehen? (Siehe dazu die Auslegung zu 5,48)

Vom richtigen Verhalten zum Nächsten (V. 7–11)

Diese Verse werden allgemein mit „Vom Bitten" oder „Ermutigung zum Gebet" überschrieben. Aber beim näherem Betrachten stellen wir fest, dass es sich um eine Fortsetzung der Ausführungen Jesu zu den Versen 1–6 handelt. Wenn Jesus uns davor warnt, die Fehler beim Nächsten zu sehen und die eigenen dabei zu übersehen, obwohl die eigenen viel größer sind als die des Nächsten, dann sagt er uns jetzt, wie wir uns stattdessen dem Nächsten gegenüber verhalten sollen. Unser menschlicher Zustand ist die Bedürftigkeit. Unsere Haltung Gott und den Nächsten gegenüber ist es darum, zu bitten, anzuklopfen und zu suchen. Dazu ermutigt uns Jesus. Es ist der schmale Glaubensweg, von dem Jesus dann in den Versen 13–14 spricht.

Vers 7 ist eine Ermutigung: *„Bittet, so wird euch gegeben; sucht, so werdet ihr finden; klopft an, so wird euch aufgetan."* (ZB)

Bitten, suchen und anklopfen sind drei Ermutigungen, die das Leben des Jüngers bestimmen und kennzeichnen sollen. Alle drei Worte drücken seine Bedürftigkeit aus. Ich brauche Hilfe, ich bin ein Suchender und ich klopfe an, damit mir geholfen wird. Die entscheidende Frage lautet: In welcher Haltung leben wir, in der des Bedürftigen oder in einer, die glaubt, schon alles zu haben?

- *Bitten:* Wir dürfen mit allen unseren Anliegen, Fragen und Problemen zu unserem Vater im Himmel gehen und seine Weisung und Hilfe erbitten. Es gibt so viel Nöte und ungelöste Probleme, sei es im eigenen Leben, in unserem Umfeld, in der Gemeinde oder im gesellschaftlichen Leben. Die Bitte und Fürbitte gehört zu den zentralen Glaubensinhalten eines Christen- und Gemeindelebens. (Vgl. Mt 18,19; 21,22; Lk 18,1 ff.; Jh 1,22; 14,13; 15,7; 16,23 f.; 1Joh 3,22; Jak 1,5 ff.; Jer 29,13 f.) Bitten ist eine lebenslange Glaubenshaltung und drückt die Bedürftigkeit des Glaubenden auf dieser Erde aus. Dem Bittenden verheißt Jesus, dass er auch erhalten wird. Ob seine Bitte immer so erfüllt wird, wie der Bittende es sich wünscht, sagt Jesus nicht. Jesus sagt nur, dass der Bittende auch empfangen wird. Es ist eine Verheißung. (vgl. Jh 11,22; 15,16; 16,23; Jak 1,5)

- *Suchen:* Wir beziehen das Suchen gewöhnlich auf das Suchen des Menschen nach Heil und Erlösung. So wie Jesus es in den beiden Gleichnissen vom Schatz im Acker und vom Kaufmann, der eine kostbare Perle sucht, sagt (Mt 13,44–46). Aber hier geht es um die Haltung des Jüngers, der ein Suchender bleibt, weil er weiß, dass er nicht alles weiß, und in den vielen Fragen des Lebens und Glaubens auf Hilfe angewiesen ist. Alles Suchen steht unter der Verheißung Gottes. (Jer 29,13–14a) Worin sollen wir Suchende sein? Suchen hat etwas mit Sehnsucht zu tun, die unser Handeln antreibt. Es ist die Sehnsucht nach der Gestaltwerdung des Reiches Gottes auf dieser Erde (vgl. Jh 5,39; Kol 3,1; 1Petr 3,1). Die Sehnsucht nach den Schätzen Gottes und der Frucht und den Gaben des Geistes, damit sie im eigenen Leben und in der Gemeinde zur Geltung kommen. Es ist das Suchen und Fragen, wie wir Glauben praktisch leben können, persönlich, in unseren Familien und in der Gemeinde. Das Suchen nach Wegen, wie wir Menschen für Christus gewinnen können. Nach neuen Formen, das Evangelium zu verkündigen, nach einer Sprache, die die Menschen verstehen. Es ist auch das Suchen, wie wir in der gegenwärtigen Zeit Gemeinde bauen und Mitarbeiter für ihre Aufgaben zurüsten können. Wer satt ist, sucht nicht mehr. Ein sattes Christentum jammert und klagt, dass die Menschen das Evangelium nicht annehmen wollen, statt nach Wegen und Möglichkeit zu suchen, wie sie es annehmen können.
- *Anklopfen:* Anklopfen hat nach dem Verständnis der Rabbinen die Bedeutung, die Schrift zu befragen. Wenn Jesus hier vom Anklopfen spricht, dann macht er deutlich, dass der Jünger nicht aus sich selbst heraus lebt, sondern einer ist, der die Schrift befragt, um Weisung für sein Handeln zu bekommen. Das gründliche Forschen in der Schrift gehört darum zum Wesen des Jüngerseins. (Vgl. 2Tim 3,16; Lk 4,21; Jh 7,38) Bei der Schrifterforschung geht es nicht darum, dogmatische Erkenntnisse zu sammeln, sondern darum zu hören, was Gottes Geist uns durch die Schrift vermittelt, um daran das Leben und den Dienst auszurichten. (Vgl. Offb 2,7)

Anklopfen bedeutet aber auch, dass man sich bemerkbar macht, sei es, dass man irgendwo hineinmöchte oder sei es, dass man Hilfe braucht, weil man eingeschlossen ist. Das Anklopfen, um hereingelassen zu werden, kann man als Bild verstehen, um mit jemandem Kontakt aufzunehmen oder ins Gespräch zu kommen oder um Mitarbeiter zu suchen, ein Projekt in der Gemeinde anzustoßen und vieles andere mehr. Es kann aber auch heißen: Ich bin eingesperrt und klopfe, damit mich jemand hört und mir hilft herauszukommen. Sei es, dass ich in einer Depression (oder depressiven Stimmung) stecke, verzweifelt bin und Zuspruch brauche oder ein seelsorgerliches Gespräch suche. Hören wir solches Klopfen? Sind wir bereit zu helfen?

Mit bitten, suchen und anklopfen spricht Jesus die Bedürftigkeit unseres Menschseins an und damit, dass wir aufeinander angewiesen sind. Jesus macht deutlich, dass wir Hilfe, Beistand, Ergänzung, Förderung und Korrektur brauchen. Kein Mensch ist so autonom und stark, dass er seine Mitmenschen und Mitchristen nicht benötigt.

Diese Aussage Jesu steht im Widerspruch zur gegenwärtigen Lebenseinstellung, möglichst mit allem allein zurechtzukommen. Der autonome Mensch wird gewünscht. „Sei du selbst", „optimiere dich selbst", „verwirkliche dich selbst", „coach Yourself". Jesus setzt mit dieser Aussage ein anderes Verständnis des Miteinanders voraus. Paulus nennt es Leib-Glied-Denken.[35] (Vgl. 1Kor12, Röm 12,1–8; 1Petr 4,10) Wir sind als soziale Wesen geschaffen und darum aufeinander angewiesen. Bitten, suchen und anklopfen sind keine Zeichen der Schwäche, sondern der Stärke.

Jesus macht deutlich, dass wir einander brauchen, aufeinander angewiesen sind, nicht nur im Blick auf unser Verhältnis zu Gott, sondern auch im sonstigen Leben. Ohne es zu merken, hat sich unser christliches Lebensverständnis dem gesellschaftlichen Individualismus angepasst. Der Zukunftsforscher Horst W. Opaschowski ruft darum zu Recht zu einer neuen Solidarität auf: *„Jetzt heißt es Abschied* *vom Zeitalter individueller Bastelexistenzen zu nehmen und einem Zeitalter des gemeinsamen Lebens zum Durchbruch zu verhelfen."*

An dieser Stelle gilt es, stille zu werden und sich zu besinnen: Wie ist unsere Lebensorientierung? Ist sie so ausgerichtet, wie Jesus sie hier beschreibt, oder sind wir vor allem auf uns selbst konzentriert? Was bestimmt unser Leben und unser Suchen, Bitten und Anklopfen? Sind es die Fragen, wie wir unser Leben bequem einrichten können (vgl. Phil 2,21) oder wie wir dem Reich Gottes auf dieser Erde Gestalt geben können (Mt 6,33, siehe Auslegung)?

Fragen zum Gespräch und zur Reflexion

Wie gehen Sie mit dem Bitten, Suchen und Anklopfen um?

....

....

....

Wenn Sie diese drei Aussagen Jesu auf die oben beschriebene Weise verstehen, was bedeuten sie dann für Ihre Gemeinde und für Sie persönlich?

....

....

....

Vers 8 ist eine Verheißung:
„Denn wer bittet, empfängt; wer sucht, der findet; wer anklopft, dem wird aufgetan.“ (ZB)

Mit dieser Verheißung stellt Jesus klar, dass das Bitten, Suchen und Anklopfen nicht vergeblich sein wird. Das gilt für jeden, der sich an Gott wendet. Sicherlich, nicht jede Bitte, jedes Suchen und jedes Anklopfen wird so erfüllt werden, wie wir es uns wünschen oder vorstellen, aber Gott will beim Wort genommen werden, darum gilt es, mutig dieser Verheißung zu vertrauen. Aber das gilt auch für unser Suchen, Bitten und Anklopfen in unserem Miteinander. Wir sollten ein offenes Ohr für unsere Mitmenschen haben. Nehmen wir überhaupt noch das Suchen, Anklopfen und Bitten unserer Mitmenschen wahr?

Vers 9–11 ist eine Klarstellung:
„Wer unter euch gäbe seinem Sohn, wenn er ihn um Brot bittet, einen Stein, und wenn er ihn um einen Fisch bittet, eine Schlange? Wenn also ihr, die ihr böse seid, euren Kindern gute Gaben zu geben wisst, wie viel mehr wird euer Vater im Himmel denen, die ihn bitten, Gutes geben.“ (ZB)

Einer Verheißung zu vertrauen ist ein Wagnis, das durchaus auch mit Zweifeln und Anfechtungen verbunden sein kann. Jesus unterstreicht darum die Verheißung mit einem Beispiel aus dem täglichen Leben. Kein Vater würde seinem Sohn etwas geben, das ihm schadet. Wenn, so betont Jesus, der Mensch, der vom Bösen geleitet wird, Gutes tun kann, wie viel mehr wird es der Vater im Himmel tun.

Während Matthäus von guten Gaben (*domata agatha*) redet, spricht Lukas (11,13) vom Heiligen Geist (*pneuma haion*). Das ist kein Widerspruch. Die guten Gaben sind die Gaben des Geistes (1Kor 12,1 ff.; 14,1.12), die er in uns wirken möchte, und die durch ihn in unserem Leben zur Geltung kommen wollen.

Natürlich gelten diese Worte Jesu (V. 7–11) allen Menschen, die nach Gott suchen und bei ihm anklopfen und um Einlass bitten. Sie werden Heil und Erlösung finden. So betrachtet ist es ein evangelistisches Wort. Aber es wäre zu kurzsichtig, wenn wir diese Verse nur auf dieses Verständnis beschränken würden.

? Frage zum Gespräch und zur Reflexion

Welche Folgerungen gilt es, aus dieser Aussage Jesu für Ihr eigenes Leben und die Gemeinde zu ziehen?

....

....

....

Die goldene Regel (V. 12)

„*Behandelt eure Mitmenschen in allem so, wie ihr selbst von ihnen behandelt werden wollt. Das ist es, was das Gesetz und die Propheten fordern.*" (V. 12)

Mit diesem Satz fasst Jesus alles zusammen, was er bisher gesagt hat. So einfach ist das Leben im Reich Gottes: Behandelt die Menschen so, wie ihr selbst behandelt werden möchtet.[36] Wir könnten jetzt die Aussagen der Bergpredigt im Einzelnen durchgehen. Sehr schnell werden wir feststellen, dass das alles, was Jesus sagt, etwas ist, wovon wir selbst gerne möchten, dass sich so die Menschen uns gegenüber verhalten: ehrlich, liebevoll, geduldig. Freigiebig, freundlich, verständnisvoll, nicht lügend oder betrügend und vieles andere mehr.

Es ist auffallend, dass Jesus auf das natürliche Leben verweist. Damit sagt er uns etwas sehr Wichtiges: *Das geistliche Leben aus Gott ist ein ganz natürliches Leben.* Der geisterfüllte Mensch lebt so, wie Jesus ihn in der Bergpredigt beschreibt. Bei Jesus gibt es keine fromme Welt, wie wir sie manches Mal in christlichen Kreisen finden. So manche Christen leben in einer frommen Blase, in der scheinbar alles korrekt nach Gottes Willen abläuft, während die Nichtchristen außerhalb dieser frommen Blase schlecht und böse sind. Weil so viel Böses um einen herum ist, zieht man sich zurück und kapselt sich ab. Christliches Leben ist kein abgehobenes Leben von dieser Welt, sondern ein Leben mitten im Alltagsstress. Hier zeigt sich, wes Geistes Kinder wir sind. Paulus greift diese Aussage Jesu auf und unterstreicht sie mit dem Zusatz: *„So ist die Liebe des Gesetzes Erfüllung."* (Röm 13,8b) Liebe drückt hier die Gotteskindschaft aus und damit die Kraftquelle, wo diese Liebe herkommt. (Vgl. Röm 5,5)

Frage zum Gespräch und zur Reflexion

Was bedeutet es für Ihr Christenleben, wenn alles, was Jesus in der Bergpredigt sagt, dem Alltag entspricht?

....

....

....

Matthäus 7,13–29: Menschen der Tat

Die Verse 13–29 bilden den Schluss der Bergpredigt. Es sind drei Abschnitte: die Aussage zu den beiden Wegen (V. 13–14), an den Früchten erkennt man den wahren Glauben (V. 15–23) und das Gleichnis vom Hausbau (V. 24–27). In den Versen 28–29 fasst Matthäus die Wirkung der Bergpredigt auf die Menschen zusammen.

Jesus spricht in diesen Versen die Frage der Lebenseinstellung an. Jede Lebenseinstellung ist von einer weltanschaulichen Ansicht geprägt. Die weltanschauliche Haltung prägt unser Verhalten. Jesus spricht wieder in Form von Gegenüberstellungen (ähnlich wie bei den Antithesen in Kapitel 5). Gegenüberstellungen zeigen immer zwei Möglichkeiten auf. Hier spricht Jesus von dem breiten und dem schmalen Weg, den guten und den schlechten Früchten, davon, Täter oder nur Bekenner des Willens Gottes zu sein, und das Lebenshaus auf einen Felsen oder auf Sand zu bauen. Solche Alternativen mögen wir nicht. Unser Leben ist mehr so ausgerichtet, dass wir von allem etwas haben wollen und es auch so in Ordnung finden, weil wir das, was Jesus in der Bergpredigt sagt, doch nicht ganz erfüllen können.

Die beiden Wege (V. 13–14)

„Tretet ein durch das enge Tor! Denn weit ist das Tor und breit der Weg, der ins Verderben führt, und viele sind es, die da hineingehen. Wie eng ist das Tor und wie schmal der Weg, der ins Leben führt, und wenige sind es, die ihn finden!" (V. 13–14; ZB)

Diese Verse sind geprägt von dem Bild „Der schmale und der breite Weg", das in vielen Wohnungen hing und wahrscheinlich vielen auch bekannt ist.

Auf dem schmalen Weg geht nur eine Person mit der Bibel und dem Gesangbuch unterm Arm, während auf dem breiten Weg viele Menschen gehen, alle mit Hab und Gut bepackt. Wer auf den schmalen Weg kommen will, muss durch eine enge Pforte gehen, an der alles, was man hat, zurückgelassen werden muss, während der Zugang zum breiten Weg durch ein großes weites Tor möglich ist, durch das man alles, was man besitzt, mitnehmen kann.

Dieses Bild (davon gibt es viele Variationen) prägt auch die Auslegung dieser Verse. Die enge Pforte ist der Ruf zur Entscheidung und wird mit der Bekehrung gleichgesetzt, der schmale Weg ist der Weg der Nachfolge. Das große Tor und der breite Weg stellen das Leben der Nichtbekehrten dar. Ist der schmale Weg der Weg des Lebens, auf dem nur wenige zu finde sind, so ist der breite Weg der Weg des Todes, der ins Verderben führt, und auf dem sich viele Menschen befinden. Die evangelistische Frage lautet darum: Auf welchem Weg befindest du dich? Das ist durchaus eine sinnvolle Auslegung. Allerdings scheint sie mir etwas zu einseitig, weil nur ein Gedanke betont wird.

Ich möchte diese Aussage Jesu im Zusammenhang der Bergpredigt verstehen. Das breite Tor braucht man nicht zu suchen, da können alle Menschen hindurchgehen. Der breite Weg ist die Autobahn des christlichen Lebensstils, mehr oder weniger religiös geprägt, aber ohne Einsatz und Opfer und darum auch ohne Licht- und Salzkraft. Das enge Tor ist die Gerechtigkeit Gottes, die in Jesus zu uns Menschen gekommen ist. Dieses enge Tor gilt es zu finden. Jesus spricht vom Finden, das heißt, es geht ein Suchen voraus. Der schmale Weg ist Jesus selbst (Jh 14,6). Der Weg ist schmal, weil es der einzige Weg ist, und er ist schmal, weil es der Weg der *„besseren Gerechtigkeit"* ist, die wir die *„gelebte Gerechtigkeit"* genannt haben. Wie der Weg der *„gelebten Gerechtigkeit"* aussieht, schildert Jesus in der Bergpredigt. Es ist kein bequemer Weg, oft ein sehr steiler Weg, eben ein Bergweg. Das Wort schmal ist hier im Sinne von mühevoll zu verstehen (vgl. Jh 16,33; Kol 1,29), aber es ist der Weg, der das Reich Gottes auf dieser Welt zum Klingen bringt (6,33). Dieser Weg enthält Stolpersteine (5,21–48). Es ist aber ein glückseliger Weg (5,1–12). Die Rettung hängt vom Weg ab und nicht nur von der schmalen Pforte. Das Bild von Pforte und Weg sagt das gleiche aus. Die schmale Pforte kann auch dahingehend missverstanden werden, dass man, wenn man sie durchschritten hat (sich bekehrt hat) auf der sicheren Seite ist. Nun kann man gemütlich als Christ weiterleben. Dieses Missverständnis spricht Jesus sehr deutlich in den nachfolgenden Versen an. Der schmale Weg bedeutet auch, dass sich darauf eine andere Lebensauffassung widerspiegelt. Es ist nicht gleichgültig, wie man lebt. Der schmale Weg ist der Weg des Reiches Gottes in dieser Welt. Das Reich-Gottes-Verhalten findet sich in allen Lebensbereichen.

Nehmen wir als Beispiel die Familie. Die Arbeits- und Freizeitwelt ist so gestaltet, dass für das Familienleben kaum, mitunter gar keine Zeit mehr übrigbleibt. Die gesellschaftlichen Institutionen von Kita,

Schule und Sportvereinen haben alles übernommen, was zur Kindheit gehört. Was bleibt da noch für die Familie? Die Coronapandemie[37] hat gezeigt, dass viele Familien in die Krise geraten sind, weil sie plötzlich vor Aufgaben stehen, die sie nicht mehr gewohnt sind wahrzunehmen, und darum auch nicht mehr wissen, wie sie diese wahrnehmen sollen. Plötzlich stehen Eltern vor der Frage: Wie bekommt man ein Familienleben hin, in dem die Kinder psychisch und geistlich gesund aufwachsen? Wie sieht ein gesundes Familienleben aus, in dem Kinder resilient werden und der Glaube zum ganz normalen Familienalltag gehört? Wie muss der Familienalltag strukturiert und geplant sein, damit man Zeit füreinander hat, miteinander spielen und erzählen, Freuden und Sorgen teilen, gemeinsame Unternehmungen planen, singen, beten und Bibel lesen, aufeinander Rücksicht nehmen, Begabungen und Interessen fördern kann? Unser individualisiertes Leben lässt all das nur noch bedingt oder gar nicht mehr zu. Es bedarf schon einer bewussten Entscheidung der Eltern, einen anderen Weg zu gehen als den Weg, wie er von den meisten Eltern gegangen wird. Für alle Eltern (als Vater und Mutter oder als Alleinerziehende), die diesen Weg als Familie gehen wollen, ist es ein schmaler Weg.

Fragen zum Gespräch und zur Reflexion

Wie geht es Ihnen mit diesem Wort Jesu von den beiden Wegen?

Was bedeutet diese Aussage Jesu, wenn Sie den schmalen Weg als „gelebte Gerechtigkeit" in der Familie gehen wollen?

...

...

...

Die Frucht als Erkennungsmerkmal (V. 15–20)

„Hütet euch vor den falschen Propheten, die in Schafspelzen zu euch kommen – darunter aber sind reißende Wölfe! An ihren Früchten werdet ihr sie erkennen. Lassen sich etwa Trauben ernten von Dornen oder Feigen von Disteln? So trägt jeder gute Baum gute Früchte, jeder faule Baum aber trägt schlechte Früchte. Ein guter Baum kann nicht schlechte Früchte tragen, und ein fauler Baum kann nicht gute Früchte tragen. Jeder Baum, der nicht gute Frucht bringt, wird gefällt und ins Feuer geworfen. So werdet ihr sie an ihren Früchten erkennen." (V. 15–20; ZB)

Jesus beginnt mit einem Warnruf. Achtung! Gebt genau acht! Aufgepasst! Es gibt eben nicht nur echte Jünger Jesus, sondern auch falsche. Jesus nennt sie falsche Propheten. Wörtlich übersetzt *„Lügenpropheten"*. Jesus knüpft an das Alte Testament an, denn da gab es auch falsche Propheten, also Propheten, die im Namen Gottes auftraten, aber nicht von Gott gesandt waren. (Vgl. 1Kön 22,22; Jer 23,25 f. 32; 28,15; Hes 21,34; 22,28; Sach 13,2 f.) Es sind Wölfe im Schafspelz. Diese Aussage Jesu ist zu einem geflügelten Wort geworden: der Wolf im Schafspelz.

Vor falschen Propheten und Irrlehrern wird auch im Neuen Testament gewarnt (vgl. Apg 17,31; 20,29–30; Tit 1,10–16; 1Joh 2,18–27; 4,1–6; 2Petr 2,1; Offb 2,20).

Allerdings ist hier auffallend, dass Jesus nicht vor Irrlehrern und Häretikern warnt, sondern vor Heuchlern. Von außen sind die falschen Propheten nicht zu erkennen. Sie unterscheiden sich durch nichts von den echten. Diese Feststellung Jesu ist die eigentliche Herausforderung. Es sind Menschen unter uns, mit denen wir zusammenleben, und die nach außen auch entschiedene Christen sind, aber innerlich (*ersothen* = von innen heraus, innwendig, innen; die Zürcher Bibel hat „mit darunter" übersetzt) sind sie das Gegenteil, sie sind reißende Wölfe. Mit falschen Propheten sind offensichtlich leitende Personen gemeint, die der Gemeinde den Weg zeigen, und sagen, wo es lang geht.

Woran erkennt man, ob ein Prophet echt oder falsch ist?[38]

Jesu Antwort ist eigentlich ganz einfach, wenn er sagt: *„An den Früchten könnt ihr sie erkennen."* Er bringt als Beispiel Baum und Weinstock. Baum und Weinstock sind im Judentum bekannt und werden als Bild für den Menschen verwendet. (Vgl. Ps 1; Jer 17,8; Ps 128,3; Jer 2,21) In der Tat ist es ganz einfach, die Echtheit eines Baumes oder eines Gewächses an der Frucht zu erkennen. (Vgl. Jak 3,12)

Was ist unter Früchten zu verstehen?

Die Reformatoren Luther, Calvin und Zwingli und auch der nachreformatorische Protestantismus verstand darunter die rechte Lehre. Die falschen Propheten wurden am Kriterium der Rechtgläubigkeit gemessen, während die Alte Kirche und der Pietismus die Früchte auf die guten Werke deutet. Übertragen wir Früchte auf uns Menschen, dann liegt die Antwort nahe, als erstes an die Frucht des Geistes zu denken. Diese Frucht des Geistes ist nach Galater 5,22 f. *„Liebe, Freude, Frieden, Geduld, Freundlichkeit, Güte, Treue, Rücksichtnahme und Selbstbeherrschung"*.

Paulus geht noch einen Schritt weiter, wenn er sagt: *„Nun, wer zu Jesus Christus gehört, hat seine eigene Natur mit ihren Leidenschaften und Begierden gekreuzigt. Da wir also durch Gottes Geist ein neues Leben haben, wollen wir uns jetzt auch auf Schritt und Tritt von diesem Geist bestimmen lassen. Wir wollen nicht überheblich auftreten, einander nicht provozieren und nicht neidisch aufeinander sein!"* (Gal 5,24–26; NGÜ)

Jesus spricht von guten Früchten. Josef Staudinger folgert daraus: *„Gut"* bezieht sich auf das vom *„Heiligen Geist durchglühte Herz"*, aus dem Gutes hervorgeht und *„schlecht"* auf ein *„vergiftetes Herz, aus* *dem Böses"* hervorgeht. Das sind klare Worte. Eigentlich wären dann die falschen Propheten ja ganz leicht zu erkennen.

Warum ist es nicht so leicht, einen falschen Verkündiger zu erkennen?

Um eine Frucht als echt zu erkennen, müssen wir ganz nahe herantreten, damit wir sie sehen können. Unser gegenwärtiges Problem ist, dass wir nicht mehr zusammenleben, sondern weit voneinander entfernt, auch wenn wir nahe beieinander wohnen. Die meisten Gemeindeglieder leben vom Gemeindezentrum weit entfernt und haben darum auch kaum etwas mit den Hauptamtlichen, Mitarbeitern und anderen Gemeindegliedern zu tun. Durch die sozialen Medien scheinen wir eng miteinander verbunden zu sein, in Wirklichkeit aber sind wir weit voneinander entfernt. Wir sind, was die Lebenspraxis angeht, in unserem Miteinander anonym geworden. Wie sollen wir, wenn wir nur Worte hören oder lesen, erkennen, was für Früchte im Leben dieser Menschen wachsen? Darum ruft uns Jesus mit seinem Wort zu: Achtet auf das Leben der Verkündiger und aller Mitarbeiter in den Gemeinden. Könnt ihr in ihrem Leben die Frucht des Geistes sehen? Wie zeigt sich das neue Leben aus dem Geist? Welche Resonanz verbreitet es? Wie tritt diese Person auf, überheblich und besserwisserisch oder in demütiger Haltung? Welche Frucht des Geistes ist an ihrem Leben zu sehen?

Wenn es um die Frucht des Geistes geht, dann müssen wir noch einen Schritt weitergehen und Aussagen hinzuziehen, die Jesus mit anspricht. Der Wille des Vaters ist es, dass seine Kinder ein Leben in der Liebe (Agape) führen. Die Agape aber zeigt sich im Umgang miteinander und schlägt sich ganz konkret im Verhalten nieder. (Vgl. Mt 5,44; 1Kor 13)

Wenn die Bergpredigt das Leben im Reich Gottes beschreibt, dann zeigen sich die Fürchte eines solchen Lebens in der Lebensgestaltung. Paulus sagt es in Kolosser 2,6 sehr deutlich: *„Wie ihr Jesus Christus als Herrn angenommen habt, so gestaltetet auch euer Leben in ihm."* Ähnlich in Galater 5,25 so: *„Wenn wir aus dem Geist leben, dann lasst uns auch mit dem Geist im Einklang sein."* Gemeint ist, dass wir mit der geistgewirkten Lebensweise übereinstimmen. (Vgl. Röm 8,5–10)

Mit dem Gleichnis vom Baum und seinen Früchten ist jede Scheidung zwischen Person und Tun unmöglich gemacht. Leben und Lehre sind nicht zwei verschiedene Dinge, die nichts miteinander zu tun haben, sondern eine Einheit. Unser Leben, nicht unsere Worte, zeigt, ob unsere Worte geistgewirkt oder nur Schein sind. Allerdings ist es nicht die Aufgabe der Gemeinde, über diese Menschen zu richten. Das wird Gott selbst vornehmen. (Vgl. Mt 13,30 und 36–40)

Fragen zum Gespräch und zur Reflexion

Warum fällt es uns so schwer, Menschen an ihren Früchten zu erkennen?

....

....

....

Wie können sich die guten Früchte, von denen Jesus spricht, in Ihrer Lebensgestaltung zeigen?

....

....

....

Warum dürfen Sie Leben und Lehre nicht voneinander trennen?

....

....

....

Warum reicht es nicht aus, die Früchte mit der rechten Lehre gleichzusetzten?

....

....

....

Nicht das Bekenntnis, sondern das Tun ist entscheidend (V. 21–23)

„Nicht jeder, der zu mir sagt: ‚Herr, Herr!', wird ins Himmelreich kommen, sondern nur der, der den Willen meines Vaters im Himmel tut. Viele werden an jenem Tag zu mir sagen: ‚Herr, Herr! Haben wir nicht in deinem Namen prophetisch geredet, in deinem Namen Dämonen ausgetrieben und in deinem Namen viele Wunder getan?' Dann werde ich zu ihnen sagen: ‚Ich habe euch nie gekannt. Geht weg von mir, ihr mit eurem gesetzlosen Treiben!'" (V. 21–23; NGÜ)

Diese Sätze Jesu verwirren uns. Hat Jesus nicht selbst seinen Jüngern die Vollmacht gegeben, in seinem Namen Wunder zu tun und Dämonen auszutreiben? (Mt 10,1.7–8) Gehört nicht diese Vollmacht zu den Gaben (den Charismen) des Geistes? (Vgl. 1Kor12 u. a.) Können solche Wunder auch ohne die Bevollmächtigung durch Jesus geschehen?

Diese Worte Jesu gehören sicherlich zu den schwierigsten Aussagen im Neuen Testament, denn ein Dienst ohne Bevollmächtigung ist ein nutzloser Dienst im Reich Gottes. Allerdings sollte man auch nicht leichtfertig alle, die im Namen Jesu Wunder vollbracht haben, hier einordnen und sie als falsche Propheten bezeichnen, wie es schon in den Auseinandersetzungen um die Pfingst- und charismatische Bewegung geschehen ist und auch immer noch geschieht. Oft wird auch die eigene Vollmachtslosigkeit zum Vorwand genommen, um anderen die Vollmacht abzusprechen.

Jesus spricht von vielen, die in seinem Namen Wunder getan haben. Das macht nachdenklich.

Wir sollten diese Worte Jesu so nehmen, wie er sie gesagt hat, und zunächst einmal feststellen, dass weder ein Bekenntnis zu Christus noch vollbrachte Wunder im Namen Jesu automatisch ein Kennzeichen echten Christseins sind.

Die harte Verurteilung Jesu macht uns sprachlos. Wenn Jesus vom *„gesetzlosen Treiben"* spricht, dann sagt er damit, dass diese Taten nicht dem Willen Gottes entsprechen, denn sie sind losgelöst von ihm geschehen. Jesus bezieht sich damit auf seine Aussage, dass er gekommen ist, um das Gesetz zu erfüllen (5,17). Wer also nicht aus der *„gelebten Gerechtigkeit"* handelt, der lebt auch nicht nach der Schrift. Gottes Wille ist ein Wille der Tat und keine Weltanschauung, die mit dem Leben wenig oder nichts zu tun hat. Johannes Chrysostomus kann darum sagen: *„Weder Glaube noch Wunderwerke haben einen wirklichen Wert, wenn das rechte Leben fehlt."* Natürlich entspricht nicht jede Tat dem Willen Gottes. Es gibt auch ein Tun, das nicht dem entspricht, was Jesus sagt. Ulrich Wilckens weiß: Alles *„Tun steht nach Luk 6,44 f. und Matth 7,16–20 betont unter dem Horizont des Gerichts, das an den Kriterien der Weisung Jesu bemessen wird."*

Es reicht auch nicht aus, wenn Ausleger betonen, dass es darum geht, Gottes Willen zu gehorchen, wie er ihn uns in der Schrift offenbart hat. Wie soll man das feststellen? Haben die, die diese Taten im Namen Jesu vollbracht haben nicht nach der Schrift gehandelt? Es gibt auch ein gesetzliches Schriftverständnis, das ohne Geist und Leben eingefordert wird.

Es kann natürlich auch sein, dass Menschen gemeint sind, die einmal in der Vollmacht Jesu standen, aber im Laufe ihres Lebens lau und träge wurden oder gar vom Glauben abgefallen sind, aber immer noch im Dienst stehen. (Vgl. Mt 25,1–13; Offb 3,16)

Wir können keine definitive Auslegung dieser Verse geben, aber wir sollten uns der Herausforderung Jesu stellen, gleichgültig welcher theologischen oder Gemeinderichtung wir uns zurechnen. Ganz besonders angesprochen aber sind Gemeindeleiter und Personen, die in leitenden Aufgaben in Theologie und Gemeinde tätig sind. Allen gilt das Wort aus Römer 12,2: *„Lasst euch umgestalten (transformieren) durch die Erneuerung eures Denkens, damit ihr prüfen könnt, welches der Wille Gottes ist: das Gute, Wohlgefällige und Vollkommene.“* Die Erneuerung des Denkens ist ein lebenslanger Prozess, weil sich das Wissen und die Gesellschaft in einem ständigen Veränderungsprozess befinden. Unser Denken muss ständig erneuert werden, meint N. T. Wright, damit das Evangelium durch unser Leben in die jeweilige Zeit mit ihren Herausforderungen transformiert werden kann. Nicht umsonst weist uns Paulus auf diesen Tatbestand hin. (Vgl. z. B. Eph 4,17–21; 1Thess 5,14)

In Römer 12,11c lesen wir: *„Dient der Zeit“*. In den Bibelübersetzungen wird die Textvariante *„dient dem Herrn“* übernommen, obwohl im Textzusammenhang die Aussage *„dient der Zeit“* logischer und aussagekräftiger ist. Warum ist es wichtig, der jeweiligen Zeit zu dienen? Das gesellschaftliche Leben ändert sich fortwährend. Mit jeder Veränderung kommen neue Herausforderungen: in der Sprache, im Berufsleben, durch die sozialen Medien, im Familienleben, durch Bildungsangebote, neue wissenschaftliche Erkenntnisse und vieles andere. Vollmacht und der Zeit dienen hängen offensichtlich zusammen. Gottes Wille soll in jeder Zeit zur Wirkung kommen. Aber vielleicht war es nicht die Zeit Gottes, prophetisch zu reden, Dämonen auszutreiben und Wunder zu tun? Aller Dienst im Reich Gottes will immer neu bevollmächtigt werden. Es gibt keine Vollmacht, die einmal gegeben ein Leben lang anhält.

Es gilt zu fragen: *Was ist heute die Zeit Gottes?* Wir finden diese Haltung bei Jesus, als seine Brüder ihn auffordern, zum Laubhüttenfest zu gehen, und er es ablehnt mit der Begründung: *„Für mich ist die richtige Zeit noch nicht gekommen, aber euch ist jede Zeit recht (…) Ich komme jetzt nicht. Für mich ist die Zeit noch nicht da.“ (Jh 7,6.8)* (NeÜ). Nicht alle Zeit ist Gotteszeit. Nach dem Willen Gottes zu fragen, bedeutet auch, nach dem Zeitpunkt zu fragen, wann Gott etwas getan haben will.

Allerdings – und das ist wichtig – spricht Jesus davon, dass die Scheidung von echt und unecht erst an *„jenem Tag“* geschehen wird. Mit *„jenem Tag“* ist das Endgericht gemeint. (Vgl. Mt 24,42–51; 25,1–13; 25,14–30; 1Kor 15,23; 2Kor 5,10; Offb 19,5–20) Wir sollten uns darum davor hüten, diese Scheidung selbst vorzunehmen. (Vgl. Mt 13,24–30 und 36–43) Vielmehr gilt es zu fragen, ob wir im Willen Gottes leben (siehe dazu Mt 6,10), damit wir nicht in diese Kategorie fallen.

Fragen zum Gespräch und zur Reflexion

Warum sollten Sie vorsichtig sein mit vorschnellen Urteilen, was Jesus in den Versen 21–23 sagt?

Wenn sich auch der Inhalt der Botschaft Jesu nicht verändert, warum ist es wichtig nach dem Zeitpunkt zu fragen, wann Gottes Wille gekommen ist?

Das Fundament (V. 24–27)

„Darum gleicht jeder, der meine Worte hört und danach handelt, einem klugen Mann, der sein Haus auf felsigen Grund baut. Wenn dann ein Wolkenbruch niedergeht und die Wassermassen heranfluten und wenn

der Sturm tobt und mit voller Wucht über das Haus hereinbricht, stürzt es nicht ein; es ist auf felsigen Grund gebaut. Jeder aber, der meine Worte hört und nicht danach handelt, gleicht einem törichten Mann, der sein Haus auf sandigen Boden baut. Wenn dann ein Wolkenbruch niedergeht und die Wassermassen heranfluten und wenn der Sturm tobt und mit voller Wucht über das Haus hereinbricht, stürzt es ein und wird völlig zerstört.“ (NGÜ)

Das Gleichnis vom Hausbauen versteht jeder. Wir haben auch schon genügend Bilder gesehen von Stürmen und Wasserfluten, die reihenweise Häuser niedergerissen haben, weil sie kein festes Fundament hatten.

Unser Leben gleicht einem Hausbau. So wie ein Haus ein Fundamt braucht, so auch unser Leben. Die Frage, die sich stellt, lautet: Auf was für ein Fundament bauen wir unser Leben auf? Die erste Antwort, die wir geben, lautet: Auf dem Fundament Jesu Christi, er ist der Fels, der jedem Sturm standhält. (Vgl. 1Kor 3,11; 10,4) Aber damit haben wir dieses Wort Jesu noch nicht vollständig erfasst. Jesus sagt sehr deutlich, dass das Fundament, das wir legen, aus dem Tun der Worte Jesu besteht. Jesu Worte wollen nicht nur gehört und bejaht, sondern getan werden. Dietrich Bonhoeffer formuliert es so: *„Und wenn ich meinen Glauben, meine grundsätzliche Anerkennung diesem Wort gegenüber noch so sehr beteure, Jesus nennt das Nichttun. Das Wort aber, das ich nicht tun will, ist mir kein Fels, auf den ich ein Haus bauen kann. Hier ist keine Einheit mit Jesus.“*

Wie sieht der Bau unseres Lebenshauses aus? Hat das, was wir bauen, Bestand oder ist es wertlos und hält dem Gericht Gottes nicht stand. (Vgl. 1Kor 3,12–15)

Was ist mit der Sturmflut gemeint? Viele Ausleger beziehen dieses Bild auf das Endgericht Gottes, so wie es Paulus auch sagt. (1Kor 3,11–15), aber dieses Verständnis entspricht nicht ganz der Aussage Jesu. Viel näher liegt, dass mit Wolkenbruch, Wassermassen und Sturm die Anfechtungen und Bedrohungen des Lebens gemeint sind. Das christliche Leben ist in einer nichtchristlichen Welt von vielen Herausforderungen, Anfechtungen und Gefahren bedroht, sei es in der Verfolgung oder Ablehnung oder sei es durch Lebensumstände und Krankheitsnöte. Solange es uns gut geht, ist es leicht zu glauben. Kommen aber Nöte, die unser Leben bedrohen, dann zeigt sich, auf welchem Fundament wir gebaut haben.

Aber das Gleichnis vom Hausbau hat noch einen anderen biblischen Zusammenhang, der kaum beachtet wird: die Gemeinde als Bau Christi. Das Haus, das wir bauen, ist kein Privathaus (für mich und Jesus!), sondern ein Gemeinschaftshaus. (Vgl. 1Kor 3,9–15) Alle, die daran bauen, sind aufeinander angewiesen, nicht nur in dem, wie sie bauen, sondern vor allem in der gegenseitigen Unterstützung, Ergänzung (Gal 6,2) und darin, füreinander Sorge zu tragen. (1Kor 12,25) Jede Gemeindeleitung und alle Mitarbeiter einer Gemeinde müssen sich darum fragen, wie sie Gemeinde bauen.

Diese Frage stellt Paulus auch an die Gemeinde zu Philippi: „*Nicht wahr, es ist euch wichtig, einander im Namen von Christus zu ermutigen? Es ist euch wichtig, euch gegenseitig mit seiner Liebe zu trösten, durch den Heiligen Geist Gemeinschaft miteinander zu haben und einander tiefes Mitgefühl und Erbarmen entgegenzubringen? Nun, dann macht meine Freude vollkommen und haltet entschlossen zusammen! Lasst nicht zu, dass euch etwas gegeneinander aufbringt, sondern begegnet allen mit der gleichen Liebe und richtet euch ganz auf das gemeinsame Ziel aus. Rechthaberei und Überheblichkeit dürfen keinen Platz bei euch haben. Vielmehr sollt ihr demütig genug sein, von euren Geschwistern höher zu denken als von euch selbst. Jeder soll auch auf das Wohl der anderen bedacht sein, nicht nur auf das eigene Wohl. Das ist die Haltung, die euren Umgang miteinander bestimmen soll; es ist die Haltung, die Jesus Christus uns vorgelebt hat.*“ (Phil 2,1–5; NGÜ)

Wir kommen nicht darum herum, uns zu fragen, ob unser Miteinander als Christen im privaten und Gemeindeleben dem entspricht, was Jesus und Paulus sagen.

Fragen zum Gespräch und zur Reflexion

Welche Hilfen bietet Ihnen dieses Wort Jesu für Ihr Gemeindeverständnis?

Welche Hinweise gibt Ihnen dieser Text und vor allem der Text aus Phil 2,1–5 für Ihr Glaubensverständnis?

Der Eindruck, den die Bergpredigt hinterlässt (V. 28–29)

„*Als Jesus seine Rede beendet hatte, war die Menge von seiner Lehre tief beeindruckt, denn er lehrte sie nicht wie ihre Schriftgelehrten, sondern mit Vollmacht.*" (V. 28–29; NGÜ)

Als Jesus seine Rede beendet hat, sind die Zuhörer entsetzt. Das Wort *ekplässo* steht im Passiv und hat die Bedeutung von überwältigt sein, fassungslos sein, außer sich geraten, betäubt sein. Das können wir gut nachvollziehen. Auch wir sind von dem, was Jesus sagt, wie betäubt. Diese Lehre, die Jesus in der Bergpredigt vorträgt, ist außergewöhnlich. Matthäus beschreibt die Rede Jesu mit dem Wort Vollmacht.

Das Wort Vollmacht (*exusia*) beschreibt die Macht und Kraft Gottes, der aus dem Nichts etwas schaffen kann. Die Vollmacht, in der Jesus spricht, unterscheidet sich von der der Schriftlegehrten dadurch, dass diese versuchen, im Gesetz Gottes Willen zu erkennen und ihn zu interpretieren, während Jesus selbst dieses Wort ist. Jesus spricht in der Autorität Gottes. Seine Worte wollen so aufgenommen werden, wie er sie gesagt hat. Sie sind verbindlich und nicht eine Möglichkeit unter vielen anderen zu leben. Vollmacht zeigt sich immer darin, dass es die Herzen der Menschen berührt und verwandelt. Auch für unser Leben gilt, dass wir bevollmächtigt werden. (Mt 10,1; 28,18–20) Die *exusia* Gottes wird uns verliehen. Wir sind allerdings darauf angewiesen, dass Gott unsere Worte bevollmächtigt, sonst bleiben sie Worte ohne Wirkung.

Gerade Kapitel 7 der Bergpredigt führt uns deutlich vor Augen, dass wir uns als Glaubende nicht in Sicherheit wiegen sollten, sondern herausgefordert sind, unser Christenleben immer wieder zu überdenken und uns von den Worten Jesu herausfordern lassen in der Gewissheit, dass die geschenkte Gerechtigkeit Gottes (seine Gnade) unser Leben befreit und mit Zuversicht und Freude erfüllt (vgl. Röm 3,24; Eph 2,8).

Frage zum Gespräch und zur Reflexion

Welche Schlussfolgerungen ziehen Sie aus den Ausführungen Jesu?

Überlegungen zur Praxis der Bergpredigt

Wenn wir in die Kirchengeschichte hineinschauen, dann war bis ins 16. Jahrhundert die Bibel ein fremdes Buch für den „normalen“ Christen. Das Verständnis, wie man als Christ zu leben hat, war abhängig von den kirchlichen und staatlichen Vorgaben, die gesetzlich geregelt waren. Erst mit Luthers Bibelübersetzung war es möglich, dass jeder Bürger die Bibel lesen konnte, aber erst mit dem Aufkommen des Pietismus im 17./18. Jahrhundert fing man an, die Bibel in ihrem Zusammenhang zu lesen und auszulegen. Es kamen die Bibelstunden auf, in denen eine fortlaufende Auslegung einzelner biblischer Bücher betrachtet wurde. Verbunden mit dieser Auslegung entstand die Erweckungs- und Missionsbewegung. In der Erweckungsbewegung wurde Wert auf den gelebten Glauben gelegt. Mit der Individualisierung des Lebens, wie wir es zunehmend erleben, wird der gelebte Glaube immer mehr dem einzelnen Glaubenden überlassen. Die Bibelstunde wurde vom Hauskreis abgelöst, steht aber in der Gefahr, eine in sich geschlossene Gruppe zu werden, die sich um sich selbst dreht. Die Frage, die sich darum stellt, lautet: Wie kann Gottes Wort (zum Beispiel die Bergpredigt) in das Alltagsleben transformiert werden? Eine nicht leicht zu beantwortende Aufgabe.

Auf die Bergpredigt angewandt, stehen wir immer wieder in der Gefahr, sie unseren menschlichen Möglichkeiten anzupassen. So wird die Bergpredigt gerne mit der Weisheitsliteratur gleichgesetzt, wie wir sie in der spätjüdischen Literatur und in den Gemeinderegeln der Qumrantexte finden. Jesus als Weisheitslehrer. In der Tat findet sich in der Bergpredigt viel Weisheit. Verstehen wir sie aber so, brechen wir die Bergpredigt auf das „normale" Leben herunter und sie verliert ihre Herausforderung. Wir entkräften die Aussagen der Bergpredigt, ohne es zu wollen. *In der Bergpredigt aber, so haben wir gesehen, begegnet uns der letztgültige Wille Gottes.*[39] Wir wollen darum noch einige grundsätzliche Fragen ansprechen, die unser Leben als Christen beschäftigen sollten. Die Bergpredigt bildet das Zentrum der Verkündigung Jesu. Auf der Bergpredigt fußen auch – wie wir gesehen haben – die übrigen Schriften des Neuen Testaments. Die Vernachlässigung der Bergpredigt – wie überhaut der Evangelien – führt zu einem individualethischen Verständnis des christlichen Lebens. Einzelne Aussagen, vor allem aus den Briefen, werden hervorgehoben, alle anderen Texte werden diesen dogmatisch-ethischen Einzelaussagen untergeordnet.

Wir haben aber gesehen, dass die Bergpredigt im Zusammenhang gelesen und verstanden eine größere Aussagekraft hat als einzelne Aussagen, die aus dem Textzusammenhang genommen und individualistisch interpretiert werden.

In der Bergpredigt wurde uns deutlich, dass Jesus darin das Leben im Reich Gottes auf der Grundlage der *„besseren Gerechtigkeit"* vorstellt, das nur im Miteinander als Gemeinschaft gelebt werden kann und dadurch seine gestaltende Kraft im gesellschaftlichen Leben entfaltet. Die Bergpredigt will mit *„Herz, Kopf und Hand"* sowohl intellektuell wie emotional verstanden, um dann praktisch gelebt werden. Das ist aber nur dann möglich, wenn das neue Leben aus Gott unser Herz erfüllt und es vor Freude und Begeisterung hüpfen lässt. (1Joh 3,1)

Das neue Leben in Christus ist kein verborgenes Gut, das wir im Herzen tragen, sondern ist ein in allen Lebensbereichen überfließendes Leben, das seinen Ausdruck in der Lebensgestaltung findet (1Thess 4,1). Es ist auffallend, dass Paulus die Thessalonicher darauf hinweist, dass es sich um einen Prozess handelt, der nie abgeschlossen ist, wenn er davon spricht, dass dieses überfließende Leben immer *„mehr"* werden soll. Paulus sagt uns damit, dass wir uns nicht mit dem, was wir einmal erreicht haben, zufriedengeben sollen, um dann in einem christlich-bürgerlich-anständigen Leben dahinzutrotten. Paulus beruft sich ausdrücklich auf Jesus. Das Leben aus Jesus ist ein überfließendes Leben. (Vgl. Mt 5,20.47; Jh 10,10; Luk 6,45; dort steht das Wort *perisson* = überfließend, außergewöhnlich). Warum betonen Jesus und Paulus solch ein außergewöhnliches Leben? Einmal weil es Gott gefällt (1Thess 4,1) und zum anderen, weil solch ein Leben eine missionale Resonanz hat. Paulus spricht ausdrücklich von *„Außenstehenden"* (1Thess 4,12), die an solch einem Leben die umgestaltende Kraft der Erlösung durch Jesus erkennen können.

Nun kann man natürlich fragen: Wird mit dieser Aussage nicht ein Druck aufgebaut, dem der Christenmensch gar nicht gewachsen ist? Um die Bergpredigt und auch die übrigen Schriften des Neuen Testaments richtig zu verstehen, gilt es unbedingt, zwischen *Gabe und*

Aufgabe zu unterscheiden. Grammatikalisch ausgedrückt: zwischen Indikativ und Imperativ.[40] Die Gabe (Indikativ) des neuen Lebens ist die Voraussetzung für die Aufgabe (Imperativ), die es zu erfüllen gibt. Wir können nur das, was wir empfangen, leben und auch weitergeben. Das neue Sein begründet die neue Lebensweise, wie Jesus sie in der Bergpredigt vorstellt. Sie ist das Gesetz Christi, von dem Paulus spricht. (Gal 6,2)

Wir wollen darum noch einmal das, was Jesus uns lehrt, in sieben Aussagen zusammenfassen, die uns zum Nachdenken herausfordern sollen:

1. Die Bergpredigt ist Jesu Lehre an seine Gemeinde

Nach dem Verständnis Jesu beinhaltet seine Lehre vor allem praktische Anweisungen zur Lebensgestaltung. Die Inhalte, die Jesus lehrt, sprechen einen Transformationsprozess im Denken, Handeln und Leben der Jünger an. Dieser Transformationsprozess drückt sich allerdings nur unvollkommen in dieser Welt aus.[41] Es handelt sich um ein zeichenhaftes Leben im angebrochenen Reich Gottes. Dieses zeichenhafte Leben unterscheidet sich grundlegend vom allgemeinen Lebensverständnis der Menschen. Die Lehre Jesu unterscheidet sich von der Lehre der Rabbinen dadurch, dass Jesus eine innere Herzenswandlung voraussetzt. Im damaligen Judentum war alles genauestens gesetzlich geregelt. Es ging nur darum, diese Regelung nach außen hin zu befolgen. Der Unterschied zur Herzenshaltung besteht darin, dass nun der Mensch von innen her das leben kann, was Jesus sagt. Wenn das Herz angesprochen wird, dann geht es um das Zentrum des menschlichen Lebens. Das Herz ist ein Synonym für die Einheit von Denken, Fühlen, Empfinden und Wille. Eine Trennung von Denken, Fühlen und Wollen ist darum nicht möglich. Allerdings drückt sich dieser Herzensglaube in unterschiedlicher Weise im Leben eines Menschen aus. Menschen, die eine sachlich-korrekte Persönlichkeitsstruktur haben, begründen den Glauben mit ihrer Vernunft und sind skeptisch allen Gefühlen gegenüber. Menschen, die stärker unkonventionell-warmherzig geprägt und von Gefühlsschwankungen beeinflusst werden, betonen stärker den Glauben vom Erleben und Gefühl her. Diese unterschiedlichen Glaubenshaltungen wirken sich auch in den verschiedenen Situationen des Lebens aus: im Miteinander der Ehe, im Umgang mit den Kindern und in der Frage, wie Gemeinde und Mission Gestalt gewinnen. Es ist darum durchaus angebracht zu fragen: Welcher Persönlichkeitstyp bin ich und warum betone ich die sachliche Richtigkeit des Glaubens so stark? Warum kommt es mir darauf an, dass der Glaube mit meinen Gefühlen übereinstimmt? Während es dem sachlich-korrekten Menschen vor allem auf die Richtigkeit (Wahrheit) der biblischen Aussagen ankommt, ist der unkonventionell-warmherzige Mensch großzügig, was diese Begrifflichkeiten angeht. Jeder muss sich fragen: Wo sehe ich immer nur den Splitter im Auge des andern und nehme meinen Balken nicht wahr? (Vgl. Mt 7,1–6) Jesu Lehrunterweisungen wollen so erfasst werden, dass alle Menschen, gleich welcher Persönlichkeitstyp sie sind und wie sie geprägt wurden, Gottes Wort leben können.

Fragen zum Gespräch und zur Reflexion

Was verstehen Sie unter Lehre?

....

....

....

Was für ein Persönlichkeitstyp sind Sie?

....

....

....

Welche Persönlichkeitstypen prägen Ihr Glaubens- und Gemeindeleben?

....

....

....

2. Die bessere Gerechtigkeit

Die Lehre Jesu in der Bergpredigt gründet auf der empfangenen Gerechtigkeit Gottes aus Glauben (Röm 3,21–25) und wird als *„bessere"* (gelebte) Gerechtigkeit (5,20) von der Gemeinde gelebt. *„Die göttlichen Weisungen der Tora haben den Sinn, den Menschen in eine ganzheitliche Transformation zu führen"*, unterstreichen Thorsten Dietz und Tobias Faix.

Damit dieser Transformationsprozess beginnen kann, gilt es, durch das enge Tor der Gerechtigkeit Gottes zu gehen (7,13). Die gelebte Gerechtigkeit ist nicht eine private Glaubenshaltung, die niemanden etwas angeht, sondern Licht, Salz und eine Stadt auf dem Berg (5,13–16). Es ist ein zeichenhaftes Leben, das sowohl im Kleinen (Familie und privaten Lebensbereich) wie im Großen (gesellschaftlichen Leben) das anbrechende Reich Gottes zum Leuchten bringt. Die gelebte Gerechtigkeit hat auch politische Auswirkungen und führt zu einem Leben im Frieden. (Vgl. Jes 32,17) Diese veränderte Lebenshaltung kann aber auch zur Bedrängnis und zur Verfolgung führen, wenn die politischen Verhältnisse es nicht zulassen. (Mt 5,10–12) Es gilt darum zu fragen, wie die Gemeinde eine Stadt auf dem Berge werden kann, welche Leuchtkraft sie hat und ob sie Salz im gesellschaftlichen Alltag ist. Das Hineinwirken der *„besseren Gerechtigkeit"* geschieht über die Liebe. (Röm 13,10)

Fragen zum Gespräch und zur Reflexion

Warum ist es wichtig, dass Sie aus der „besseren" Gerechtigkeit heraus Ihr Leben gestalten?

....

....

....

Wie kann Ihre Gemeinde zur Stadt auf dem Berge werden?

....

....

....

3. Lehre und Leben

Bei Jesus sind Lehre und Leben identisch. Jesus hielt keine unverbindlichen Vorträge und Vorlesungen, sondern sammelte Menschen um sich, mit denen er lebte. Die Bergpredigt macht deutlich, dass es kein von der Praxis abgelöstes Verstehen des Wortes Gottes gibt. Jesus stellt uns unmissverständlich vor Augen, dass es keinen Glauben ohne christliche Lebenspraxis gibt. Diese Erkenntnis stellt so ziemlich alles auf den Kopf, wie Glaube weithin in der Geschichte der Kirche verstanden wurde. Das Herauslösen von einzelnen ethischen Merkmalen, die dann als Gesetz Gottes[42] verstanden und verkündigt und möglichst in staatliche Gesetzesregelungen festgeschrieben werden, führt zu einem Glaubensverständnis, das von außen geregelt und nicht als Herzenshaltung gelebt wird. Gesetzliche Regelungen sind nicht unwichtig, aber bieten nur Rahmenbedingungen, die noch mit Leben gefüllt werden müssen. Christliches Leben, so wie

Jesus es in der Bergpredigt schildert, ist verwandeltes Leben, das aus dem transformierten Glauben hervorgeht, nicht, weil ein Gesetz es vorschreibt. Eine gesetzliche Regelung fördert immer das fremdbestimmte Leben, nur ein Leben aus der Kraft der Gerechtigkeit Gottes führt zu einer christlichen Mündigkeit. Ein mündiges Christenleben besteht nicht in Worten, sondern in Taten und in einem Aufeinander-angewiesen-Sein.

Mit dem Auseinanderbrechen von Lehre und Leben besteht die Gefahr der Heuchelei. Jesus betont einige Male deutlich, dass gerade die gesetzestreuen Juden in der Gefahr der Heuchelei stehen. (Mt 6,5; 6,16; 7,5 und Mt 23 – sechsmal), weil sie etwas einfordern, was sie selbst nicht leben. Heuchler sind Menschen, die fordern, etwas zu halten und zu leben, was sie selbst nicht leben und was auch nicht der Wirklichkeit gerecht wird. Wir kommen nicht darum herum zu fragen, ob nicht so manches, was als christliche Lebensweise gefordert wird, nur ein Ideal ist, aber weder gelebt werden kann noch gelebt wird. Ich denke da an das Familienleben. Als Christen betonen wir die Wichtigkeit der Familie und die Verantwortung der Eltern für die Erziehung der Kinder, obwohl die meisten Eltern kaum noch ihrer erzieherischen Aufgabe nachkommen können und die Fremdbetreuung längst der Normalfall geworden ist.

Wenn es um Lehre und Leben geht, dann stellt sich die Frage: Wie kommt Lehre ins Leben? In unserer westlich geprägten Denkweise geschieht es so gut wie ausschließlich über Worte (Predigt, Vorträge, Seminar, Studium etc.). Ob und wie diese Lehre ins Leben umgesetzt wird, bleibt dem Hörer überlassen. (individualistisches Schrift- und Glaubensverständnis) Wir haben gesehen, dass es bei Jesus anders war. Bei Jesus fallen Lehre und Leben zusammen. Was Jesus lehrte, lebte er auch. Hier liegt die eigentliche Herausforderung an unser Lehrverständnis.

Auch in den übrigen neutestamentlichen Schriften wird das betont, zum Beispiel indem von Nachahmung gesprochen wird. Nachahmung ist nur dort möglich, wo etwas vorgelebt wird, das nachgeahmt werden kann (näheres dazu im Abschnitt „Was heißt: Jeus nachfolgen?“). In Römer 6,17 spricht Paulus vom *„Typos der Lehre“* (wörtliche Übersetzung), die der Gemeinde in Rom *„übergeben“* worden ist, und der sie *„gehorsam aus dem Herzen“* wurde. Diese Formulierung ist für uns befremdlich und unverständlich. Alle Ausleger tun sich schwer damit.[43] *Typos* wird allgemein mit Vorbild übersetzt. Sinngemäß kann das nur heißen, dass die Gemeinde in Rom die Lehre, die ihnen vorgelebt wurde, auch so lebte. Eine gute Erklärung dieser Aussage von Paulus finden wir in 1. Timotheus 4,12. Dort schreibt er an Timotheus: *„Werde zum Vorbild (Typos) der Gläubigen im Reden, in der Lebensgestaltung, in der Liebe, im Glauben (Vertrauen), in der Lauterkeit.“*

Diese Aussage von Paulus entspricht genau dem, was Jesus in der Bergpredigt lehrt. Die entscheidende Frage für unsere Zeit lautet darum: Wie kommt die Lehre Jesu und der Apostel ins Leben?

Fragen zum Gespräch und zur Reflexion

Woher kommt es, dass sich in unserem Denken die Lehre vom Leben gelöst hat?

Warum ist es wichtig, Lehre und Leben als Einheit zu sehen?

Was können Sie tun, damit Lehre und Leben wieder mehr zusammenfinden?

....

....

....

Was verstehen Sie unter Vorbild (Typos)? Wie leben Sie Vorbild?

....

....

....

4. Die Bergpredigt als Gestalt der Kirche

Die Vernachlässigung der Bergpredigt als Gestalt der Kirche (Gemeinde) hat weithin zur Folge, dass dem Christenleben die Licht- und Salzkraft verloren gegangen ist. Die gelebte Gemeinschaft (Apg 2,42–47) der Glaubenden wird immer mehr aufgegeben zugunsten eines privaten Glaubensverständnisses. Es ist dem einzelnen Christen überlassen, wie er seinen Glauben lebt. Die Verkündigung beschränkt sich auf sachliche Erklärungen biblischer Texte. Das führt zu einer Rechtgläubigkeit und vernachlässigt das gelebte Miteinander, damit geht der Zeichencharakter der Gemeinde immer mehr verloren. Christsein wird nicht mehr vom Leib-Glied-Verständnis her gelebt, wie es Paulus entfaltet (vgl. 1Kor 12 und 13; Röm 12; Eph 4,11–16), sondern als Einzelleistung angesehen.

Von dem Kirchenvater Tertullian stammt die Aussage *„Ein Christ ist kein Christ."* Damit drückt er eine Wahrheit aus, die wir in einer individualisierten Gesellschaft, in der jeder sich selbst der Nächste ist, neu bedenken müssen, was Tertullian damit zum Ausdruck bringen wollte. Christsein ist auf Gemeinschaft hin angelegt. Wir brauchen ein neues Verständnis von Kirche. Kirche ist dort, wo Menschen miteinander leben und glauben und beschränkt sich nicht auf den Gottesdienst am Sonntagvormittag. Um die Bergpredigt leben zu können, brauchen wir ein anderes Verständnis von Jüngerschaft. Nicht der Jünger als Zuhörer ist gefragt, sondern der Jünger, der mit anderen gemeinsam Gottes Wort und Willen im Alltag lebt. *„Eine neue Lebensweise und Versöhnungsqualität sollen sich in der* ekklesia, *der Gemeinde Jesus, erweisen."* (Heinrich Christian Rust)

Ihren stärksten Ausdruck findet dieses Miteinander in der Mitarbeiterschaft der Gemeinde. Gemeinde versteht sich als Gemeinschaft, die miteinander Gemeinde baut. Eine solche Gemeinde ist nicht nur eine Gottesdienstgemeinde. Jedes Gemeindeglied ist Mitarbeiter. Diese Mitarbeitergemeinde bedarf der Förderung und muss langfristig eingeübt und weitergegeben werden.[44]

? Frage zum Gespräch und zur Reflexion

Wie können Sie Ihr Gemeindeleben so gestalten, damit die Inhalte der Bergpredigt stärker zur Entfaltung kommen?

....

....

....

5. Nachfolge heute

Die Frage, die sich für uns stellt, ist, wie Nachfolge heute aussehen kann, da Jesus ja nicht mehr leibhaftig unter uns ist, und wir ihm nicht mehr wie zu neutestamentlicher Zeit hinterhergehen können. Die neutestamentlichen Schreiber haben darum die unmittelbare Nachfolge (Jesus hinterher gehen) durch den Begriff *„Nachahmung"* ersetzt. Nachahmung drückt aus, dass der Mensch als soziales Wesen auf ein Beispiel oder Modell oder Vorbild angewiesen ist, um das leben zu können, was Jesus in der Bergpredigt lehrt. Diese Frage wird in besonderer Weise von Jesus in den Ausführungen zur Frömmigkeit angesprochen (Mt 6,1–18), aber auch in den Aussagen zum sozialen und mitmenschlichen Miteinander (Mt 5,21–48 und 7,1–6). In der Frage der Frömmigkeit geht es nicht um antiquierte Ansichten und einen weltfremden Lebensstil, sondern um ein Leben, das die Größe, Schönheit und Herrlichkeit des Reiches Gottes aufstrahlen lässt. Frömmigkeit (über den Begriff kann man streiten, aber es gibt zurzeit keinen anderen, der das zum Ausdruck bringt, was Jesus meint) ist nach dem Verständnis Jesu eine Lebensweise, die aus dem Umgestaltungsprozess (Transformationsprozess) der *„besseren Gerechtigkeit"* hervorgeht und sich in allen Lebensbereichen niederschlägt, im privaten, sozialen, gesellschaftlichen und ökonomischen Bereich. (Vgl. Röm 6,17; 7,6; 12,2; Eph 4,20–24; Kol 2,6; Hebr 13,18 u. a.) (Siehe dazu die Auslegung von 6,1–18 und besonders die Folgerungen).

Die Individualisierung des gesamten gesellschaftlichen Lebens hat dazu geführt, dass Nachfolge ebenfalls individualisiert verstanden wird. Die Betonung liegt auf dem Selbst: Selbstliebe, Selbstannahme, Selbstwert, Selbstführung, Selbstleitung, Selbstregulierung, Selbststeuerung, Selbstverantwortung, Selbstmanagement etc. Diese Betonung des „Selbst" wird nach Friedrich Boller weithin als mündiges Christsein verstanden. Unser christliches Leben kreist oft nur noch um unsere eigenen individuellen Bedürfnisse. Es muss aber gefragt werden, ob wir Nachfolge so richtig verstehen oder unbeabsichtigt ein Verständnis von Nachfolge anstreben, das den starken Einzelchristen betont und alle andern nur noch zu Mitläufern macht. Diese „Selbst-Betonung" fußt auf einem Glaubensverständnis, das aus Überzeugungen, Werten und Normen besteht, also aus Prinzipen, die nicht auf Gemeinschaft angewiesen sind. Dieses einseitig kulturell geprägte Verständnis wird nicht dem Lebensverständnis Jesu gerecht, auch nicht den übrigen Schriften des Neuen Testaments. Der zentrale Begriff Gemeinschaft (Koinonia) wird damit entwertet und nach Rodriguez auf ein „*niedriges Niveau reduziert*“. Dieses individualisierte Denken prägt auch unser Gottesbild. Nicht der dreieinige Gott, der als Vater, Sohn und Heiliger Geist in einer Gemeinschaft in Einheit lebt, prägt unser Christsein, sondern ein individualistisches Bild von Gott. Aber Gott ist ein Gott der Gemeinschaft. Es gilt darum zu fragen, wie wir Gemeinschaft in einer individualisierten Gesellschaft leben können.

? Fragen zum Gespräch und zur Reflexion

Was für ein Gottesbild prägt Ihr Denken und wie wird es sich auf Ihr Christsein auswirken?

Wie wird in Ihrer Gemeinde Nachfolge gelehrt?

Warum ist Modelllernen (Nachahmung) in einer individualisierten Gesellschaft besonders wichtig?

Was müsste sich im Gemeindeverständnis ändern, damit Nachahmung möglich wird?

....

....

....

6. Die Bergpredigt als natürliches Leben

Jesus spricht in der Bergpredigt das Alltagsleben an. Seine Beispiele und Bilder sind aus dem Leben und aus der Natur genommen. Damit verbindet Jesus das geistliche Leben mit dem natürlichen. Das natürliche Leben ist die Voraussetzung und die Grundlage für das geistliche Leben. Es gilt darum auch darauf zu achten, wie das natürlich-kreatürliche Leben auszusehen hat.[45] Eine besondere Beachtung kommt dabei der seelischen Entwicklung zu. Die auffallende Zunahme der seelischen (psychischen) Erkrankungen hat etwas mit der Lebensweise und dem gesellschaftlich-sozialen Miteinander zu tun. Die Gemeinde darf diesen Bereich nicht vernachlässigen. Das gilt besonders für die Familie und das, was ein Kind von Geburt an für eine gesunde Entwicklung braucht. Um biblische Texte besser verstehen zu können, müssen wir die Erkenntnisse des gesamten gesellschaftlichen Lebens mit heranziehen. Für unsere Zeit sind es in besonderer Weise die Sozialwissenschaften wie zum Beispiel die Entwicklungs- und Persönlichkeitspsychologie, die Familienpädagogik sowie die Bindungs- und Hirnforschung[46] in der Verbindung mit der Epigenetik[47]. Niemand kann sich dem gesellschaftlichen Umfeld entziehen. Wir werden entweder vom gesellschaftlichen Umfeld geprägt oder es gelingt uns, die Umwelt zu prägen. Natürlich gilt es, die Erkenntnisse der Wissenschaften und ihren Anspruch aus christlicher Sicht zu verstehen und anzuwenden, aber eine Vernachlässigung dieser Erkenntnisse führt zu einer Spaltung von Lehre und Leben und damit zu einem praxisfernen christlichen Lebensstil.

„Die Herrlichkeit Gottes wird durch das veränderte Leben der Christusnachfolge allen Menschen sichtbar gemacht. (...) Ihr Leben wird zur Verkündigung. Ihre Geschichten werden zur Geschichte Gottes mit ihnen. So werden sie zur Einladung, das Evangelium anzunehmen.“[48]

Das, was Jesus in der Bergpredigt entfaltet, wird von Paulus sehr treffend mit einer Aussage beschrieben, dass wir unser gesamtes Leben *„in der neuen Lebenswirklichkeit“* (Wilckens) gestalten sollen (Röm 6,4).

Wir müssen in einer säkularisierten und multireligiösen Gesellschaft anhand der Bergpredigt neu lernen, Glauben zu leben, weil wir sonst dem Megatrend der Individualisierung erliegen, stellt Alexander Garth fest. Wir benötigen ein anderes Denken im Blick auf unseren Alltag. Nicht die Nöte und Probleme stehen im Vordergrund, sondern die Sicht für das Werden des Reiches Gottes. Im Alltagsstress gilt es zu erkennen, was Jesus in der Bergpredigt verheißen hat, und was werden kann. Es gilt, den Alltag mit den Augen Jesu zu sehen.

Fragen zum Gespräch und zur Reflexion

Wenn natürliches und geistliches Leben zusammengehören, warum reicht es dann nicht aus, dass in der Verkündigung nur das geistliche Leben angesprochen wird?

Was wird in Ihrer Gemeinde getan, damit Erkenntnisse wie zum Beispiel der Bindungsforschung der Gemeinde vermittelt werden?

....

....

....

Warum können Sie das sozialpolitische Handeln nicht ausschließen, wenn es um den christlichen Alltag geht?

....

....

....

7. Die Aufgabe der Transformation

Das gesellschaftliche Leben verändert sich fortwährend. Damit steht die Gemeinde Jesu vor der Herausforderung, wie die Ausführungen Jesu in der Bergpredigt in einer sich verändernden Welt Gestalt gewinnen können. Es geht also darum, die von Jesus angesprochenen Inhalte in die jetzige Gestalt des Gemeindelebens zu transformieren.[49] Das Durchdringen der Gesellschaft mit dem Evangelium gehört in einer pluralistisch geprägten Menschheit zu den größten Herausforderungen. Damit eine Transformation des Evangeliums in die Gesellschaft hinein stattfinden kann, muss zuvor eine Transformation des Evangeliums ins Leben des Christen stattgefunden haben. Warum? Weil jede gesellschaftliche Strukturveränderung über Menschen stattfindet. Soziale Gerechtigkeit findet ihren Weg vom Menschen in die Gesellschaft und von dort wieder zum Menschen. Wenn es um die Transformation des Evangeliums in die Gesellschaft geht, dann werden alle Bereiche des Lebens angesprochen: das persönliche Leben des einzelnen Christen wie auch die Familie, die Erziehung und Bildung, die Arbeitswelt, die Medien, die Kunst, die Wirtschaft, die Ökologie, die Politik und die Bewahrung der Schöpfung[50]. Besonders die sozial Schwachen und Ausgegrenzten gehören dazu. (Vgl. 5Mo 15,7; Spr 22,9; Am 8,4; Mt 19,21; 1Kor 1,26 ff.; Jak 2,3 u. a.)

Das Kümmern um die Schwachen gehört in besonderer Weise zum Auftrag der Gemeinde und zum Lebensstil der Christen. Paulus spricht nach Volker Rabens von einem Kampf zwischen Geist und Fleisch. (Vgl. Röm 8, 5–11) *„Gemeinde sollte als Anwältin der Benachteiligten, der Schwachen, Armen und Ausgegrenzten bekannt sein und die Gemeinwesenarbeit vor Ort prägen", stellt Tobias Faix in „Öffentliche Theologie" fest.*

Die Transformation des Evangeliums besonders unter den sozial Schwachen ist nur über die Ganzheitlichkeit des Lebens möglich.[51] Die Versorgung für den Leib ist da genauso wichtig wie die Bildung. *„Durch Essensausgabe dreimal die Woche, Hausbesuche, Gebet, Andachten in den Familien, die dafür offen sind, und Lebensmittelweitergabe, wo es sehr nötig ist, versuchen wir, dieser großen Not entgegenzuwirken."* (Mission Focus Life) Diesen Blick für die Not der Menschen gilt es aus der Bergpredigt zu lernen. Ist es in den Armutsgebieten die leibliche Not, so ist es in den Ländern, in denen der Wohlstand herrscht, die zunehmende seelische Not. Sehen wir noch die Menschen in ihrer seelischen Not, ihrer Einsamkeit, ihrer Unfähigkeit das Familienleben zu gestalten, Kindern Geborgenheit und Zuwendung zu geben, den Singles in ihren Anfechtungen und anderes mehr?

Wenn es um die Transformation des Evangeliums in den Alltag geht, dann muss auch gefragt werden, wie dies in den sozialen Medien aussehen kann. Insbesondere die digitale Medienwelt bietet eine unendliche und unkontrollierbare Plattform christlichen Gedankenguts in unterschiedlichster Weise an. Die Frage, die sich aufgrund der Bergpredigt stellt, ist: Wie kommen die Aussagen Jesu, wie zum Beispiel die der Antithesen (Mt 5,21–48), in den sozialen Medien zur Geltung oder gelten dort andere Gesetze? Die Bergpredigt muss uns in allen Bereichen des Lebens zum Stolperstein werden, damit wir nicht den Blick für das Evangelium verlieren, so wie es uns Jesus vor Augen gemalt hat.

Fragen zum Gespräch und zur Reflexion

Wie kann die Transformation der Bergpredigt in Ihrem Lebensbereich gelingen?

...

...

...

Welche Hilfen kann die Gemeinde bieten, damit die Transformation gelingt?

...

...

...

Welche Bedeutung hat die Transformation des Evangeliums in Ihrem gesellschaftlichen Leben?

...

...

...

Epilog

Jede Zeit hat ihre besonderen Herausforderungen. Es gilt also zu fragen, welche Bedeutung die Bergpredigt für unsere gegenwärtige Zeit hat. Mir scheint, dass die Herausforderung darin besteht, dass uns Jesus in der Bergpredigt ein Denken vermittelt, das sich nicht auf einige ethische Fragen beschränkt, sondern die Ganzheitlichkeit des Lebens betont (Mt 5,48), das durch die *„bessere Gerechtigkeit"* eine veränderte Herzenshaltung mit sich bringt.

Bis ins 20. Jahrhundert hat weitgehend der Staat durch Gesetze, die von christlichen Vorgaben bestimmt waren, das Miteinander geregelt. Mit der Säkularisierung ändert sich auch die Gesetzgebung, die nicht mehr in allem den christlichen Vorstellungen entspricht. Damit steht die christliche Gemeinde vor Herausforderungen, die sie bisher nicht kannte. Wie sieht ein christliches Leben in einer säkularisierten, interkulturellen, interreligiösen und pluralistisch-individualistischen Welt aus? Genau darauf gibt uns die Bergpredigt eine Antwort.

Hartmut Rosa spricht in einem anderen Zusammenhang von *„Sich-nackt-Machen"* und *„sich berührbar machen"*. Es braucht ein *„hörendes Herz"* (1Kön 3,9; ELB). Genau darum geht es in der Bergpredigt. Wir müssen uns erst berührbar machen lassen, bevor wir von ihr berührt werden können. Wir müssen uns ersten *„nackt machen"*. Nur wenn wir dazu bereit sind, wird die Bergpredigt unser Leben und unser Miteinander verändern.

Erklärungen zu Teil 3

1 *„Jesus lehrte fast durchweg im Sitzen (Mt 5,1; 13,1 f.; 15,29; 24,3; Mk 4,1; 9,35; 13,3; 26,55; Lk 5,3, Jh 6,3; 8,2). Er folgt dabei, wie Mt 23,2; Mk 2,6; Lk 5,17 zeigen, rabbinischer Sitte."* Schneider, Carl, Jesus als Lehrer, S. 446, vgl. auch Strack/Billerbeck IV 1, S. 185.

2 Jesus lehrte in der Synagoge (Mt 9,35; 12,9 ff.; 13,54; Mk 1,21; Lk 4,15; Jh 18,20 u. a.), im Tempel (Mt 26,55; Lk 21,37; Mk 12,35; Jh 7,14 ff.; 8,20 u. a.), im Freien, am Meer und auf den Bergen (Mt 5,2; Mk 6,34; Lk 5,3 u. a.).

3 N. T. Wright möchte diesen Zuspruch Jesu als Segenswort verstehen, der den Empfangenden in einen neuen Seinszustand versetzt.

4 Vgl. Printz, Markus.

5 So setzt sich das Netzwerk Peace & Reconciliation (PRN) der Weltweiten Evangelischen Allianz (WEA) für *„Liebe und Gerechtigkeit, Versöhnung und Befreiung, Frieden und Würde ein"*. Reimer, Johannes.

6 Vgl. Schreiber, Birgit.

7 Als Christen in Europa, die wir solche Verfolgung nicht kennen, sollten wir uns diese Weltkarte mit den Berichten über Verfolgung gut ansehen. Abzurufen: www.opendoors.de.

8 Franz Alt verneint diese *„Umkehr"*, wenn er sagt, das *„Christentum (ist) nicht mehr tauglich als Umkehr der Herzen"*.

9 Vgl. Reimer, Johannes, Gottlosigkeit überwinden.

10 Vgl. dazu Reimer, Johannes; Faix, Wilhelm: Familie – Zukunft der Kirche.

11 Die Gestaltung des christlichen Familienlebens gehört zu den immer mehr vernachlässigten *„guten Werken"*. Vgl. dazu Künkler, Tobias; Faix, Tobias, Zwischen Furcht und Freiheit; Faix, Wilhelm: Die christliche Familie heute.

12 Reimer, Johannes, Wo Versöhnung zu Hause ist.

13 Mit dieser Aussage *„Ich aber sage euch"*, tun sich die Ausleger schwer. So möchte Klaus Wengst die Aussage Jesu im Sinne des damaligen Rabbinentums verstehen. Jesus sagt: Rabbi XY versteht es so, *„ich aber verstehe es so"* oder *„ich lege es so aus"*. Damit wird die Aussage Jesu eine unter anderen.

14 Näheres dazu: Faix, Wilhelm, Zinzendorf.

15 Wie es zum Beispiel Franz Alt in seinen Auslegungen zur Bergpredigt tut.

16 Reimer, Johannes, Wo Versöhnung zu Hause ist.

17 Die Bindungs- und Gehirnforschung hat hier eindeutige Ergebnisse geliefert, die leider in der christlichen Erziehung und Theologie keine Beachtung finden. Vgl. dazu zum Beispiel: Strüber, Nicole, Die erste Bindung. Wie Eltern die Entwicklung des kindlichen Gehirns prägen.

18 Die Bedeutung der Bindung für den ganzen Lebenslauf stellt Eva Rassbeeindruckend dar.

19 Selbst August Tholuck widmet diesem Vers keine längere Betrachtung in seiner sehr umfangreichen Auslegung der Bergpredigt. Im Schnitt legt er jeden Vers der Bergpredigt in ca. fünf Seiten aus, diesen Vers nur auf drei.

20 Dieses Verständnis findet sich in vielen Auslegungen, z. B. bei Fritz Rienecker. In abgeschwächter Form in der Serendipity Bibel, die als Grundlage für Hauskreise dient.

21 Es ist beeindruckend, wie Dallas Willard begeisternd das Reich Gottes in seiner Trilogie „Gott" beschreibt.

22 Das Wort Frömmigkeit ist inzwischen durch Spiritualität abgelöst worden. Es gibt eine umfangreiche Literatur zur Geschichte der Frömmigkeit, zum Beispiel das dreibändige Werk „Handbuch Evangelischer Spiritualität", hrsg. von Peter Zimmerling.

23 Gäckle, Volker. Ähnlich der reformierte Theologe Geerhardus Vos, der das Reich Gottes heilsgeschichtlich versteht und ausschließlich auf die Gemeinde bezieht.

24 Bei den Exegeten herrschen unterschiedliche Meinungen, wie *entos* zu übersetzen und zu verstehen ist. Vgl. Bovon, Francois.

25 Schneider, Gerhard: *entos*, Exegetisches Wörterbuch zum Neuen Testament, Band I, S. 1126 f.

26 *„Missio Dei zielt darauf ab, Gottes Königreich in dieser Welt zu verwirklichen."* Johannes Reimer, Die politische Mission der Kirche.

27 Das beschreibt der Inder Vishal Mangalwadi in seinem umfangreichen Werk „Das Buch der Mitte" sehr ausführlich, mit allen Stärken und Schwächen.

28 Vgl. Faix, Tobias, Die Hoffnung beginnt jetzt.

29 Vgl. Faix, Wilhelm, Atempause. Anregungen und Impulse für einen kraftvollen Glauben.

30 Zu Recht stellt Peter Zimmerling die Frage: *„Wie sollen Pfarrerinnen und Pfarrer Gemeindegliedern Wege zur Spiritualität eröffnen, wenn sie selbst keine lebendige Spiritualität kennen?"*..

31 Wie das Familienleben gestaltet werden kann, dazu vgl.: Faix, Wilhelm; Mack, Cornelia; Faix, Barbara & Wilhelm.

32 Siehe dazu: Faix, Wilhelm, Wo zwei oder drei ... Gemeinde bauen durch Gebets-Basisgruppen.

33 So überschreibt der Exeget Ulrich Luz diesen Textabschnitt.

34 Dietrich Bonhoeffer hat diesen Bereich des Gemeindelebens wieder neue ins Gespräch gebracht, wenn er schreibt: „Es muß eine Arkandisziplin wiederhergestellt werden, durch die die Geheimnisse des christlichen Glaubens vor Profanisierung geschützt werden". Widerstand und Ergebung.

35 Näheres dazu in: Faix, Wilhelm, Gemeinde kommt von gemeinsam.

36 Die „goldene Regel" wird bei vielen Auslegern in dem Zusammenhang der allgemeinen Klugheitsregel verstanden, wie man sie bereits in der Antike und bei den Rabbinen findet. (Vgl. Wengst, Klaus) Verstehen wir diese Aussage Jesu so, dann gehen wir davon aus, dass alle Menschen sie leben können. Wir müssen diese Aussage Jesu aber im Zusammenhang nicht nur der Bergpredigt, sondern des ganzen Evangeliums verstehen.

37 Vgl. Faix, Wilhelm, Starke Kinder trotz Corona.

38 Johannes Chrysostomus bezieht diese Aussage Jesu auf Menschen, die nur darauf aus sind, ihren Besitz zu mehren. Sie haben keine Frucht, während diejenigen, die ihren Besitz verkaufen und ihn an Arme und Bedürftige weitergeben, diejenigen sind, die Frucht tragen..

39 Selbst Werner Zager kommt zu diesem Ergebnis, auch wenn er sich in seiner Auslegung nicht daran hält. *„Nicht ein neuer Gesetzgeber spricht in der Bergpredigt, sondern der, der Gottes Willen letztgültig kundtut.“*

40 *„Der Indikativ des neuen Seins begründet den ethischen Imperativ eines Handelns nach der Gerechtigkeit.“* Schockenhoff, Eberhard.

41 *„ … weil bei der Transformation der, die oder das Verwandelte seiner Erscheinungsweise nach noch als er, sie oder es selbst identifizierbar bleibt.“* Gebhardt, Rüdiger.

42 *„Allerdings gehörten Jesus und seine Worte nie in die Kategorie von Dogma oder Gesetz, und sie so zu lesen, als gehörten sie dorthin, bedeutet, sie vollkommen falsch zu verstehen.“* Willard, Dallas.

43 Michael Wolter muss feststellen, *„dass es bisher nicht gelungen ist zu erklären, was Paulus wohl gemeint haben könnte“*..

44 Vgl. dazu die Ausführungen zum Gemeindeverständnis und Gemeinde als Mitarbeitergemeinde in: Faix, Wilhelm: Gemeinde kommt von gemeinsam.

45 Vgl. Faix, Wilhelm: Individualisierte Gesellschaft und christliche Lebensgestaltung.

46 Vgl. dazu die Bücher von Strüber, Nicole.

47 Vgl. dazu Mansuy, Isabelle M.; Spork, Peter.

48 Reimer, Johannes, Gospeling. Lernen, von Jesus zu reden.

49 Das gilt nicht nur für unsere Kultur, sondern für alle Kulturen. Vgl. Paul, Frank; Blöcher, Detlef. Die Frage der Transformation des Evangeliums wird ausführlich diskutiert in: Faix, Tobias; Künkler, Tobias (Hg.): Handbuch Transformation.

50 Die Bewahrung der Schöpfung gehört sicherlich zu den schwierigsten Herausforderungen gerade der Christen. Christen stehen in der Gefahr, diese zu gering zu achten oder gar zu vernachlässigen. Gute Anregung zu Klimaschutz und Schöpfungsverantwortung finden sich in den Beiträgen von Detlef Blöcher, Andreas Jenny, Dave Bookless und Thomas Kröck in der Zeitschrift em 2/2023 und in Thomas Kröck, Heinrich Christian Rust (Hg.): fromm + grün.

51 *„Transformation beschreibt demnach das Handeln Gottes durch Gerechtigkeit, Liebe, Diakonie, Evangelisation, Versöhnung, Schöpfungshandelns etc. mitten in dieser Welt.“* Faix, Tobias; Künkler, Tobias (Hg.): Handbuch Transformation.

Literaturliste

Alt, Franz (1985): *Liebe ist möglich. Die Bergpredigt im Atomzeitalter*. München: R. Piper.

Alt, Franz ([26]1992): *Frieden ist möglich. Die Politik der Bergpredigt*. München: R. Piper.

Alt, Franz (2022): *Frieden ist noch immer möglich. Die Kraft der Bergpredigt*. Freiburg: Herder.

Arnold, Eberhard (1982): *Salz und Licht. Über die Bergpredigt*. Moers: Brendow.

Barclay, William (1968): *Freut euch und frohlockt. Eine Anleitung zum Verständnis der Seligpreisungen*. Kassel: Oncken.

Barclay, William (1970): *Der König und sein Reich*. Kassel: Oncken.

Becker, Wilhard ([3]1965): *Angriff der Liebe*. Hannover-Kirchrode: Rufer.

Bengel, Johann Albrecht (1970): *Gnomon. Auslegung des Neuen Testaments in fortlaufenden Anmerkungen, Band I, Evangelien und Apostelgeschichte*. Stuttgart: J. F. Steinkopf.

Bergmeier, Roland (1998): *„Und deinen Feind hassen"*. Theol. Beiträge., 29. Jg, 1/98, S. 41–47.

Betz, Otto (1981): *Wie verstehen wir das NT?* Wuppertal: Aussaat.

Blöcher, Detlef (2020): *Die Naga Missionsbewegung*. em, 36. Jg, 4/20, S. 208–215.

Blöcher, D.; Jenny, A.; Bookless, D.; Kröck, J. (2023): Mission und Schöpfungsverantwortung. em, 39. Jg., 2/2023.

Blumhardt, Johann Christoph (1970): *Blätter aus Bad Boll. Gesammelte Werke II, 1–4*. Göttingen: Vandenhoeck & Ruprecht.

Blumhardt, Johann Christoph ([2]1991): *Schriftauslegung*, Gießen: Brunnen.

Böhmerle, Theodor (1930): *Der da war und der da ist und der da kommt. Biblische Betrachtungen*. Langensteinbach.

Boller, Frieder (2021): *Hier stehe ich. Von der Kunst der Selbstführung, die auch stürmischen Zeiten standhält*. Glaube+Erziehung, 73. Jg. 2/21.

Bonhoeffer, Dietrich ([6]1963): *Ethik*. München: Chr. Kaiser.

Bonhoeffer, Dietrich (1972): *Matth 5,8, Predigt: Sonntag nach Trinitätis, 12. 08. 1928*. GS, Bd. 5, München: Chr. Kaiser, S. 446–452.

Bonhoeffer, Dietrich ([7]1961): *Nachfolge*. München: Chr. Kaiser.

Bonhoeffer, Dietrich ([3]1985): *Widerstand und Ergebung*. Neuausgabe. München: Chr. Kaiser.

Bovon, Francois (2001): *Das Evangelium nach Lukas. Lk 15,1–19,27*, EKK, Band III/3, Zürich/Neukirchen-Vluyn: Benzinger/Neukirchener.

Bruce, F. F. (1973): *Das Matthäus-Evangelium*. Wuppertal: R. Brockhaus.

Calvin, Johannes (1966): *Auslegung der Heiligen Schrift, Evangelien-Harmonie, 1. Teil*. Neukirchen-Vluyn: Neukirchener.

Calvin, Johannes ([2]1963): *Institutio. Übersetzt und bearbeitet von Otto Weber*. Neukirchen-Vluyn: Neukirchener.

Chrysostomus, Johannes (1916): *Kommentar zum Evangelium des Hl. Matthäus. Bibliothek der Kirchenväter, II. Band.* München: Kösel.

Davies, William David (1970): *Die Bergpredigt. Exegetische Untersuchungen ihrer jüdischen und frühchristlichen Elemente.* München: Claudius.

Dietz, Thorsten; Faix, Tobias (2021): *Transformative Ethik. Wege zum Leben.* Neukirchen-Vluyn: Neukirchener.

Dietzfelbinger, Christian (1975): *Die Antithesen der Bergpredigt.* München: Chr. Kaiser.

Eckardt, Jo (2022): *Das neue Miteinander. Eine Psychologie der solidarischen Gemeinschaft.* Bielefeld: Fischer & Gann.

Eichholz, Georg (^{3}1975): *Auslegung der Bergpredigt.* Neukirchen-Vluyn: Neukirchener.

Evangelisches Fastenopfer 2021.

Faix, Tobias (2014): *Die Hoffnung beginnt jetzt. Das Reich Gottes in der Spannung zwischen jetzt und noch nicht, sichtbar und unsichtbar, empfangen und tun, erwarten und erfüllen, Gott und den Menschen.* Akzente, 109. Jg. 3/14, S. 17–36.

Faix, Tobias (2021): Öffentliche Theologie als zentraler Bestandteil einer Theologie der Transformation, in: Tobias Faix; Tobias Künkler (Hg.): Handbuch Transformation, Neukirchen-Vluyn: Neukirchener.

Faix, Tobias (2018): *Transformation*, Brennpunkt Gemeinde, 71. Jg. 4/18, S. 10–16.

Faix, Tobias; Künkler, Tobias (Hg.) (2021): *Handbuch Transformation. Ein Schlüssel zum Wandel von Kirche und Gesellschaft.* Neukirchen-Vluyn: Neukirchener.

Faix, Barbara & Wilhelm (2000): *Advent und Weihnachten in der Familie. Wie Sie die festliche Zeit mit Kindern erleben können.* Kassel: Oncken.

Faix, Wilhlem (2000): *Die christliche Familie heute. Ergebnisse einer Umfrage unter evangelikalen Familien über ihre Glaubens- und Familienleben und ihre Erziehungspraxis.* Bonn: Verlag für Kultur und Wissenschaft.

Faix, Wilhelm (2022): *Gemeinde kommt von gemeinsam. Mit Teamarbeit Gemeinde bauen.* Neukirchen-Vluyn: Neukirchener.

Faix, Wilhelm (2020): *Individualisierte Gesellschaft und christliche Lebensgestaltung.* Glaube+Erziehung, 72. Jg. 2/20, S. 11–14 und 3/20, S. 5–8.

Faix, Wilhelm; Mack, Cornelia (2005): *Morgens, mittags, abends. Kinder lieben Rituale.* Holzgerlingen: Hänssler.

Faix, Wilhelm (2022): *Starke Kinder trotz Corona. Wie Ressourcen freigesetzt werden.* Glaube und Erziehung, 74. Jg. 2/22, S. 7–12 und 3/22, S. 4–8.

Faix, Wilhelm (1997): *Wo zwei oder drei … Gemeinde bauen durch Gebets-Basisgruppen.* Wuppertal: R. Brockhaus.

Faix, Wilhelm (2012): *Zinzendorf – Glaube und Identität eines Querdenkers.* Marburg: Francke.

Finze-Michaelsen, Holger (2006): *Das andere Glück. Die Seligpreisungen Jesu in der Bergpredigt.* Göttingen: Vandenhoeck & Ruprecht.

Forst, Ursula (2014): *„So sein wie …" oder Neuerfindung des Lebens? Über die Bedeutung von Vorbildern in Geschichte und Gegenwart*, in: Anna Maria Kalcher, Karin Lauermann (Hg.): Vorbilder. Erziehen wohin? Salzburg: Anton Puster.

Gäckle, Volker (2018): *Das Reich Gottes im Neuen Testament*. Göttingen: Vandenhoeck & Ruprecht.

Gäckle, Volker (2014): *Reich Gottes in der Verkündigung Jesu*. Akzente, 109. Jg. 3/14, S. 6–16.

Gebhardt, Rüdiger (2021): Ändert euch durch Erneuerung eures Sinnes. Zur Leistungsfähigkeit des Begriffs Transformation aus evangelischer Sicht, in: Tobias Faix; Tobias Künkler (Hg.): Handbuch Transformation, Neukirchen-Vluyn: Neukirchener.

Ginzel, Guenther B. (Hg.) (1985): *Bergpredigt, jüdisches und christliches Glaubensdokument. Eine Synopse der Texte*. Heidelberg: L. Schneider.

Grimm, Werner (1980): *Die Hoffnung der Armen. Zu den Seligpreisungen Jesu*, ThBeitr 11. Jg. 3/80.

Grundmann, Walter (1972): *Das Evangelium nach Matthäus*. Theologischer Handkommentar zum Neuen Testament. Berlin: Evangelische Verlagsanstalt.

Guardini, Romano (1962): *Der Herr. Betrachtungen über die Person und das Leben Jesu Christi*. Würzburg: Werkbuch-Verlag.

Guardini, Romano (^{5}1962): *Das Gute, das Gewissen und die Sammlung*. Mainz: Matthias Grünewald.

Häde, Wolfgang (2020): *Christliches Zeugnis in der Türkei*, in: em, 36. Jg. 2/20, S. 70–86.

Hanssen, Olav (o. J.): *Die Seligpreisungen der Bergpredigt*. Hermannsburg: Koinonia.

Hanssen, Olav (1970): *Zum Verständnis der Bergpredigt*, in: Eduad Lohse (Hrsg.), Der Ruf Jesu und die Antwort der Gemeinde, J. Jeremias zum 70. Geburtstag, Göttingen: Vandenhoeck & Ruprecht.

Häring, Bernhard (1983): *Gewaltfreie Verteidigung. Utopie oder notwendige Alternative?* Theologie der Gegenwart, 26. Jg. 4/83, S. 219–230.

Heim, Karl (1946): *Die Bergpredigt. Für die heutige Zeit ausgelegt*. Tübingen-Stuttgart: Furche.

Hengel, Martin (1983): *Die Bergpredigt im Widerstreit*. ThBeitr, 14. Jg. 2/83.

Hörster, Gerhard (2004): *Theologie des Neuen Testaments. Studienbuch*. Wuppertal: Brockhaus.

Hunter, Archibald M. (1968): *Ihr sollt vollkommen sein. Die Bergpredigt als Ethik der Gnade*. Kassel: Oncken.

Jeremias, Joachim (1966): *Die Bergpredigt, in: ABBA. Studien zur neutestamentlichen Theologie und Zeitgeschichte*. Göttingen: Vandenhoeck & Ruprecht.

Jeremias, Joachim (1962): *Das Vater-Unser. Im Lichte der neueren Forschung*, Stuttgart: Calwer.

Kamphaus, Franz (2018): *Wenn der Glaube konkret wird. Die Bergpredigt*. Ostfildern: Patmos.

Kantzenbach, Friedrich Wilhelm (1982): *Die Bergpredigt. Annäherung – Wirkungsgeschichte*. Stuttgart: Kohlhammer.
Kilchör, Benjamin (2022): *Die Bundesschlüsse von Adam bis Jesus*, in: Diakrisis, 43. Jg. 3/22.
King, Vera; Gerisch, Benigna (Hg.) (2009): *Zeitgewinn und Selbstverlust. Folgen und Grenzen der Beschleunigung*. Frankfurt: Campus.
Köberle, Adolf (1965): *Rechtfertigung, Glaube und neues Leben*. Gütersloh: Gütersloher Verlagshaus.
Kröck, Thomas; Rust Heinrich Christian (Hg.) (2022): *fromm + grün. Schöpfungsverantwortung und Nachhaltigkeit in der christlichen Gemeinde*, Neukirchen-Vluyn: Neukirchener.
Künkler, Tobias; Faix, Tobias (2017): *Zwischen Furcht & Freiheit. Das Dilemma der christlichen Erziehung*. Witten: SCM.
Künkler, Tobias (2021): *Transformatives Lernen. Eine erziehungswissenschaftliche Perspektive*, in: Tobias Faix; Tobias Künkler (Hg.): Handbuch Transformation, Neukirchen-Vluyn: Neukirchener.
Künkler, Tobias; Faix, Tobias; Weddigen, Johanna (2020): *Christliche Singles. Wie sie leben, glauben und lieben. Das Buch zur emprica Singlestudie*. Holzgerlingen: SCM R. Brockhaus.
Lebenswende (2021): Das Wycliff-Magazin, 1/21.
Liebi, Roger (2021): *Vaterunser falsch übersetzt?* (https://www.youtube.com/watch?-v=kGJ2arketj4&t=6s).
Lohmeyer; Schmauch (1967): *Das Evangelium des Matthäus*. Krit. Exeg. Kommentar, Göttingen: Vandenhoeck & Ruprecht.
Luck, Ulrich (1968): *Die Vollkommenheitsforderung der Bergpredigt*, München: Chr. Kaiser.
Lütgert, Wilhelm (2009): *Die Bergpredigt als Grundgesetz der Kirche*. Theologische Beiträge, 40. Jg. 2/09, S. 125–132.
Luther, Martin (1967): *Von Kaufshandlung und Wucher*. Luther Deutsch, Band 7, hrsg. von Kurt Aland, Göttingen: Vandenhoeck & Ruprecht, S. 263–283.
Luther, Martin (1965): *Matthäus 6,24–34*. Luther Deutsch, Band 8, hrsg. von Kurt Aland, Göttingen: Vandenhoeck & Ruprecht, S. 356–363.
Lüthi, Walter; Brunner, Robert (1936): *Der Heiland. Ein Gang durch die Bergpredigt*, Basel: Friedrich Reinhardt.
Luz, Ulirch ([3]1992): *Das Evangelium nach Matthäus (Mt.1–7)*. EKK I/1, Zürich/Neukirchen-Vluyn: Benzinger/Neukirchener.
Maier, Gerhard (1983): *Matthäusevangelium 1. Teil. Bibelkommentar*. Neuhausen-Stuttgart: Hänssler.
Maier, Johann (1960): *Die Texte vom Toten Meer. Band I*. München: E. Reinhardt.
Mangalwadi, Vishal ([4]2016): *Das Buch der Mitte. Wie wir wurden, was wir sind: Die Bibel als Herzstück der westlichen Kultur*. Basel: fontis.
Mansuy, Isabelle M. (2022): *Wir können unsere Gene steuern! Die Chancen der Epigenetik für ein gesundes und glückliches Leben*. Berlin: Berlin.

Melzer, Friso (1965): *Das Wort in den Wörtern*. Tübingen: J. C. B. Mohr (Paul Siebeck).

Michel, Karl Heinz (1980): *Zeichenhaft Leben. Biblische Richtlinien zu Arbeit und Besitz*. Wuppertal: R. Brockhaus.

Milzner, Georg (2022): *Die Renaturierung der Kindheit. Für eine bindungsorientierte Betreuung kleiner Kinder*. Leipzig: Tologo.

Mission Focus Life, März 2021.

Nickel-Schwäbisch, Andrea (2019): *Gott und Mammon, Biblische Perspektiven zum Umgang mit Geld*. Neukirchen-Vluyn: Neukirchener.

Ott, Bernhard (2019): *Tänzer und Stolperer. Wenn die Bergpredigt unseren Charakter formt*. Cuxhaven: Neufeld.

Opaschowski, Horst W. (2010): *WIR! Warum Ichlinge keine Zukunft mehr haben*, Hamburg: Murrmann.

Passon, Klaus-Dieter (2022): *Die sieben Berge und der Berg des Herrn. Transformation der Kultur als Auftrag der Kirche*, in: Charisma, 3/22, S. 14–15.

Paul, Frank (2020): *Leben als Gäste, Begleiter und Freunde im argentinischen Chaco. Wege zu einer postkolonialen alternativen Missionspraxis*, in: em, 36. Jg. 4/20, S. 199–207.

Printz, Markus (1996): *Grundlinien einer bibelorientierten Gemeindepädagogik*, Wuppertal: R. Brockhaus

Rabens, Volker (2021): *Transformation im Neuen Testament*, in: Tobias Faix, Tobias Künkler (Hg.): Handbuch Transformation, Neukirchen-Vluyn: Neukirchener.

Ragaz, Leonhard (1971): *Die Bergpredigt Jesu. Revolution der Moral. Revolution der Religion, Magna Charta des Reiches Gottes*. Hamburg: Furche.

Rass, Eva ([3]2017): *Bindung und Sicherheit im Lebenslauf. Psychodynamische Entwicklungspsychologie*, Stuttgart: Klett-Cotta.

Ratzinger, Joseph; Benedikt XVI. (2007): *Jesus von Nazareth. Erster Teil: Von der Taufe im Jordan bis zur Verklärung*. Freiburg: Herder.

Reimer, Johannes (2021): *Die politische Mission der Kirche. Wie wir teilhaben an Gottes Wirken in der Welt*. Holzgerlingen: SCM R. Brockhaus.

Reimer, Johannes (2019): *Glaubenslosigkeit überwinden*, in: em, 35. Jg. 4/19, 199–206.

Reimer, Johannes (2020): *Wo Versöhnung zu Hause ist. Gemeinde als Versöhnungszentrum,* Mittenaar-Bicken: Werdewelt Verlags- und Medienhaus.

Reimer, Johannes (2019): *Gospeling. Lernen, von Jesus zu reden*. Marburg: Francke.

Reimer, Johannes; Faix, Wilhelm (2017): *Familie – Zukunft der Kirche*. Marburg: Francke.

Rengstorf, Karl Heinrich (1935): *Didaskalos*. ThW II, Stuttgart: Kohlhammer, S. 154–168.

Richter, Arthur (1981): *Gedanken zur Bergpredigt. Nach Matthäus 5*. Stuttgart: Junge Gemeinde.

Rienecker, Fritz (1961): *Das Evangelium nach Matthäus*. Wuppertaler Studienbibel, Wuppertal: R. Brockhaus.

Riesner, Rainer (1981): *Jesus als Lehrer. Eine Untersuchung zum Ursprung der Evangelienüberlieferung*. Wissenschaftl. Untersuchung zum NT, 2. Reihe, Tübingen: J. C. B. Mohr.

Riesner, Rainer (1978): *Der Aufbau der Reden im Matthäus-Evangelium*, ThBeitr 9. Jg. 4-5/78.

Rodriguez, Milt (2011): *dreieinig. Gottes gemeinschaftliches Leben – Vorbild für die Gemeinde und alle Beziehungen*, Bruchsal: GloryWorld-Medien.

Röhser, Günter (2009): *Die „Antithesen" der Bergpredigt in neueren Bibelübersetzungen*. TheBeitr 40. Jg. 2/09, S. 110–124.

Roloff, Jürgen ([7]1999): *Neues Testament*. Neukirchener Arbeitsbücher, Neukirchen-Vluyn: Neukirchener.

Rosa, Hartmut ([3]2022): *Demokratie braucht Religion*. München: Kösel.

Roth, Gerhard ([12]2017): *Persönlichkeit, Entscheidung und Verhalten. Warum es so schwierig ist, sich und andere zu ändern*. Stuttgart: Klett-Cotta.

Sanders, Oswald (1974): *Maßstäbe, die herausfordern. Die Bergpredigt als Lebensprogramm*. Gießen: Brunnen.

Schedl, Claus (1969): *Talmud – Evangelium – Synagoge*. Innsbruck: Tyrolia.

Schlatter, Adolf 1909): *Die Theologie des Neuen Testaments. 1. Teil: Das Wort Jesu*, Stuttgart.

Schlatter, Adolf (1961): *Das Evangelium nach Matthäus. Erläuterungen*. Stuttgart: Calwer.

Schlatter, Adolf (1963): *Der Evangelist Matthäus. Kommentar*. Stuttgart: Calwer.

Schlatter, Adolf ([2]1982): *Die Gabe des Christus. Eine Auslegung der Bergpredigt*, Gießen: Brunnen.

Schlatter, Adolf (1961): *Die christliche Ethik*. Stuttgart: Calwer.

Schmalenbach, Hanna-Maria (2022): *Gottes Herrlichkeit berührt*, in: SMD-Transparent, 4/22.

Schmid-Grether, Susanne (1999): *Auge um Auge, Zahn um Zahn. Texte aus der Bergpredigt auf dem jüdischen Hintergrund unter die Lupe genommen*. Wetzikon: Jüdisch-Christliche Forschung und Versöhnung.

Schneider, Carl (1938): *Jesus als Lehrer*. ThW III, Stuttgart: Kohlhammer, S. 446.

Schneider, Gerhard (1980): *entos*. Exegetisches Wörterbuch zum Neuen Testament, Band 1, Stuttgart: Kohlhammer, S. 1126 f.

Schneider, Gerhard (1977): *Das Evangelium nach Lukas. Kapitel 11–24*, Gütersloh/ Würzburg: Echter/Gütersloher.

Schniewind, Julius (1950): *Das Evangelium nach Matthäus*. NTD Bd. 2, Göttingen: Vandenhoeck & Ruprecht.

Schnübbe, Otto (1989): *Christen in der Politik. Das Liebesgebot der Bergpredigt und das Gewaltmonopol des Staates*. Stuttgart: Quell.

Schockenhoff, Eberhard (2014): *Die Bergpredigt. Aufruf zum Christsein*. Freiburg: Herder.

Schreiber, Birgit (2017): *Frieden stiften. Wie Psychologen ihr Wissen und ihre Fähigkeiten einsetzten, um Gewalt und Krieg zu verhindern*, Psychologie Heute, 44. Jg., 12/2017, S. 73–77.

Schütz, Paul (1971): *Evangelium. Gesammelte Schriften, Bd. 1*. Hamburg: Furche.

Schwarte, Johannes (1977): *Grundfragen des menschlichen Zusammenlebens in christlicher Sicht. Einführung in die christliche Gesellschaftslehre mit systematischer Textauswahl*. Paderborn: Schöningh.

Schweitzer, Albert ([3]1977): *Geschichte der Leben-Jesu-Forschung, Band 1 und 2*. Gütersloh: Gütersloher Verlagshaus.

Serendipity Bibel (2017): *Die Bergpredigt. Leben mit eigenem Stil*. Gießen: Brunnen.

Spork, Peter (2019): *Gesundheit ist kein Zufall. Wie das Leben unsere Gene prägt. Die neuesten Erkenntnisse der Epigenetik*. München: Pantheon.

Springfeld, Uwe (2022): *Die Macht des Geldes*. SWR2 Wissen Spezial vom 10. 09. 2022.

Stadtland-Neumann, Hiltrud (1966): *Evangelische Radikalismen in der Sicht Calvins. Sein Verständnis der Bergpredigt und der Aussendungsrede*, Neukirchen-Vluyn: Neukirchener.

Staudinger, Josef (1957): *Die Bergpredigt*, Wien: Herder.

Steeb, H.; Strauch, P.; Schneider, T.; Podworny, J. (2006): *Wie lebst du deinen Glauben? Leben mit der Bergpredigt – Eine hohe Messlatte für die Lebensgestaltung*, Eins, 2/06.

Strack; Billerbeck (1978): *Kommentar zum Neuen Testament. Aus Talmud und Midrasch, erster Band, Das Evangelium nach Matthäus*. München: C. H. Beck.

Strack; Billerbeck (1975): *Jesus als Lehrer. Kommentar zum Neuen Testament aus Talmud und Midrasch, vierten Band, erster Teil*. München: C. H. Beck.

Strecker, Georg (1984): *Die Bergpredigt. Ein exegetischer Kommentar*. Göttingen: Vandenhoeck & Ruprecht.

Strobel, August (1984): *Die Bergpredigt als ethische Weisung heute. Vier Thesen für Nachfolger Jesu Christi in einer modernen Welt*. ThBeitr 15. Jg. 1/84.

Strüber, Nicole (2021): *Coronakids. Was wir jetzt tun müssen, um unsere Kinder vor den seelischen Folgen der Pandemie zu schützen*. Weinheim: Beltz.

Strüber, Nicole ([7]2021): *Die erste Bindung. Wie Eltern die Entwicklung des kindlichen Gehirns prägen*. Stuttgart: Klett-Cotta.

Strüber, Nicole (2019): *Risiko Kindheit. Die Entwicklung des Gehirns verstehen und Resilienz fördern*. Stuttgart: Klett-Cotta.

Stuhlmacher, Peter (1995): *Kirche nach dem Neuen Testament*. ThBeitr, 26. Jg. 6/95, S. 301–325.

Theologisches Begriffslexikon zum Neuen Testament (Band I 1980, Band II 1981, Band II 1983): Hrsg. L. Coenen, Wuppertal: R. Brockhaus.

Theologisches Handwörterbuch zum Alten Testament (Band I 1971, Band II 1976): Hrsg. E. Jenni, München: Chr. Kaiser.

Thielicke, Helmut (1959): *Das Leben kann noch einmal beginnen. Ein Gang durch die Bergpredigt*. Stuttgart: Quell.

Tholuck, August (1833): *Bergpredigt Christi nach Matthäus. Ein Beitrag zur Begründung einer rein-biblischen Glaubens- und Sittenlehre.* Hamburg.

Thurneysen, Eduard (1965): *Die Bergpredigt.* München: Chr. Kaiser.

Uschomirski, Anatoli (2020): *Die Bergpredigt aus jüdischer Sicht. Was Juden und Christen gemeinsam von Jesus lernen können.* Holzgerlingen: SCM Hänssler.

Voigt, Gottfried (1971): Die Große Ernte, Teil II, Homiletische Auslegung der Predigttexte der Reihe V, Göttingen: Vandenhoeck & Ruprecht.

Vos, Geerhardus (2023): *Das Reich Gottes und die Gemeinde.* Augustdorf: Betanien.

Walvoord, John F. (2003): *Was kommt auf uns zu? Brennpunkte biblischer Prophetie*, Holzgerlingen: Hänssler.

Wendrock, Gerd (2021): *Matthäus 18,1–5. Zutritt nur für Kleine!* Akzente, 116. Jg. 1/21.

Wengst, Klaus (2018): *Das Regierungsprogramm des Himmelreichs. Eine Auslegung der Bergpredigt in ihrem jüdischen Kontext.* Stuttgart: Kohlhammer.

Wilckens, Ulrich (1980): *Der Brief an die Römer (Röm 6–11).* EKK, VI/2, Neukirchen-Vluyn: Neukirchener.

Wilckens, Ulrich (2005): *Theologie des Neuen Testaments. Band I: Geschichte der urchristlichen Theologie, Teilband 4: Die Evangelien, die Apostelgeschichte, die Johannesbriefe, die Offenbarung und die Entstehung des Kanons.* Neunkirchen-Vluyn: Neukirchner.

Willard, Dallas (2022): *Gott. Du musst es selber erleben*, Basel: fontis.

Winkelhofer, Sebastian (²1812): *Reden über die Bergpredigt unseres Herrn Jesu Christi*, hrsg. von J. M. Sailer XVI, München: J. Lentner.

Wolf, Ernst (1975): *Sozialethik. Theologische Grundfragen.* Göttingen: Vandenhoeck & Ruprecht.

Wolter, Michael (2014): *Der Brief an die Römer, Teilband 1: Röm 1–8.* EKK VI/1, Neukirchen-Vluyn: Neukirchener.

Wright, N. T. (2011): *Glaube – und dann? Von der Transformation des Charakters.* Marburg: Francke.

Zager, Werner (2002): *Bergpredigt und Reich Gottes.* Neukirchen: Neukirchener.

Zimmermann, Johannes (²2009): *Gemeinde zwischen Sozialität und Individualität. Herausforderungen für den Gemeindeaufbau im gesellschaftlichen Wandel. Beiträge zur Evangelisation und Gemeindeentwicklung Bd. 3.* Neukirchen-Vluyn: Neukirchner.

Zimmerling, Peter (2003): *Evangelische Spiritualität. Wurzeln und Zugänge.* Göttingen: Vandenhoeck & Ruprecht.

Zimmerling, Peter (2022): *Hirte, Meister, Freund. Überrascht von der Seelsorge Jesu.* Gießen: Brunnen.

Zinzendorf, Nikolaus Ludwig: *Losungsbuch vom 17. 04. 2021.*